U0498203

DASHUJU SHIDAI DE
GUANLI JIAOYU GAIGE YU CHUANGXIN

大数据时代的
管理教育改革与创新

刘晓红　仁孜泽仁◎主　编
戚兴宇◎副主编

西南财经大学出版社

四川·成都

图书在版编目(CIP)数据

大数据时代的管理教育改革与创新/刘晓红,仁孜泽仁主编.—成都:西南财经大学出版社,2021.9

ISBN 978-7-5504-5018-9

Ⅰ.①大… Ⅱ.①刘…②仁… Ⅲ.①高等学校—教育管理—研究

Ⅳ.①G640

中国版本图书馆 CIP 数据核字(2021)第 163909 号

大数据时代的管理教育改革与创新

刘晓红　仁孜泽仁　主编

戚兴宇　副主编

责任编辑:王利

封面设计:墨创文化

责任印制:朱曼丽

出版发行	西南财经大学出版社(四川省成都市光华村街 55 号)
网　　址	http://cbs.swufe.edu.cn
电子邮件	bookcj@swufe.edu.cn
邮政编码	610074
电　　话	028-87353785
照　　排	四川胜翔数码印务设计有限公司
印　　刷	四川五洲彩印有限责任公司
成品尺寸	170mm×240mm
印　　张	18
字　　数	349 千字
版　　次	2021 年 9 月第 1 版
印　　次	2021 年 9 月第 1 次印刷
书　　号	ISBN 978-7-5504-5018-9
定　　价	128.00 元

1. 版权所有,翻印必究。

2. 如有印刷、装订等差错,可向本社营销部调换。

前　言

　　"和合论坛"是西南民族大学管理学院的重要学术名片，其主旨是拓宽师生学术视野，提升师生学术水平，增进学术交流，培养融合、团结、兼容、创新的学术精神。论坛名称取自西南民族大学校训"和合偕习，自信自强"中的"和合"二字。而"和合偕习"出自《管子·幼官》，其意为：在共同的信念、文化和道德的支持、感召下，大家互相学习、和谐融合、亲密无间、同心协力，为共同的理想事业而努力奋斗。"和合论坛"秉承"和合"价值意蕴，为广大师生的学术交流服务。

　　西南民族大学管理学院第十一届"和合论坛"以"大数据与管理教育创新"为主题。大数据因其具有预警性、预测性、差异性、共享性、动态性等特性，被越来越多地运用在管理、经济、教育等社会领域的方方面面。美国国家教育部 2012 年 10 月发布的题为《通过教育数据挖掘和学习分析促进教与学》的报告，是在教育领域应用大数据的一份重要文献。报告指出：利用数据挖掘技术和学习分析技术，为教育教学决策提供有效支持将成为未来教育的发展趋势。管理科学作为未来教育的一个组成部分，也面临着创新与发展的时代命题。跟上大数据的时代步伐，用大数据推动管理教育的变革、提升管理的效能、促进管理教育的发展是我们的任务和使命。本论坛促进了学院不同学科研究生的学术交流，并整合了优秀的学术资源，形成了解决现实问题的建议集。

　　本论坛文集的出版，就是希望把学校的这种精神和传统注入莘莘学子和青年学者心中，为学院构建高水平学术交流平台、共享多学科学术成果贡献绵薄之力。本书为西南民族大学管理学院第十一届"和合论坛"的优秀学术论文合集。论文内容涉及大数据在高校教育现代化中的应用综述、大数据背景下优化高校课程设置、高校教育质量保障体系建设、学生管理工作问题及应对探讨、大数据应用于高等院校教育的阻碍因素、大学生培养模式演化分析、企业财务风险预警、企业人才管理创新等一系列教育、管理和改革问题。这些论文从不同学科对当前管理改革热点问题的最新研究现状和发展趋势进行了深入的探讨。

　　本书的出版对于营造我校尤其是我院研究生学术创新氛围、提高研究生的学习兴趣和学术创新参与率、活跃学术思想、引发学术争鸣、促进学术交流具有重要意义。本文集是我院近 500 名研究生撰写的 100 余篇文章中的优秀者的合集，是我院研究生在其导师指导下的初步科研尝试，尽管稚嫩，但可供教育管理、信息技术、行政管理、企业管理等领域的研究学者和高等院校相关专业师生参考。

编　者

2021 年 6 月

目　录

1

"一带一路"视域下新疆人力资本构成对经济增长的影响分析

阿依波塔·阿那克塔西　郭玉坤　朱　蕾①

摘要：本文利用《中国统计年鉴》2000—2017 年新疆地区不同受教育程度人口的时间序列统计数据，分析新疆人力资本的构成对经济增长的影响程度。相关性分析与回归分析结果证实，在"一带一路"建设背景下新疆人力资本的开发应树立教育性与迁移性并重的理念，建立并实行常态化的扫盲工作机制；通过非学历教育实现低学历人口充分就业的同时，还应重点培养"一带一路"型高等专业人才。

关键词："一带一路"人力资本　地区生产总值　回归分析　对策建议

　　"一带一路"倡议的提出标志着作为"丝绸之路经济带"核心区的新疆站在了新的历史起点上，发挥着内外联动、东西双向的积极引领的重要作用。因此，新疆经济发展质量的好坏也成了反映"一带一路"倡议实施效果的"晴雨表"之一。近几年，国内外众多学者的研究都在强调一个地区的经济发展和该地区人力资本的构成有着密不可分的互动关系：一方面，人力资本受社会经济水平的限制性影响；另一方面，人力资本的发展又影响着社会经济的发展。因此，本文利用《中国统计年鉴》2000—2017年新疆地区不同受教育程度人口的时间序列数据，将新疆人力资本结构按照人口的受教育程度划分为文盲或半文盲、小学及初中文化程度、高中及中专文化程度、大专及以上文化程度四个单元，通过相关性分析与回归分析，验证不同受教育程度人口对新疆地区生产总值增长的影响，并在实证分析的基础上提出相应的对策建议。

---

　　① 作者简介：阿依波塔·阿那克塔西，西南民族大学管理学院 2017 级硕士研究生，研究方向为土地资源管理；郭玉坤，教授，西南民族大学管理学院硕士生导师，研究方向为区域经济、房地产经济及公共管理；朱蕾，西南民族大学管理学院 2017 级硕士研究生，研究方向为土地资源管理。

一、相关研究与问题的提出

在经济增长与人力资本互动关系的研究方面，最早提出"人力资本是当今时代促进国民经济增长的主要原因"这一论点的是人力资本理论的构建者舒尔[1]。沈坤荣和耿强从传统经济增长理论角度，证实了人力资本对经济发展的正向性影响，尤其是专业化的教育人力资本的积累对经济的长期增长具有决定性的作用[2]。李家昂通过实证分析得出了在平衡区域经济发展的过程中，人力资本显现出了重要且积极作用的结论[3]。陈小荣认为新时期下我国扶贫开发方式应从以物质资本投入为主转向以提高人力资本投资为主，激发摆脱贫困的内生动力，从而促进经济长期、稳定发展[4]。

在人力资本构成质量与人口受教育程度内生关系的研究方面，李曦辉通过研究民族地区经济发展对人力资源的需求，提出不断调整与优化地区的教育结构是塑造优秀人力资本最重要、最有效的途径[5]。王姣娜提出教育是人力资本积累的主要方式，调整和创造教育结构与人力资本结构的比较优势，是探寻经济持续增长的新源泉[6]。谢蜀君和陈霞通过耦合协调度模型研究发现教育经费投入、教育人力投入与经济增长有着长期协整关系[7]。

梳理上述相关研究可以看出，人力资本是经济增长的重要推动力，而人口受教育程度的好坏是评定人力资本结构质量优劣的重要指标。多年来，各类资源缺乏、人力资本结构不平衡、教育产出不多等一直阻碍着新疆发展。新疆经济的崛起离不开对其人力资本构成的深入研究，基于发展教育的角度探索促进新疆经济健康发展的途径，对新疆在"一带一路"倡议实施过程中发挥应有的"纽带"作用具有十分重要的理论和实际意义。本文以此为切入点，分析2000—2017年新疆地区不同受教育程度人口数量的变化对新疆地区生产总值增长的影响是否显著以及影响程度。

二、相关性分析与回归分析

（一）数据来源
为保证分析结果的精确性和科学性，本文数据均来自2000—2017年的《中国统计年鉴》。
（二）基本假设
假设一：文盲或半文盲人口数与地区生产总值的相关性为正；
假设二：小学及初中文化程度人口数与地区生产总值的相关性为正；
假设三：高中及中专文化程度人口数与地区生产总值的相关性为正；

假设四：大专及以上文化程度人口数与地区生产总值的相关性为正。

（三）相关性分析

本文对文盲或半文盲人口数、小学及初中文化程度人口数、高中及中专文化程度人口数、大专及以上文化程度人口数与地区生产总值的相关性进行分析，结果如表1所示。

表1　相关性分析结果

		文盲或半文盲人口数	小学及初中文化程度人口数	高中及中专文化程度人口数	大专及以上文化程度人口数	地区生产总值
文盲或半文盲人口数	Pearson 相关性	1				
	显著性（双侧）					
	N	15				
小学及初中文化程度人口数	Pearson 相关性	0.076	1			
	显著性（双侧）	0.788				
	N	15	15			
高中及中专文化程度人口数	Pearson 相关性	−0.088	0.145	1		
	显著性（双侧）	0.754	0.606			
	N	15	15	15		
大专及以上文化程度人口数	Pearson 相关性	−0.055	0.398	0.865 **	1	
	显著性（双侧）	0.846	0.142	0.000		
	N	15	15	15	15	
地区生产总值	Pearson 相关性	−0.091	0.593 *	0.774 **	0.943 **	1
	显著性（双侧）	0.746	0.020	0.001	0.000	
	N	15	15	15	15	15

注：** 表示在 0.01 水平（双侧）上显著相关；* 表示在 0.05 水平（双侧）上显著相关。

根据相关性分析结果，可以发现：

（1）在显著性水平为 0.05 下，文盲或半文盲的人口数与地区生产总值的相关系数的 Sig 值大于 0.05，所以文盲或半文盲的人口数与地区生产总值之间不存在显著的相关关系。不难理解，文盲或半文盲人口在参与市场经济建设的过程中，难以适应日新月异的技术改革、复杂化的社会分工以及产业结构的优化调整；相对于受教育程度较高的人口，他们面临的职业转换及技术提升的成本更高，甚至可能因无法适应快速变化的产业结构调整升级的需求而遭到淘汰，从而不利于社会全要素的优化配置与经济效益的提升。

（2）在显著性水平为 0.05 下，小学及初中文化程度人口数、高中及中专文化程度人口数、大专及以上文化程度人口数与地区生产总值的相关系数的 Sig 值均小于 0.05，所以小学及初中文化程度人口数、高中及中专文化程度人口数、大专及以上文化程度人口数与地区生产总值之间呈现显著的正相关关系，且相关系数分别为 0.593、0.774 和 0.943，与预期一样，受教育水平越高，对于地区生产总值的提高越是有着显著正向影响。

（四）回归分析

经过前面的相关分析已经得知小学及初中文化程度人口数、高中及中专文化程度人口数、大专及以上文化程度人口数与地区生产总值之间呈现显著的相关关系，记为 $X_1 \sim X_3$，为自变量，地区生产总值为因变量，记为 Y，进行回归分析。

1. 模型建立

（1）变量选取

为了充分反映小学及初中文化程度人口数、高中及中专文化程度人口数、大专及以上文化程度人口数与地区生产总值之间的整体关系，本文选取的自变量说明如表 2 所示。

表 2　自变量说明

自变量	含义
X_1	小学及初中文化程度人口数
X_2	高中及中专文化程度人口数
X_3	大专及以上文化程度人口数

（2）模型假定

选取地区生产总值作为被解释变量，记为 Y。表 2 中的变量作为解释变量，β 为变量系数，u 为随机变量，选用的方程形式为多元线性回归方程，设为

$$Y = \beta_0 + \beta_1 \times X_1 + \beta_2 \times X_2 + \beta_3 \times X_3 + u$$

（3）回归结果

进行回归分析后得到的分析结果如表 3 所示。

表 3　模型统计量

模型	R	R 方	调整 R 方	标准估计的误差
1	0.972a	0.945	0.931	771.094 17

　　表3中模型的R方为0.945，调整后的R方为0.931，回归方程能解释总变异的93.1%，模型的拟合程度较好。Anova分析如表4所示。

表4　Anova分析

模型		平方和	df	均方	F	Sig.
	回归	1.135E8	3	37 817 978.631	63.604	0.000a
1	残差	6 540 448.367	11	594 586.215		
	总计	1.200E8	14			

　　回归模型中的F=63.604，F检验的显著性水平为0.000，表明自变量与因变量线性相关。

　　从图1可以看出，残差基本符合正态分布，这符合回归分析的前提假设。系数设定如表5所示。

因变量：生产总值（亿元）

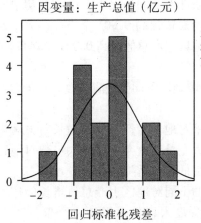

均值=-1.63E-15
标准偏差=0.886
N=15

图1　回归标准化残差

表5　系数

模型		非标准化系数		标准系数	t	Sig.	共线性统计量	
		B	标准误差	试用版			容差	VIF
	（常量）	-18 480.181	4 936.455		-3.744	0.003		
	小学及初中文化程度人口数	0.001	0.000	0.270	3.177	0.009	0.685	1.460
1	高中及中专文化程度人口数	0.000	0.001	0.048	0.311	0.761	0.205	4.868
	大专及以上文化程度人口数	0.004	0.001	0.793	4.737	0.001	0.177	5.662

为验证模型变量间是否存在多重共线性，通过 SPSS 分析获知，所有方差膨胀因子 VIF（Variance Inflation）最大值为 5.662，符合 0~10 这一标准。由表 5 可以看出小学及初中文化程度人口数、大专及以上文化程度人口数的回归系数通过显著性检验且显著异于零（$Sig. < 0.05$），"小学及初中文化程度人口数"的回归系数为 0.001，这就表明小学及初中文化程度人口数对地区生产总值有显著的正向影响，且对其影响系数为 0.001；"大专及以上文化程度人口数"的回归系数为 0.004，这就表明大专及以上文化程度人口数对地区生产总值有显著的正向影响，且对其影响系数为 0.004；"高中及中专文化程度人口数"的回归系数没有通过显著性检验（$Sig. > 0.05$）。因此，小学及初中文化程度人口数、高中及中专文化程度人口数、大专及以上文化程度人口数与地区生产总值之间的多元回归方程可以归结为

$$Y = -18\,480.181 + 0.001 \times X_1 + 0.004 \times X_3$$

回归方程表明，在其他条件不变的情况下，小学及初中文化程度人口数每提高一个单位，地区生产总值提高 0.001 个单位；大专及以上文化程度人口数每提高一个单位，地区生产总值提高 0.004 个单位。

2. 研究结果分析

通过对 2000—2017 年新疆地区不同受教育程度人口的时间序列数据的研究，得出以下三点结论：

第一，人口的受教育水平对地区生产总值的增长有显著影响，其中小学及初中文化程度人口数和大专及以上文化程度人口数对地区生产总值的影响随着地区经济发展水平由低到高呈阶梯式分布。

第二，人口受教育程度的不同对地区生产总值增长的作用有很大的差异。首先，小学及初中文化程度人口数每提高一个单位，生产总值提高 0.001 个单位，说明新疆地区生产总值的增长依旧有部分依赖于受教育水平较低人群的贡献，而这些人往往从事农业、牧业等低产行业。在"一带一路"建设的大背景下，新疆产业结构升级势在必行，如何使小学及初中文化程度人口对经济增长的促进作用变得更显著，将是在未来较长一段时间内必须面临的现实问题；其次，高中及中专文化程度人口数的回归系数没有通过显著性检验（$Sig. > 0.05$），说明新疆中等职业技术教育投入并没有产出预期的经济效益或产出并不明显；最后，大专及以上文化程度人口数每提高一个单位，生产总值提高 0.004 个单位，说明近几年国家及地方政府对新疆高等教育投入的成效正逐步显现，受过高等教育的人口已成为新疆经济增长的最主要劳动力资本。

第三，文盲或半文盲人口占全疆总人口比重依然很大，若进行有效基础教育和技能培训，他们对新疆经济发展的贡献潜力依然存在。

三、对策建议

在"一带一路"倡议背景下，将新疆定为"丝绸之路经济带核心区"是中央做出的重要部署，既符合国家对外交流战略目标，也符合新疆区域经济发展的要求和实际，其重要意义是不言而喻的。因此，结合上文研究结果和新疆实际情况，提出以下对策及建议：

（一）树立教育性与迁移性并重的人力资本开发理念

新疆以天山为界分为南疆与北疆，在自然环境、人口结构、历史文化、经济发展等方面存在着较大的差异。2018 年 8 月 1 日起实施的《新疆维吾尔自治区农村扶贫开发条例》指出：该阶段新疆扶贫开发工作要以和田地区、喀什地区、克孜勒苏柯尔克孜自治州、阿克苏地区为重点，聚焦深度贫困县、深度贫困村，统筹推进其他地区扶贫开发。而这些深度贫困地区就集中在天山以南的南疆地区。因此，若想通过教育开发来实现全疆人力资本构成优化配置的目标，应综合考虑南、北疆存在的现实差异，保证各类教育资源能够得到公平有效的配置；同时，还应通过鼓励疆内外、南北疆之间的各类人力资本的有效流动，来实现人力资本配置的均衡性，即要求管理者树立教育性与迁移性并重的人力资本开发理念。但在此过程中，应建立周期性的评估反馈机制，以防止教育资源配置与人力资本迁移工作脱轨导致开发不当，使人力资本发展状况持续恶化。

（二）建立并实行常态化的扫盲工作机制

虽然新中国成立后全疆扫盲工作就已开始，但统计数据显示新疆文盲或半文盲人口占全疆总人口比重依然较大[1]。从另一个角度理解，对文盲或半文盲人口进行有效基础教育和技能培训，仍然具有促进新疆经济发展的作用。因此，建立并实行常态化的扫盲工作机制对提高新疆人力资本质量具有基础性和先导性的作用。但值得注意的是，扫盲工作不能仅实行简单的基础知识教育普及，而应站在"一带一路"倡议的大背景下，根据各区域特色和功能，有计划、有步骤、有目的、针对性地进行基础知识普及与专业技能培训；不但要达到"脱盲"的目的，还要培养文盲或半文盲人口的自我发展能力，使其主动向"新型农业从业者""专业技工"等社会身份转变。这不仅有利于新疆地区人口与环境的良性互动和有效融合，还有利于地区社会的稳定和发展。

---

[1] 统计年鉴数据显示，2000—2016 年全国文盲率平均降低了 4.7%，但新疆文盲率平均降低了 3.6%，未达到全国文盲率平均下降幅度。

（三）通过非学历教育实现低学历人口的充分就业

李艳丽、姚静将非学历教育解释为一种不以取得学历为目标的继续教育。与学历教育不同，非学历教育更重视针对性的学习内容、重复性和连续性的学习过程，例如岗位培训及各种辅导班、进修班、职业技术培训班等[8-9]。为提高小学及初中文化程度人口、高中及中专文化程度人口对新疆经济发展的推动力，应大力推进非学历教育，全方位、多层次地为非学历受教育者提供个性化的学习平台，为新疆"丝绸之路经济带"核心区的建设和发展提供专业从业人员，促进新疆服务业、旅游业、制造业、运输业、餐饮业等行业的发展，实现低学历人口的充分就业。

（四）重点培养"一带一路"型高等专业人才

疆内高校应充分利用政策优势和区位优势，紧抓"一带一路"建设这一契机，推动与沿线国家的多样化教育合作交流平台的建设，以"培养'一带一路'倡议实施所需的专业化人才"为目标实施针对性的人才培养模式。这主要包括以下三个方面：一是有效利用沿线国家通用语言与新疆的相关少数民族语言相通或者相近的优势，大力发展如俄语、哈萨克语、塔吉克语、乌兹别克语、塔塔尔语等小语种专业，可有效解决新疆乃至全国面临的相关小语种人才匮乏的瓶颈问题；二是利用新疆作为"核心区"的区位优势，培养专业的贸易型人才，搭建疆内高校学生"一带一路"创新创业孵化平台，加强与沿线中外企业的合作交流，推进高校理论教育与社会实践参与相结合的培养模式，促进新疆贸易型人才质量的有效提升；三是通过培养高新技术型人才推动新疆产业结构升级，以更好地契合"一带一路"建设实施的要求和目标。

四、结论

"一带一路"建设的提出对新疆经济的崛起有着至关重要的作用，而人力资本的构成直接影响新疆经济发展质量的好坏。因此，以发展教育为切入点，实现新疆人力资本结构的可持续优化和人力资本竞争力的实质性提升，是非常值得关注的。

参考文献

[1] 江涛. 舒尔茨人力资本理论的核心思想及其启示 [J]. 扬州大学学报（人文社会科学版），2008, 12 (6)：84-87.

[2] 沈坤荣，耿强. 外国直接投资、技术外溢与内生经济增长：中国数据的计量检验与实证分析 [J]. 中国社会科学，2001 (5)：82-93.

［3］李家昂. 教育人力资本与经济增长关系的实证研究：以河南省为例［J］. 中国商贸，2014（26）：216-217.

［4］陈小荣. 舒尔茨人力资本理论视域下的精准扶贫路径探析［J］. 市场周刊（理论研究），2018（1）：149-150.

［5］李曦辉. 民族地区经济发展与教育结构调整［J］. 民族教育研究，2009，20（1）：78-82.

［6］王姣娜. 教育结构与人力资本红利：挑战、证据与路径选择［J］. 河北学刊，2016，36（3）：191-196.

［7］谢蜀君，陈霞."一带一路"背景下教育投入与经济增长关系的实证分析：来自新疆的经验数据［J］. 当代经济，2018（17）：137-139.

［8］姚静. 浅析终身教育观念下的普通高校非学历教育［J］. 继续教育，2010，24（7）：22-25.

［9］李艳丽. 我国综合性普通高校成人非学历教育研究［D］. 成都：四川师范大学，2010.

大数据在高校教育现代化中的应用研究综述

陈莎莎　　戚兴宇①

摘要： 高等教育现代化是我国教育现代化的重要组成部分，大数据时代推动了高等教育现代化的发展进程。本文通过对大数据在高校教育现代化中的应用研究进行梳理分析，总结大数据时代的高校教育现代化的理论与实践经验，探讨如何更好地将大数据运用到高校教育中，探索未来我国在实现教育现代化的进程中应该重点着力的领域。

关键词： 大数据　高校教育现代化　应用研究

教育现代化已成为我国实现现代化建设的重要指标。教育现代化，就是用现代先进的教育思想和科学知识武装人们，使教育思想与观念、教育内容、教育管理体制、教育方法与手段等逐渐达到现代世界先进水平，培育出能参与国际经济竞争和综合国力竞争的新型劳动者和高素质人才的过程。教育现代化作为国家现代化的先导，主要体现在教育思想观念、教育内容、教育管理、教育方法与手段、教育公平等方面。从教育自身的发展来看，教育现代化引领了教育事业科学发展，体现了内涵发展的先进理念，落实了改革创新的理性实践，提供了教育事业长远发展的体制机制[1]。教育现代化是国家现代化的基础和先导，实现高等教育现代化是新时期高等教育改革发展的重大使命[2]。高等教育作为国家教育事业的顶层，同时又是教育现代化的重要部分，与社会发展的各个领域都有着密切联系。高等教育还承担着培育高级专门人才、发展科学技术文化、促进社会主义现代化建设的重大任务。高等教育现代化与社会现代化的进程是紧密相连的，直接关系到教育事业现代化发展水平。2010 年教育部制定出台《国家中长期教育改革和发展规划纲要（2010—2020 年)》（以下简称《规

---

① 作者简介：陈莎莎，西南民族大学管理学院在读研究生，研究方向为公共政策分析；戚兴宇，博士，副教授，西南民族大学管理学院硕士生导师，研究方向为公共政策分析。

划纲要》），将当下中国教育改革和发展的总目标确定为"基本实现教育现代化"。高等教育作为其中重要一环，其教育现代化目标的达成与否，直接关系着我国教育现代化的发展进程的快慢。如何将教育现代化的宏大目标转化成切实可行的工作，是目前高校教育现代化面临的重要问题。

大数据将成为推动教育事业创新与变革的科学力量。大数据是以云计算、数据挖掘、移动互联网等为基础的技术，具有数据量大、处理速度快、多样性、真实性强、能够创造价值的特性，为教育研究带来了数据获取、存储、分析和决策等方面的支持，成为促进教育现代化发展的有力工具。基于这样的背景，我国许多专家学者就大数据如何促进教育现代化进行了研究，并取得了许多研究成果。本文对近几年国内相关领域的专家学者的研究现状进行梳理与提炼，整理分析专家学者的研究动向及还未关注到的重要方面，总结前辈的研究经验，并在此基础上探究利用大数据促进教育现代化的基本规律，探索我国如何更好地运用大数据推动教育现代化进程，把握未来教育现代化大数据研究应该着重关注的领域。就目前来看这些专家学者主要围绕高校教育思想观念现代化、高校教育内容现代化、高校教育方法与手段现代化、高校教育管理现代化四个方面对大数据促进教育现代化进行了研究。

一、大数据在高校教育思想观念现代化中的应用研究

（一）大数据促进教育公平观念的普及

要实现教育现代化，首先要实现教育观念上的革新，转变传统教育观念，而转变传统教育观念的重要一环就是普及教育公平的观念。学者刘雍潜和杨现民认为大数据为区域发展均衡、实现教育公平提供了新思路。我国教育信息化存在严重的盲目建设与不均衡的问题，对教育大数据进行采集与分析，合理开展区域信息化建设，可促进区域信息化环境的均衡；利用大数据技术全面采集教育单位信息数据，科学合理分配教育资源；应用大数据技术获取教育相关信息，实现教育机会均等；利用大数据技术对教师进行全面考核，提升教育质量[3]。

两位学者从教育均衡的信息环境、资源、机会、质量的角度，以及教育公平角度对教育思想观念现代化做了研究，较为全面，为我们在思想观念方面实现高校教育现代化提供了教育公平的思路，并详细阐述了如何利用大数据实现教育公平。但在实际的运用中，如何动态地获取区域教育数据，哪些方面的数据是需要我们获取的，怎样利用获取的大数据建立预测模型、制定教育发展方案等问题都有待相关领域的专家学者在未来进行更深入的探索。

（二）大数据有利于实现因材施教的个性化教育理念

《规划纲要》提出，"人是国家发展的核心要素"。依据人的身心发展规律，扬长避短，因材施教是推进人的全面发展的重要方法。《规划纲要》提出，"鼓励学校利用大数据技术开展对教育教学活动和学生行为数据的收集、分析和反馈，为推动个性化学习和针对性教学提供支持"。学者邹太龙和王静宜在有关大数据教育的应用研究中，提出教师可通过大数据了解学生的个体差异，针对性地制定培育模式[4]。在大数据背景下，教育者可跟踪记录个体的学习行为、情感体验以及学习需求等信息，为学生选取匹配的学习内容、学习方式，从而给予个性化的学习指导，实现真正意义上的个性化教育。赵晋等认为当今的大数据时代人类的计算与处理能力潜力无限，教育行为与教育信息的数据化让数据版的理想教育成为可能[5]。刘雍潜和杨现民认为大数据能够让教育更加关注学生、教师以及学校个体，帮助其实现个性化与科学的均衡发展[6]。

传统的教育理念要求教与学在时间与内容上标准统一，忽视个人喜好、差异化和需求。学者们提出将大数据运用到教育中，是对传统教育观念的突破。利用大数据实现个性化教育理念是教育观念现代化的动力源泉。因材施教的个性化教育理念在大数据环境下可以成为现实。但就目前的实际情况而言，这种数据化背景下的理想教育在现阶段我国的大多数地方仅是理论上的研究与探讨，要让因材施教的个性化教育落地，需要教育领域的学者及实践者在深刻理解大数据的前提下积极推进教育模式的革新。

二、大数据在高校教育内容现代化中的应用研究

研究教学内容，能够显著提高教学质量与教学水平。学者黄莉和覃玉林提出基于大数据的智慧高等教育教学内容改革创新方法，主要有智慧高等教育中教学内容改革前的需求分析和教学内容的具体组织方法，并对教学内容的详细设计过程做了描述[7]。他们在对教育教学内容改革的创新方法的研究中，对所设计环节的关键问题进行了研究，从开始利用大数据采样分析教学需求到最后教学内容的设计，向我们详细展示了教育内容的改革过程与方法。学者甘容辉和何高大认为教师要对教学内容进行不断的调整，协调线上线下教学内容，运用翻转课堂的教学方式，在课堂上更多地进行商讨、辩论、项目协作等，将学习深度化[8]。还有学者认为在大数据时代，应当形成包括大数据的内涵、技术等的知识体系，并让这些知识系统地融入当下的教育教学，让教学内容跟上时代的发展，随时代的发展不断填充。

综合分析学者们的思想观点，发现各位学者在大数据背景下教育内容现代化的研究中主要从两方面入手：一是利用大数据技术对教育教学内容进行优化、革新；二是让大数据的相关知识融入教学内容。对于大数据这个信息化时代的产物，将其作为一种知识体系进行了解学习，既能促进高校教师、管理者与学生对大数据理念的了解和对大数据技术的学习，又能丰富高校教育教学内容。而利用大数据技术对教育教学内容进行优化、革新，充分发挥大数据技术为教育领域带来的机遇，可以实现教学质量与教学水平的提高，激发高校教育教学的活力，进一步加快教育内容现代化的步伐。而这一切都要最终落到实处，并在高校教育中真正贯彻执行，才能最终实现高校教育现代化。

三、大数据在高校教育方法与手段现代化中的应用研究

在大数据促进高校教育方法与手段现代化的应用研究中，学者崔晓鸾和赵可云认为大数据为促进慕课、翻转课堂等新兴教学方式的实施提供了条件，这些线上教育教学平台的创立对于促进我国教育教学个性化发展有重要意义，同时为高校教育提供了新的方法与手段，促进了高校教育进一步迈向教育现代化[9]。学者吴地花认为大数据时代教育教学现代化可以通过构建大数据服务综合性平台来实现[10]。通过大数据综合服务平台的建设及其应用，充分发挥教育资源的能量，以满足新时代高校教育对教与学的需求。邹太龙和王静宜指出在大数据时代下，大数据数据量大、表现力丰富、易于传输分享的优点弥补了以往教学方式的缺陷，方便学习者掌握知识[11]。学者杨聚鹏和梁瑞认为教育教学的手段与方式应该由经验式教学走向技术性教学，充分利用大数据技术进行教育教学设计、学生学情分析、交互式教学，有利于实现教学方案的科学化、教育教学的个性化，突破教学时间空间的限制[12]。

对学者们的观点进行分析，可以看出学者们的研究多是从教育教学线上平台入手，探讨如何丰富教育教学的方式与手段，以及如何将大数据技术应用到教育教学的各个方面。就目前而言，网络教育教学平台发展迅速、种类繁多，但还未广泛运用到高校的教育教学中。与此同时，教育平台的发展尚未完善，平台本身也存在较多问题，相应的法律法规也有待建立与完善。

四、大数据在高校教育管理现代化中的应用研究

学者周湘林认为可以通过设置预警数据确保教育管理的及时性，分析

13

预测数据、差异数据让教育管理更具前瞻性和个性化，共享数据实现教育管理的整合性，利用动态数据实现教育管理的权变性[13]。他从大数据特性的角度，探索分析了大数据对教育管理变革所起的积极作用。学者郑立海认为大数据时代教育管理的改革要通过对数据的挖掘以及利用大数据的影响，实现教育管理理论、方法与技术的转变与创新。该学者认为这也是现代高校教育现代化的重要课题[14]。学者许晶认为利用大数据优化教育管理，需要从高校的教师、管理者入手，高校的教师及管理者应通过各种途径和方法进行学习，提升自身数据素养，同时院校方也应将此作为教师及管理者的考核内容及必修课。陈文等提出：一方面，要运用大数据技术探索教育管理方法优化；另一方面，要搭建教育管理载体实现数据共享，同时还要推动合法渠道的数据共享，形成数据共享共治局面[15]。陈海军认为大数据管理已是高校教育发展的新常态，需要不断加强大数据高校教育管理顶层设计，强化大数据教育管理教师队伍培养，健全大数据教育管理规章制度[16]。张学林指出高校教育管理工作要运用大数据对管理系统进行革新，还要提高大数据的应用水平，加强教育管理的实效性[17]。

综合分析以上学者们的观点，大数据在高校教育管理现代化的应用研究从内容上看主要分为两个方面：一是在教育管理中对教育大数据的挖掘与使用，以及将大数据技术融入高校教育管理，优化教育管理模式；二是对大数据背景下高校教育管理主体及载体的研究，提出大数据时代高校教育管理需要教师及管理者提升自身数据素养和搭建并完善教育管理平台。从学者们的研究进展上来看，对大数据时代下高校教育管理的研究从宏观到微观，从抽象到具体，从研究如何将大数据融入高校教育管理到大数据在高校教育管理应用中应该具体关注的方面。学者们对大数据在高校教育管理的应用的研究，为高校教育管理现代化奠定了理论基础，提供了理论指导与实践经验，促进了教育现代化的发展。此外，我们还应注意的是，在运用大数据进行高校教育管理时要充分挖掘数据资源，发挥大数据技术的优越性，真正优化高校教育管理，实现高校教育管理现代化。

五、总结

在大数据促进高校教育现代化的应用研究中，当前我国的学者主要从教育思想观念、教育内容现代化、教育管理、教育手段与方法现代化、教育管理现代化等方面阐述如何利用大数据实现教育现代化，其中许多观点与方法为实现高校教育现代化提供了有益的启发与借鉴，对我国高校教育现代化的发展有着积极的推动作用。

众多学者从不同方面对大数据与高校教育现代化进行应用研究，取得了许多研究成果，目前研究成果主要集中在：大数据对高校教育思路与观念的影响、利用大数据实现教育公平与教育个性化的实施路径、大数据技术如何优化高校教学内容、大数据技术的衍生网络平台运用到教学中的具体措施、大数据技术完善高校管理体系的对策建议等。这些研究成果为大数据助推我国高校教育现代化提供了全新的思路与方法，明确了教育现代化结合大数据技术的落脚点和具体实施方案。但目前我国大数据与教育领域的结合也存在着许多的阻碍：一是高校教师和管理人员对大数据技术的重视程度不高和对大数据技术的掌握不到位、利用不充分，使大数据技术在一定程度上变成了教师、管理者的负担；二是高校缺乏大数据技术人才以及大数据技术与设备引进配置不足；三是在大环境方面，对数据安全问题的监管，国家相关的政策、制度还未跟上发展的脚步等；四是在研究方面，如何有效获取教育大数据、构建教育模型等都是学者需要继续进行深入研究的地方。

虽然大数据的应用对高校教育现代化的发展有着显著影响，也是未来教育现代化的趋势，我国相关领域的学者也进行了一系列的研究，但关于教育领域大数据的应用主要集中在理论探讨上，实践方面的应用案例较少。虽然许多学者给出了具体的方法措施，但与能够真正运用到现实中还存在着一定的距离，而实践中会产生的效果也有待更进一步的研究与证实。未来在对大数据与高校教育现代化的研究中，应注意对重点问题的把握，以积极解决教育领域应用大数据时存在的问题、遇到的阻碍为出发点，继续丰富、完善该领域的大数据应用理论。相信在大数据的浪潮中，在我们的不断努力下，未来我国的教育事业将会焕发更大的活力。

参考文献

［1］曾天山. 教育现代化是引领教育事业科学发展的先导旗帜［J］. 中国高等教育，2013（8）：3-7.

［2］瞿振元. 实现高等教育现代化需要理论先行［J］. 中国高教研究，2013（12）：3-5.

［3］刘雍潜，杨现民. 大数据时代区域教育均衡发展新思路［J］. 电化教育研究，2014，35（5）：11-14.

［4］邹太龙，王静宜. 论大数据教育应用思想的五大传统借鉴［J］. 中国成人教育，2017（15）：19-22.

［5］赵晋，张建军，王奕俊. 大数据思维下教育发展机遇与挑战的再思考［J］. 电化教育研究，2018，39（6）：21-26.

［6］刘雍潜，杨现民. 大数据时代区域教育均衡发展新思路［J］. 电化教育研究，2014，35（5）：11-14.

［7］黄莉，覃玉林. 基于大数据的智慧高等教育教学内容改革研究［J］. 柳州职

业技术学院学报，2015，15（3）：58-61.

[8] 甘容辉，何高大. 大数据时代高等教育改革的价值取向及实现路径 [J]. 中国电化教育，2015（11）：70-76，90.

[9] 崔晓鸾，赵可云. 大数据在教育领域的研究热点及发展趋势：基于共词分析的可视化研究 [J]. 现代远距离教育，2016（4）：79-85.

[10] 吴地花. 大数据时代的教育创新研究 [J]. 教育探索，2016（4）：120-123.

[11] 邹太龙，王静宜. 论大数据教育应用思想的五大传统借鉴 [J]. 中国成人教育，2017（15）：19-22.

[12] 杨聚鹏，梁瑞. 大数据时代大学课堂教学模式面临的挑战与变革 [J]. 电化教育研究，2017，38（8）：111-115.

[13] 周湘林. 大数据时代的教育管理变革 [J]. 中国教育学刊，2014（10）：25-30.

[14] 郑立海. 大数据时代的教育管理模式变革刍议 [J]. 中国电化教育，2015（7）：32-36.

[15] 陈文，蒲清平，邹放鸣. 大数据时代的高校学生教育管理模式转变与应对策略 [J]. 江苏高教，2017（1）：67-69.

[16] 陈海军. 大数据视野下的高校教育管理发展路径 [J]. 中国成人教育，2018（3）：43-45.

[17] 张学林. 大数据背景下教育管理模式的革新路径 [J]. 湖北函授大学学报，2018，31（12）：26-27.

大数据背景下优化高校课程设置的思考

邓桂苗　戚兴宇①

摘要： 高校课程设置是实现人才培养目标的重要环节，与学生成长成才密切相关，与社会发展紧密相连。当前，我国高校课程设置中存在着课程设置目标忽视学生个性发展需求、课程设置结构固化、课程设置内容时代性和实用性不足等问题。在大数据背景下，高校应积极树立大数据思维，充分利用大数据技术和方法，制定个性化的培养方案、挖掘社会需求信息、提高课程结构弹性、完善课程考核方式，以优化课程设置，从而提高学生综合能力，实现高校人才培养目标，推动社会良性发展。

关键词： 大数据　高校　课程设置

2008 年 9 月，"大数据"（big date）一词首次出现在英国著名杂志 *Nature* 上，作为信息技术发展的产物，大数据已逐渐被人们所熟悉。《互联网周刊》认为，"大数据是通过对海量数据进行分析，获得有巨大价值的产品和服务，或深刻的洞见，最终形成变革之力"②。高校是教学育人的主阵地，承载着学生的梦想和家长的期盼，肩负着社会的责任和使命。高校课程设置是实现人才培养目标的重要环节，与学生成长成才密切相关，与社会发展紧密相连。目前，我国的高校课程设置还存在着课程目标忽视学生个性发展需求、课程内容时代性与实用性不足、课程结构固化、课程考核方式单一等问题。大数据具有规模性、多样性、高速性、价值性和真实性的特征，是挖掘数据价值、发现事物相关关系、预测事物发展规律的利器。因此，将大数据运用到高校课程设置中，通过大数据分析全面了解学生的个体差异、准确分析社会需求、准确预测社会发展趋势，有利于高校因"势"利导、按"需"育才，优化课程设置，提高课程设置的科学性和合理性，从而提高学生的综合素质，培养更多个性化人才，实现学校"育

---

① 作者简介：邓桂苗，西南民族大学管理学院在读研究生，研究方向为公共政策分析；戚兴宇，博士，副教授，西南民族大学管理学院硕士生导师，研究方向为公共政策分析。
② 姜奇平. 大数据的时代变革力量 [J]. 互联网周刊，2013（1）：34-37.

人"的核心价值，推动社会的良性发展。

一、当前高校课程设置中存在的问题

高校课程设置是高校办学思想与理念的直接体现，是教学计划的关键和核心，是高校实现人才培养目标不可或缺的一部分，其要素有课程目标、课程结构、课程内容、课程考核等。科学合理的课程设置有利于促进学生的全面发展，有利于实现学校的"育人"目标，有利于推动社会的进步。但目前，我国部分高校的课程设置还存在着一些缺陷，阻碍了学生和学校的发展，影响了社会的发展与进步，主要体现在以下几个方面：

（一）课程设置目标忽视学生个性发展需求

课程目标是开设课程期望的、应该达到的目的，是人才培养的风向标，是课程设置的第一步和关键一步。高校应立足于培养专业技能扎实、综合素质优良、德才兼备、热爱生活、能积极主动参与社会主义建设的现代化人才，课程目标也应以此为导向。但是，长期以来，我国高校在课程设置过程中，多按照某一特定模式设置同样的学习方式和内容，将课程目标聚焦于提升学生的专业知识和技能，较少考虑学生的兴趣爱好、性格差异、自身能力等个体差异，忽视了对学生个性发展的正确引导和培育，使学生沦为被动学习的机器。这也直接降低了学生学习的积极性和主动性，削弱了学生的想象力和思考力，减小了学生自由发展、不断超越、全面提升的可能性，在一定程度上阻碍了高校人才培养目标的实现。

（二）课程设置结构固化，不利于专业培养目标的实现

高校课程结构主要包括各科目的构成比例（如专业课程与通识课程的比例、必修课程与选修课程的比例）、学时配比及课程进行时序等要素，科学合理的课程结构是实现培养目标的基础和前提。目前，我国多数高校均存在着课程结构固化的现象，主要体现在以下两个方面：一是部分高校在专业课程与通识课程、必修课程与选修课程的设置过程中，未充分考虑各专业培养目标的具体差异，不管是工科类专业还是文科类专业，均按照统一模式设置了同样课时、同样学分的专业课与通识课、必修课与选修课。二是在教学进度设置过程中，未充分考虑各专业的具体情况，所有的专业都在确定的时间段上完成确定的科目。课程结构固化，忽视了各专业、各学生群体的具体差异，不利于实现各专业的培养目标。

（三）课程设置内容与社会需求的匹配度较低

课程内容是学生学习的对象，它源于社会文化，并随着社会文化的变化而变化。因此，课程内容应顺应社会发展的需要，兼具实用性和时代性。长期以来，我国多数高校开设的课程均以理论知识为主，较少开设实

践课程，忽视了学生的动手能力和知识应用能力。此外，我国部分高校的课程内容并未做到与时俱进，课程内容更新较慢，学生不能及时了解新成果、学习新观点、掌握新技能。课程内容实用性和时代性不足，一方面导致学生很难满足就业市场的需要，不能顺利地融入社会；另一方面也导致企业难以招聘到理想的人才，影响了企业的长期发展，也在一定程度上影响了社会的进步。近年来，频频出现的"大学生就业难"与"企业招人难"的矛盾恰恰说明了这一问题。

（四）课程考核不全面，难以推动课程设置优化

课程考核是检验学生学习效果的主要方式，其范围应涵盖课程内容的方方面面，其目的在于检验学生对课程内容的掌握程度，及时发现学生学习过程中存在的问题与缺陷，及时发现课程设置存在的不足，以调整教学方案、实现教学目标。目前，我国多数高校的课程考核主要由平时考核和期末考核两部分组成：平时考核的主要评价指标包括学生平时作业的完成情况、学生的课堂表现及出勤率；期末考核则多由任课老师出题、采用笔试方式进行，考核方式单一，考核内容简单。由于考核难度较小，学生稍加努力便能轻松过关，致使学生"临时抱佛脚"成为一种普遍现象，课程考核沦为一种形式，并未达到检验学生学习态度、学习效果，反映学生学习能力、实践能力、创新能力的目的。因此，高校难以通过考核发现学生学习过程中存在的问题，难以发现课程设置中存在的问题，也难以利用考核信息优化课程设置。

二、利用大数据优化高校课程设置的可行性分析

在传统的课程内容设置过程中，部分高校受传统观念和思维的影响，并未对课程内容设置的科学性给予应有的重视。同时，囿于技术、设备、社会环境等多种因素，高校难以获取课程内容设置所需的全面的参考数据，也难以对获取的数据进行深入的分析以挖掘数据价值。而随着大数据时代的到来，大数据思维的渗透和大数据技术的发展将给高校优化课程设置带来新的契机。

（一）大数据为高校提供优化课程设置的参考信息

决策者了解与组织活动相关的全部信息是最优决策的前提条件之一，因此，高校在课程设置过程中，获得尽可能多的相关信息是提高课程设置科学性和合理性的基本前提。在传统的课程内容设置过程中，部分高校收集数据的渠道相对较少、获取的数据量相对较小，其课程设置的主要参考对象是国家中长期教育发展规划、国家教育法律法规、高校人才培养方案及重点大学的课程设置方案等，难以获取学生自身和社会发展变化的相关

数据，这在一定程度上导致了高校课程设置的科学性不足。大数据时代，互联网的开放性为高校收集数据信息提供了可能。高校可通过线上、线下多种方式，及时获取学生的兴趣、性格、能力及社会各行各业、各领域甚至各个方面的宏观的、微观的数据，而这些来源广泛、形式多样、内容丰富、实时更新的数据信息就形成了高校课程设置的参考，为高校课程设置提供了重要的数据支撑，有利于提高高校课程设置的科学性。

（二）大数据推动高校课程设置思维变革

维克托·迈尔·舍恩伯格在《大数据时代：生活、工作与思维的大变革》一书中指出："大数据时代最大的思维转变就是，放弃追求事物的因果关系，转而关注事物的相关关系，即人们只需知道'是什么'即可，而不用知道'为什么'。"这一思维也给高校课程设置带来了新的启示，使高校在课程设置过程中，不再仅仅关注课程本身是什么、为什么要开设这门课，转而关注学生个体之间、课程学习内容与学生能力提升之间、课程与外部环境之间的相关关系，以把握学生学习的兴趣点和习惯规律、预测社会未来的发展趋势，从而设置更具有个性化的课程目标、更具差异性与科学性的课程结构、更具实用性和时代性的课程内容。

（三）大数据促进高校课程设置技术手段的创新

高校在课程设置过程中，要在纷繁复杂、数量庞大的各种信息中，挖掘出有价值的信息并据此做出科学决策，大数据技术自然是不二之选。大数据技术促进高校课程设置的技术创新主要体现在以下方面：一是在数据的存储与管理方面。高校可将结构复杂的、传统的关系型数据库已很难完成存储和管理的、以"PB"为计量单位的海量信息通过大数据分析基础平台 Ethink，将所有结构化、非结构化的数据加载到内嵌的 hadoop、spark 存储库，实现大数据的存储和管理。二是在挖掘数据价值方面。高校可利用大数据技术，经过界面流程式的设计平台，利用可视化分析、数据挖掘算法、预测性分析能力、语义引擎和数据质量管理等技术对海量数据进行快速处理，为课程设置决策提供大量的计算指标和丰富的图形，以提高课程设置的科学性和准确性。

三、大数据背景下高校课程设置优化的实现路径

（一）制定个性化培养方案，实现课程目标与学生个性的深度融合

马克思指出，只有"个性充分发展，人的社会化程度提高，才能逐步实现自己的自主性、自觉性和创造性，积极发挥自身的潜能，在社会中展

示自己，实现自己个性的全面发展"①。因此，制定个性化的培养方案，是提升学生学习兴趣、提高学生综合能力、实现学生全面发展的主要方式。大数据背景下，高校应充分认识到大数据的重要性和价值性，重视收集与学生相关的各种信息，通过数据分析掌握每个学生的个体差异，并据此制订个性化的教学方案。一方面，高校应尊重大学生的主体地位，在课程内容设置过程中更加尊重学生的意愿、更加注重学生的话语权、鼓励学生积极参与课程内容建设，正如蔡元培先生所倡导的"完全人格之教育"。另一方面，高校应积极搭建大数据平台，并通过大数据技术，对数据资源进行分析，充分挖掘数据价值，以设置更科学、更合理、更符合学生实际情况的课程内容。如搭建在线学习平台，随时记录学生的学习行为，利用系统后台根据不断更新的行为数据分析学生的优缺点、学习习惯、思维习惯等，并根据学生的学习情况不断调整学习内容和重点。这一点可借鉴美国奥兰治县马鞍峰社区学院的个性化教学改革。该学院通过它的"高等教育个性化服务助理"系统，为每个学生建立档案，完整详细地记录学生在校期间的日程安排、学习信息及其他信息，并对这些数据进行分析，向学生提供时间管理及课程选择的建议，成功实现了个性化教育。

（二）提高课程结构的多元性，实现课程结构与专业培养目标的完美贴合

"学科是什么？它们彼此之间是如何联系的？"这是高校课程结构设置中必然会遇到的问题。因此，应该有一个尽可能把更多知识类型纳入其中的兼容性框架体系，这个框架体系就是知识地图。知识地图将各种知识整合起来，根据使用者的层级及关联性告诉使用者知识所在的位置，为使用者提供所需的知识。大数据背景下，高校可充分利用大数据平台，构建知识地图，尽可能全面地收集各学科知识；并利用大数据技术，分析学科与学科之间、课程与课程之间的相关关系，根据每个专业、每个学生群体的实际情况进行课程安排、确定课程进度，为每个专业量身打造课程结构，以实现各专业课程结构的差异化，提高课程结构对不同专业的适应性，从而实现课程结构与专业培养目标的完美贴合，达到优化课程设置的目的。

（三）挖掘数据价值，实现课程内容与社会需求的精准契合

随着经济和科技的不断发展，日趋多变的社会环境和日益复杂的社会矛盾给高校课程内容的设置、大学生成长成才带来了更大的风险和更多的挑战，如"大学生就业难"问题。而大数据，则是应对这些挑战的法宝。同样以解决"大学生就业难"与"企业招聘难"的矛盾为例，大数据背景下，要解决大学生与企业之间的供需矛盾，高校可从以下两个方面着手：

---

① 季诚均. 大学课程概论［M］. 上海：上海教育出版社，2007.

一是与时俱进，积极收集社会变化发展信息，包括各行业、各地区甚至全球的数据，结合政策法令、规章制度、社会文化、经济发展、生态环境等各种信息，利用大数据技术深入挖掘数据价值，分析市场当下需求、预测其未来发展趋势，并模拟与之配套的人员数量、结构、素质构成、能力要求等，及时更新课程内容以培养对口人才，增强课程内容的时代性，实现企业"按需取才"与学生"对口择业"的良性互动。如一些国外名校根据当前市场需求及未来发展趋势，开设了大数据相关课程和学位，清华大学也紧随其后，开设了有关大数据的素养课程，启动了大数据人才培养计划。二是搭建学生专业能力大数据平台，采集学生专业能力数据和企业人才需求数据。通过双向采集和分析，发现市场需求与学生专业能力之间的差异，及时调整课程内容，实施动态的专业人才能力培养，增强课程内容的实用性，实现学生个体优势与企业人才需求的有效匹配。

（四）完善课程考核方式，实现考核结论与学生实际能力的高度吻合

完善的课程考核体系能够帮助高校有效地执行培养计划，实现培养目标。大数据背景下，完善高校课程考核体系可从以下两个方面着手：一是转变考核形式，从"静态考核"走向"动态考核"。高校可充分利用大数据、云计算等前沿技术，更新、完善教务系统，拓展学生学习的时间和空间，对学生的学习数据，如学习次数、学习时长、作业完成时长、正确率等进行全面、实时、连续的记录，通过数据分析掌握学生的学习态度、学习习惯、学习能力、知识掌握程度等，综合各种指标对学生进行更加全面、更加准确的考核；而不再单纯地以上课是否迟到、是否缺勤、是否积极回答问题、是否按时完成作业为衡量指标，也不再单纯地以"30%的平时成绩+70%的期末成绩=本门课程的综合成绩"为固定的考核方式。二是增加考核主体，从单一主体考核走向多元主体考核。现阶段的考核评价多以任课教师为主，无法全面参考课程各参与方的意见。大数据背景下，对学生的考核方式可参考"360度考核法"，通过收集分析学生本人、其他同学、任课老师及第三方机构对学生的思想素质、理论知识、综合能力等的评价，利用大数据技术进行统计分析，对学生进行全面考核，得到更客观、更全面、更准确的考核结论。通过完善的考核体系，分析学生的实际能力，从而发现课程设置中存在的缺陷与不足，并及时纠偏、及时控制，达到优化课程设置的目的。

参考文献

陈律，2013. 大数据背景下学习分析技术对教学模式的变革 [J]. 中国教育信息化 (24)：15-17.

葛琳琳，贾银山，2017. 大数据时代下高等教育人才培养的策略与思考 [J]. 黑龙

江高教研究（3）：159-161.

刘凯，燕斌，2018. 大数据背景下高职院校课程考核评价方式改革研究［J］. 现代职业教育（12）：10-11.

史航，2017. 基于学生个性发展的高校课程设置研究［D］. 镇江：江苏大学.

王璐，杨洋，余佳每，2018. 大数据视角下的 MOOC 学习者行为特征分类研究［J］. 吉首大学学报（社会科学版），39（S1）：129-133.

吴霏霏，2016. 新建本科转型院校课程设置优化研究［D］. 新乡：河南师范大学.

许慧珍，吴晓程，邓劲莲，2018. "按需取才"的"学生专业核心能力值"大数据平台探索研究［J］. 信息记录材料，19（10）：175-177.

张燕南，赵中建，2013. 大数据时代思维方式对教育的启示［J］. 教育发展研究，33（21）：1-5.

朱建平，李秋雅，2014. 大数据对大学教学的影响［J］. 中国大学教学（9）：41-44.

邹娟娟，2017. 大数据时代教学新模式：知识传授与内化互补融合［J］. 江西社会科学，37（4）：250-256.

大数据背景下甘孜藏族自治州电子政务平台建设的问题与对策①

高红萍　张立辉②

摘要：本文基于大数据背景对四川省甘孜藏族自治州（以下简称"甘孜州"）电子政务平台建设的问题及对策进行探讨。本文在收集整理相关文献资料的基础之上，分析得出甘孜州在电子政务平台建设中存在三个方面的主要问题：侧重信息公布，忽视数据开放，且信息交流渠道单一；政府部门间信息封闭，信息资源缺乏有效整合；平台建设轻互动，信息反馈效率低。针对以上问题，结合甘孜州的实际情况，本文提出甘孜州在电子政务平台建设上应该做到"三个转变、一个重视"，即从单渠道信息公开到多渠道数据开放的转变、从部门独立建设向部门协同发展的转变、公众从浅层参与向深层参与的转变、重视大数据专业人才的培养和引进。

关键词：大数据　甘孜州　电子政务平台建设

当前形势下国家高度关注和重视运用大数据提升治理现代化水平。习近平总书记强调，要"建立健全大数据辅助科学决策和社会治理的机制，推进政府管理和社会治理模式创新"[1]，要"加快推进电子政务，构建全流程一体化在线服务平台，更好解决企业和群众反映强烈的办事难、办事慢、办事繁的问题"[2]。电子政务平台作为政府与公众之间沟通互动的桥梁，其建设和发展程度直接与政府的治理水平相关。对于民族地区而言，其经济、政治、社会等方面的发展都离不开电子政务平台的推动。然而就我国目前的情况来看，民族地区电子政务平台建设存在诸多问题，平台建设整体水平偏低，这严重阻碍了民族地区的发展以及政府治理现代化工作的推进。新时代下，顺应大数据发展态势，对民族地区电子政务平台建设

---

①　基金项目：本文系国家社科基金项目"网络社会与构建社会主义新型民族关系研究"（13BMZ006）和西南民族大学 2019 年学位点建设项目的阶段性成果。

②　作者简介：高红萍，西南民族大学管理学院硕士研究生，研究方向为公共政策分析、民族地区公共管理；张立辉，研究员，西南民族大学教师。

问题进行研究显得尤为必要和迫切。

位于四川省西部的甘孜藏族自治州，是全省面积最大、辖县最多的以藏民族为主体（藏族占总人口的 78.9%）的自治地区，同时也是我国典型的民族地区。大数据背景下，探索该州电子政务平台建设的新形式和新路径，不仅能解决其目前存在的突出问题，推动电子政务平台的发展，同时也能为其他民族地区电子政务平台的建设提供借鉴，为政府相关政策制度的制定提供参考，具有非常重要的现实意义。

一、电子政务平台建设的研究回顾

对于电子政务平台建设的研究，学术界已有较多的研究成果。国外学者 Freire M 等指出电子政务平台的网页设计、易用性、安全性等方面的因素会影响公民对其的接纳和采用度[3]。Penna 等从平台安全服务的角度出发，强调政府应利用网络服务技术，在电子政务互动平台内建立安全服务网页[4]。Pokharel 等则认为云计算是电子政务未来的解决方案，并指出云计算能够处理电子政务在软件、硬件、网络以及安全等方面的问题[5]。国内学者吴开松选取新疆维吾尔自治区为研究对象，分析并指出了民族地区县级政府在电子政务平台建设上存在的主要问题：认识与投资不足、缺乏统一规划、基础条件比较落后、电子政务人才缺乏[6]。陈玉和李亚平从信息共享的角度对电子政务平台建设情况进行了分析，指出随着政府部门工作量的增加，政府各部门间"信息孤岛"问题日益突出[7]。陈阳等则从云计算技术的角度出发，重点研究了云计算技术在电子政务公共服务平台构建上面临的主要问题[8]。饶思锐在肯定电子政务优势的同时，也指出了电子政务平台在服务范围、办事流程、稳定性、便捷性和安全性等方面存在的问题[9]。针对如何更有效地建设电子政务平台，众多学者也进行了分析和研究。学者张英朝和黄钢等都强调网格技术对于电子政务平台的重要性，并提出了要建立一种基于网格技术的电子政务平台层次体系结构[10][11]。赵震和任永昌则认为在大数据背景下，要充分发挥云计算技术对电子政务平台建设以及对电子政务管理的作用[12]。罗凌劼从电子政务平台运维管理的角度进行分析，提出要建立基于工作流的电子政务平台运维管理方式[13]。学者王谦等对电子政务信息资源安全问题表示担忧，他提出要从体制、技术、观念等层面构建电子政务信息资源安全平台[14]。持相同观点的还有梁晓雁，她认为要加强电子政务平台的信息安全管理[15]。肖荣莲和商晓帆从政务信息资源整合的重要性出发，提出要建立统一的电子政务平台[16]。李华等则从数据共享的层面出发，提出电子政务平台需要实现上下级一体化的互联互通[17]。此外，也有学者从制度层面进行分析。何文娟等便认为电子政务平台离不开法律法规和相关政策机制的保障[18]。

综上所述，从目前的研究成果来看，国内外学者从不同角度对电子政务平台存在的问题做了分析，同时也从技术层面、管理方式、信息安全和整合、数据共享以及制度保障等多个方面对电子政务平台建设的路径进行了探索。但总体看来，关注民族地区电子政务平台建设的研究并不多。基于此，本文选取作为典型民族地区的甘孜州为研究对象，探讨大数据背景下该地区电子政务平台建设的对策。

二、甘孜州电子政务平台建设概况

甘孜州是四川省西部的一个自治州，总面积为15.3万平方千米。全州辖康定1个县级市，泸定、丹巴、九龙等17个县，共有325个乡（镇）。据统计，该州共有州级工作部门32个，派出机构2个，行政类事业单位5个①。

目前甘孜州政府在电子政务平台上发布的信息主要分为概况类信息、政务动态信息和信息公开目录信息三大类，公开渠道主要包括政府门户网站、政务微博和政务微信，其中大部分信息通过政府门户网站进行公布。就政务微博、政务微信的开通情况来看，目前该州仅有3个县（市）和2个州级部门同时开通了政务微博和政务微信，小部分县（市）和工作部门只开通了其中之一，其余县（市）政府及相关部门均未开通和使用政务微博或政务微信。在电子政务平台的资源整合方面，目前该州的信息资源基本上独立存在于各个部门内部，由相关责任部门进行系统管理，需进入各部门网页才能查询政务平台中不同部门的数据信息。就各级政府信息数据的整合情况来看，通过浏览和对比不同层级政府平台，发现各级政府在各自政务平台上公布的信息并不同步，同一信息更新的时间也并不统一。在电子政务平台的双向沟通方面，通过对甘孜州政府门户网站的调查，发现政府为用户提供的信息反馈途径和方式主要包括县长信箱、电话、电子邮件、民意征集等。在公众信息的处理上，目前该州仅有8个县处理率达到100%，其余各县（市）办结留言的数量均少于收到的留言数量，反馈率总体偏低。政府对公众信息的反馈周期也较长，办理时间最长为30天（道孚县），最短的需4天（乡城县）。

---

① 资料来源：甘孜州政府门户网站，http://www.gzz.gov.cn/10000/10393/index.shtml。

三、甘孜州电子政务平台建设存在的问题

通过对甘孜州电子政务平台整体情况的了解，发现目前该州在电子政务平台建设上主要存在以下几个方面的问题：

（一）侧重信息公布，忽视数据开放，且信息交流渠道单一

甘孜州电子政务平台是从政府自身出发去建设的，基本上是按照政府机构的类别来设置平台项目。平台发布的信息主要以一般"告知性"内容为主，侧重于国家政策的传达、相关文件精神的解读以及政府近期活动情况的介绍，并未达到数据开放所要求的共享内容全覆盖标准。政府向公众提供信息的渠道也较为单一，主要为门户网站。甘孜州政府门户网站2018年1月公布的《州政府网站工作年度报表》显示：门户网站2017年共发布信息96 374条，政务微博（微甘孜）发布信息1 329条，政务微信（中国甘孜）发布信息899条①。可见，甘孜州政府对政务微博和政务微信的利用率并不高。其中，政务微信的重视和使用程度最低。通过分析该州政务微信的建设情况，发现目前该州仍存在诸多有待改进的地方。如政务微信主页虽然设置了"便民服务"栏，但该栏目只包括实时招聘和在线购票两个内容，与民众切身相关的社保、医疗、教育等方面均未涉及。

（二）政府部门间信息封闭，信息资源缺乏有效整合

甘孜州政府与各县（市）政府在信息互通上存在一定的问题，政府部门之间各自为政的现象比较突出，以至于出现信息的孤立和不对称现象。就州政府与县（市）政府之间的情况来看，例如，目前甘孜州政府门户网站上已公布该州《2017年国民经济和社会发展统计公报》，但在各县（市）的门户网站上却无法查到2017年该县的具体数据。就政府各部门之间的情况来看，部门之间并没有形成一个统一的数据共享平台，信息只是独立存在于每个部门内部，由责任部门负责收集和管理。通过对甘孜州康定市政府门户网站的调查分析，发现该市《2016年国民经济和社会发展统计公报》中的数据资料由九个部门共同提供，单单农业方面的数据便涉及农牧局、林环局、水务局三个部门。政府各部门之间数据资源流通的不顺畅，加大了政府统计数据的难度，效率也随之降低。

（三）平台建设轻互动，信息反馈效率低

大数据时代，网民数量迅速增长，越来越多的公众开始通过互联网参与政治生活，电子政务平台便是公众与政府之间沟通互动的桥梁。然而目

---

① 资料来源：甘孜州政府门户网站，《州政府网站工作年度报表》，2018年1月26日，http://www.gzz.gov.cn/10000/10047/22225/2018/01/26/10616187.shtml。

前甘孜州人民在政务信息获取中处于被动地位。信息只是单方面地由政府向公众传递，政府提供什么，公众就只能接收什么，信息虽多，但基本上以介绍性信息为主。尽管网站平台上有网上调查，意见征集，州长、县长信箱等一系列为公众"发声"和"交流"提供便利的栏目，但存在形式化的问题，且政府对信息的处理效率低，公众的声音并未得到及时有效的反馈。通过对该州政府门户网站中州长、县长信箱的浏览、对比和分析，发现政府的回复力度远远不够。一州民在 2017 年 7 月 16 日向州长信箱投递的关于"请求解决州建筑公司等老宿舍线路严重老化、安全隐患突出的问题"的信件，直到 2018 年 1 月 29 日才得到回复，时间长达半年之久。目前网站在业务办理上也不尽人意，大多数与公众密切相关的服务项目未开通在线办理功能，群众需亲自到政府所在地的相关部门办理，极为不便。

四、大数据背景下甘孜州电子政务平台建设的对策

大数据背景下，发挥数据优势，结合民族地区实际特点及存在问题，因地制宜地采取对策是推动电子政务平台建设最有效的方式。结合上述分析，本文提出以下四点建议：

（一）实现从单渠道信息公开到多渠道数据开放的转变

大数据时代下，政府是一个国家最大的信息资源、数据资源生产者和拥有者[19]，将其所拥有的信息数据通过电子政务平台向社会和公众分享是新时代电子政务发展的要求以及民主参与的重要形式。服务型政府和阳光型政府的建设也要求政府改变以往单一的信息公开模式，向积极、互动、多渠道的数据开放模式发展。为此，甘孜州政府首先要在运用大数据技术的基础上对公众最关心、最重视的问题进行调查分析，并基于此将公众关注的数据资料在平台中公布出来（相关法律文件规定不能公开的除外）。同时，还要做到简化民众获取数据的流程，让公众能够便捷、迅速地获得所需数据。其次，网络时代的到来使得人们获取信息的方式变得多样化，这就要求甘孜州政府重视政务微博和政务微信等新媒体的运用，充分挖掘政务微博和政务微信的功能，让其成为公众获取数据的便捷途径以及政府与公众密切交流的新窗口。

（二）实现从部门独立建设向部门协同发展的转变

大数据环境下，单一、封闭的部门内部信息已不再适应时代发展的需要，电子政务平台建设需要各部门之间相互协作，实现信息共享。要实现甘孜州政府各部门之间、甘孜州政府与县（市）政府之间的信息互通，首先要求政府工作人员树立服务意识以及部门间资源共享的意识，改变以往各自为政的思想观念，并在此基础上努力加快本部门内部信息的汇总和梳

理，这是实现部门协同的前提。其次，甘孜州政府要根据本州实际情况，为州、县（市）各级政府搭建一个共同的数据平台，让信息能够通过这个平台实时交换、共享和更新。同时各部门人员要做好共享信息的分类和筛选，除涉密的信息不能传播和公开外，其余信息，尤其是与公众切身利益相关的数据，都应该及时公开。这有利于提高政府办事效率，更好地为民众服务。

（三）实现公众从浅层参与向深层参与的转变

甘孜州政府要重视公众反映问题的渠道的建立和完善，让公众发声不再流于形式。平台建设中要将公众交流与互动的栏目放在显眼之处，而不是将其隐藏于某个角落。对公众亟待解决的问题要及时上报，在问题处理之后也应及时反馈并对处理结果进行满意度调查。同时对公众向政府部门提出的意见和建议，政府部门要认真对待，不能持一种消极敷衍的态度。对有价值且予以采纳的意见，应给予意见提供者适当的奖励，以此来激励公民积极参与本州的建设；对不予采纳的意见，也应耐心回复并详细说明原因。借助大数据优势，甘孜州政府还应努力增加网上业务的类别，完善办理程序，让公众在家就能办理相关业务（如户籍、社保申请），改变公众以往只能通过电子政务平台获得信息而不能解决实际问题的情况。另外，由于甘孜州是以藏族为主体的地区，该州电子政务平台的建设应考虑大多数人民的实际情况，在平台设计时加入藏文版块，为人民提供便捷服务。

（四）重视大数据专业人才的培养和引进

大数据背景下，电子政务平台的完善除了要求政府加强相关基础设施建设、提供过硬的技术支持外，还离不开专业技术人员的配合。这类专业人才在电子政务平台建设中扮演着至关重要的角色。甘孜州政府要有针对性地培养专业基础过硬、岗位能力突出且在大数据和网络技术方面有一定基础的人员。鉴于专业技术人才的培养具有较长的周期性，且对政府的要求也极高，甘孜州政府还应重视通过人才引进的方式来寻找更多优秀的专业人才。一方面，在引进人才的过程中，既要关注其对大数据网络技术的了解和熟练程度、关注其数据分析和应用能力，同时也要对其专业知识和专业能力进行考察，以此来确保所引进的人才能够有效维护电子政务平台的正常运行，能够在现有建设基础上根据发展需要不断创新，能够在遭遇突发状况时迅速对风险进行把控；另一方面，也要加强对政府工作人员计算机基础知识和电子政务的培训，注重公职人员实际操作能力的培养和提升，从整体上提高各部门人员工作的专业化水平。

五、结语

大数据背景下国家、社会和人民对政府电子政务平台有了更高的期许，也提出了更高的要求。就甘孜州电子政务平台建设而言，政府既要立足于阳光型政府和服务型政府建设要求，不断推动信息公开与数据共享目标的实现，努力提高政府工作效能；同时也要从服务公众的视角出发，充分考虑到平台建设的便民性和利民性。

参考文献

[1] 习近平在中共中央政治局第二次集体学习时强调 审时度势 精心谋划 超前布局 力争主动实施国家大数据战略 加快建设数字中国 [J]. 实践（思想理论版），2017（12）：7.

[2] 习近平在全国网络安全和信息化工作会议上强调 敏锐抓住信息化发展历史机遇 自主创新推进网络强国建设 [J]. 中国共青团，2018（5）：4-6.

[3] FREIRE M, FORTES N, BARBOSA J. Decisive factors for the adoption of technology in E-government platforms [P]. Information Systems and Technologies (CISTI), 2014 9th Iberian Conference on, 2014.

[4] PENNA, EMILIO, STEFFEN, et al. Orchestration of secure Web Services within an E-government Interoperability Platform [P]. Computing Conference (CLEI), 2014 XL Latin American, 2014.

[5] POKHAREL M, YOUNGHYUN Y, JONG S P. Cloud Computing in System Architecture [R]. Computer Network and Multimedia Technology, 2009. CNMT 2009. International Symposium on, 2009.

[6] 吴开松. 中国民族地区县级电子政务平台服务能力实证研究 [J]. 江汉论坛，2011（5）：24-29.

[7] 陈玉，李亚平. 电子政务信息共享平台的规划与设计 [J]. 开封教育学院学报，2016, 36（12）：267-268.

[8] 陈阳，张妮，张鼎. 我国电子政务云平台发展现状评价指标体系初研及应用 [J]. 电子政务，2017（2）：96-105.

[9] 饶思锐. 电子政务平台便民莫"误民" [N]. 海南日报，2018-01-11（A07）.

[10] 张英朝，张维明，肖卫东，等. 基于网格技术的电子政务平台体系结构 [J]. 计算机应用，2002（12）：28-30.

[11] 黄钢，林子禹，韩剑，等. 电子政务网格层次体系结构研究 [J]. 计算机应用研究，2005（2）：48-50.

[12] 赵震，任永昌. 大数据时代基于云计算的电子政务平台研究 [J]. 计算机技术与发展，2015, 25（10）：145-148.

[13] 罗凌劼. 浅析电子政务平台的运维管理 [J/OL]. 中国战略新兴产业 [2018-

10-25]. https://doi.org/10.19474/j.cnki.10-1156/f.003729.

[14] 王谦，陈放. 构建电子政务信息资源安全平台 [J]. 信息安全与通信保密，2006（11）：129-131.

[15] 梁晓雁. 电子政务公共平台安全管理系统设计与研究 [J]. 科技资讯，2015，13（33）：7-8.

[16] 肖荣莲，商晓帆. 统一电子政务平台的建立与政务信息资源整合 [J]. 图书馆学研究，2010（15）：22-26.

[17] 李华，孟宪素，翟刚，等. 基于国土资源"一张图"的综合监管与共享服务平台建设研究 [J]. 国土资源信息化，2011（4）：27-31，26.

[18] 何文娟，张景，李西宁. 电子政务平台模型与体系结构研究及应用 [J]. 计算机工程，2005（10）：63-65.

[19] 张磊. 大数据环境下我国政府数据开放机制研究 [J]. 电子商务，2016（10）：8-9.

医院大数据病案管理
对医保费用的影响研究

宫　悦　张淑芳[①]

摘要： 在信息快速发展的时代，与电子病案相关的大数据的充分发掘对资源的最优配置、医院的管理强化和医药卫生体制改革深化等方面都具有重大的社会经济价值。它可以使医疗卫生资源得到充分的利用，减少不合理的医疗费用支出。本文探索大数据对医疗费用的积极影响，通过对电子病案的使用现状进行调查分析，发现电子病案目前存在的一些问题，如各医疗机构电子病案普及程度较低，相对于纸质病案，电子病案的使用率也偏低，并且在不同层级的医院存在差异。本文根据目前存在的这些问题提出了建议——要加速医院大数据的形成，各医疗机构要在政府相关资金的支持下加大对电子病案的支持和普及力度，建立病案管理的队伍，要在互联网信息技术的支持下加快电子病案信息系统的建设，加速电子病案的信息共享，以提高病案的利用率进而有效控制医保费用。

关键词： 大数据　病案管理　医保费用

一、问题的提出与文献综述

随着电子信息技术的不断发展，互联网已经成为我们生活的重要组成部分，随之而来的是互联网、物联网等带来的数据的快速增长和积累，大数据时代已经来临。对于大数据，研究机构 Gartner 给出了这样的定义："大数据"是需要新处理模式才能实现更强的决策力、洞察发现力和流程优化能力的海量、高增长率和多样化的信息资产。大数据具有大量化、多样化和快速化的特点。这也就可以解释为什么大数据成了各行各业的实用

---

① 作者简介：宫悦，西南民族大学公共管理学院硕士研究生，研究方向为社会保障；张淑芳，教授，西南民族大学公共管理学院硕士生导师，研究方向为社会保障、贫困问题。

工具。将大数据有效地用于医疗服务，不仅可以降低成本，还可以提高效率，以最优的投入来获得最大的产出。大数据在改善患者术后康复治疗手段和预测流行病爆发方面提供了宝贵的参考意见，在预防疾病、降低保健服务的成本和改善人们总体生活质量方面具有相当大的潜能[1]。

病案是指按规范记录病人疾病表现和诊疗情况的档案，由医疗机构的病案管理部门按相关规定保存。病案具有医疗作用、临床研究与临床流行病学研究作用、教学作用、医院管理作用、医疗付款凭证作用、医疗纠纷法律依据作用。病案中所记载的数据对于科学研究具有重要意义。目前的病案形式主要有两种：一种是传统的纸质病案，一种是现代的电子病案。

传统纸质病案的一些不足阻碍了医院对医疗数据的开发利用。传统的纸质病案仅可以被阅读和进行内容补充，病案的内容与内容之间没有有机的联系，只具备顺序不变的记载作用。并且传统纸质病案对保存的要求极高，对病案管理人员来说工作任务繁重，占用很大的人力、物力和财力。

在现代医疗体系中，病案的管理工作十分重要。刘海燕认为要想加强医院病案管理工作，提升医院服务质量，需要全面提升电子病案的应用价值，强化病案信息化动态管理工作，重建电子病案管理制度，为电子病案管理工作培养高素质职业人才[2]。传统的纸质病案存在很多的不足，在病案管理中使用电子病案关乎医疗服务等各方面的工作效率及工作的准确度。赵海静等通过对电子病案使用前后的分析比较，提出在采用电子病案后，病案管理的各项工作效率有明显的提高，尤其是病案签收、录入、复印以及借阅的时间有了极大的缩短[3]。大数据是可以利用的很实用的工具，研究将大数据运用到病案管理的学者有吴植茆和王竹君等。吴植茆和王竹君运用SWOT分析方法对大数据环境下的病案管理进行了分析，对数据的规范性和信息系统以及相关的法律规范都提出了建议：建立标准规范的病案数据；优化病案统计管理人员结构；完善病案统计信息系统；构建医师和病案管理人员沟通桥梁；完善管理规范，加强法律监管[4]。大数据有效地应用于电子病案管理可以提高信息的利用率，可以对长期住院或者多次住院的患者就医情况进行深入了解，实现病案的共享，以利于在线治疗和远程会诊，有助于医生做出正确判断，提高医疗资源的利用率，提高医务人员的服务效率，降低医疗费用。电子病案有效地减少了书写错误的发生，也解决了纸质病案存储过程中字迹模糊、纸张霉烂等造成的病案损坏问题，同时降低了空间的占用率，节省了人力、物力和财力，对今后医院科学化管理具有重要意义。

支付方式的改革是控制医保费用的有效方式。扩大医保覆盖范围，控制费用增长，完善医保相关设施，完善多元复合医保支付，加强成本控制都是支付方式改革的有效途径[5]。邢健提出在公立医院方面，医疗费用要由后付制转变为预付制；医保管理要适应多种支付方式改革；要接受医保费用控制，提高医保管理水平；要积极推进临床路径改革；要按病种核算医疗费用；要将控费纳入绩效管理；要加强科室成本核算，规范医疗行为[6]。这些都是对医保管理及费用控制的相关意见。虽然很多学者通过对支付方式的研究发现改变支付方式可以有效控制医保费用，但是我们还可以多方式、多渠道、多方面对医保费用进行控制。因此，本文将通过研究大数据下电子病案的有效利用，寻求减少医保费用的有效途径。

大多学者对电子病案本身和其使用者进行研究，很少关注大数据背景下电子病案的价值。本文将进一步研究大数据下电子病案管理对医保费用的影响。

二、医院电子病案管理的现状及问题

（一）医院电子病案管理的现状

1. 政府高度重视大数据在医疗管理中的运用

2016 年 6 月 24 日，国务院办公厅发布的《国务院办公厅关于促进和规范健康医疗大数据应用发展的指导意见》（国办发〔2016〕47 号）明确指出，将健康医疗大数据应用发展纳入国家大数据战略布局，夯实健康医疗大数据应用基础、深化健康医疗大数据应用、规范和推动"互联网+健康医疗"服务、加强健康医疗大数据保障体系建设。"十三五"时期，国家卫生和计划生育委员会全面推进"互联网+健康医疗"服务，全面贯彻落实全国卫生与健康大会精神和《国务院办公厅关于促进和规范健康医疗大数据应用发展的指导意见》，医疗卫生大数据得到长足的发展。医疗卫生大数据的重要信息来源是卫生机构的电子病案管理系统所产生和保存的病案信息。

2. 电子病案使用率偏低，不同层级的医院存在差异

随着互联网的发展，电子病案越来越普及，已经成为一种发展趋势，但是仍然存在很多问题。各医院使用的电子病案系统多种多样，导致各个系统间的数据无法衔接，无法实现病案联网共享。虽然电子病案越来越普及，但是使用情况参差不齐。相较之下，医院的等级越高，电子病案的使用越规范，管理也越全面。而基层医院相对来说使用情况较差，很多基层医院依旧以传统纸质病案为主。就电子病案本身而言，临床医师在填写过程中存在不按标准填写、诊断不明确、诊断规则掌握不透彻等问题，造成数据的正确率、可利用性较低。另外，国家对于个人信息安全也没有出台较全面的相关法律规范。

以从 N 省卫生信息中心获得的 2016 年 N 省所有的卫生机构数据为例（数据为内部未公开数据），剔除 895 家卫生机构中缺失的 24 条数据，在 871 家卫生机构中有 419 家卫生机构没有标准化电子病案，452 家卫生机构具有标准化电子病案。具体情况见表。

表 1 2016 年 N 省卫生机构标准化电子病案情况 单位:%

卫生机构类别	无标准化电子病案占比	有标准化电子病案占比	合计
医院	34.1	47.8	81.9
妇幼保健院	9.4	2.8	12.2
专科疾病防治院	4.5	1.2	5.7
其他卫生机构	0.1	0.1	0.2
合计	48.1	51.9	100

由表 1 可知，N 省所有医院中有标准化电子病案的占 47.8%，无标准化电子病案的占 34.1%；所有妇幼保健院中有标准化电子病案的占 2.8%，无标准化电子病案的占 9.4%；所有专科疾病防治院中有标准化电子病案的占 1.2%，无标准化电子病案的占 4.5%；所有其他卫生机构中有标准化电子病案的占 0.1%，无标准化电子病案的占 0.1%。由此可见，虽然电子病案在不断普及，但截止到 2016 年电子病案普及的情况并不是很好，无标准化电子病案的卫生机构占比高达 48.1%。

3. 各医疗机构电子病案的普及情况

从表 2 可以看出，有标准化电子病案的医院比无标准化电子病案的医院占比高。有标准化电子病案的妇幼保健院和专科疾病防治院比无标准化电子病案的妇幼保健院和专科疾病防治院占比低。相对于医院来说，妇幼保健院和专科疾病防治院普及情况较差。

表 2 N 省不同卫生机构标准化电子病案占比情况 单位:%

卫生机构类别	医院	妇幼保健院	专科疾病防治院	其他卫生机构
无标准化电子病案占比	41.6	77.0	78.9	50.0
有标准化电子病案占比	58.4	23.0	21.1	50.0
合计	100	100	100	100

（二）医院电子病案存在的问题

1. 电子病案在普及方面有待提高

虽然电子病案在不断地普及，但截止到 2016 年，电子病案普及的情况并不是很好，并且各医院的电子病案使用情况参差不齐，这也就使得推进疾病诊断分组（DRGs）相关工作的数据不全面、不准确。虽然有纸质病案辅助，但是工作量相当大，不利于工作的推进。

2. 电子病案相关工作人员能力不够

电子病案管理人员没有定期进行培训，对病案的管理工作不熟悉，临床医生对电子病案的填写也不够重视，内容填写比较粗糙。

全国政协委员敖虎山在 2019 年的两会中谈到，DRGs 付费是目前公认的最科学的医保支付方式，实践证明它能有效遏制医疗费用过度增长，有利于医患双方和基金安全。全国人大代表庹必光也提出，按 DRGs 付费是一个很好的方向，有助于提高医院管理水平，规范医疗行为。病案的数据是 DRGs 的主要数据来源，因此，医院大数据的质量直接关系到 DRGs 的分析结果，进而影响医疗行为及医保费用。

3. 电子病案在信息系统使用方面推广力度不够

通过对 N 省某医院的病案科人员电话访问，了解到该工作人员所在医院的病案主要还是纸质病案。由于使用的系统不同，无法实现医院之间的联网；如果将患者向上级医院转诊，依然需要按规定复印病案。医院之间不能做到系统联网，不能及时、准确地拿到患者资料，不利于分级诊疗制度的有效实施，可能造成重复检查的问题，导致医疗费用的上涨，增加患者的医疗费用。

三、大数据背景下电子病案管理对医保费用的影响

（一）有助于提高医院效率和效益

医疗大数据背景下，电子病案的有效使用可以做到资源的最优配置。电子病案在医院管理系统中发挥着重大的作用，不仅极大地提高了病案管理质量和工作效率，在医院接受上级检查的时候也能够节约准备大量的病案信息材料的人力，还提供了全面、方便、快捷的医疗保险服务，并为国家宏观管理提供各种宝贵资料。要保证医院的正常运行，这就需要了解各个科室的工作量和效益，科学地对医院管理进行质量评价，以确定经营发展战略，这时电子病案就成为分析各科室工作量和效益的有效数据。因此，从医院管理方面，加快电子病案的普及和建设是必要的。

（二）有助于提高医疗、教学、科研的工作效率

对于每天工作在一线的医务人员和行政人员来说，时间是异常宝贵的。他们需要能节约时间的工具，帮助他们将宝贵的时间用于病人治疗。准确的患者病案信息有利于医生做出正确的判断，决定最优的治疗方案。准确又快捷的电子病案在此时就发挥了举足轻重的作用。电子病案还具有教学和科研的价值。对于一部分在高校兼职的医生来说，他们也肩负着培

养优秀医务人员的重任。电子病案作为教学的工具之一，具有重要的意义。此外，电子病案在医疗科研方面具有不可替代的作用，它有利于迅速快捷地整理分析数据，节省了大量处理数据的时间，为问题的研究和解决做出贡献。因此，电子病案无论是对医疗还是对教学和科研都非常必要。

（三）有助于降低医疗服务需求方的经济负担

对于医疗服务的需求方即患者来说，电子病案不仅准确地记录了他们的就医信息，而且在一定程度上降低了他们的经济负担。准确的就医资料便于医生做出全面的分析，选择最优的治疗方案。而最优的治疗方案可以有效利用资源，避免患者重复检查的问题，也就减少了患者的医疗费用。因此，对于患者来说，电子病案不仅可以使患者得到准确有效的医疗服务，还可以降低患者的经济负担。

（四）有助于控制医保费用不合理增长

电子病案作为报销医疗保险费用的重要凭证，在疾病分组中提供的信息也十分重要，这些都关乎医保费用的多少，关乎患者的经济负担。要控制医疗费用的不合理增长，就必须推进医保支付方式改革，那么呈现在政策研究者面前的数据的准确性就十分重要。电子病案可以完全解决笔误或者涂改造成的信息错误的问题。相对于传统的纸质病案，电子病案节约了大量的存储空间，加快了整理、汇总病案的速度，将工作人员从归档病历的繁重工作中解脱出来，而在分析病案信息的过程中，更加规范的电子病案也使得分析过程更加快捷。电子病案存储于系统中，检索起来更加简单方便。

四、大数据背景下的数字化电子病案的管理对策建议

（一）加速大数据的形成

虽然我们已经进入大数据的时代，但是医疗大数据仍未彻底形成。也就不能更好地利用大数据对医保费用等国民关注的问题进行分析。因此，要加速大数据的形成。

（二）加大对电子病案的支持和普及力度

就 N 省的电子病案普及情况和使用情况可以推知全国的电子病案普及和使用情况并不乐观。国家若想推进"互联网+健康医疗"，对医疗大数据加以利用，必定要加强电子病案的建设和管理。要完善电子病案建设和管理的相关法律法规，使电子病案管理有法可依。要加大电子病案信息系统的建设，给予足够的人力、物力和财力方面的支持。利用电子病案提供的医疗、药品等数据，运用信息化手段和互联网技术，可以控制医保费用，防止医保费用的不合理增长。

（三）加强病案管理队伍建设，培养专业人员

电子病案的有效使用不仅可以充分利用医疗资源、降低医疗费用，还可以为医院提出进一步的经营发展战略提供可靠数据支撑。因此，医院领导应该重视电子病案，完善病案管理的相关制度规范，关注病案管理的队伍建设，聘请具有相关专业技能的高素质管理人才，对相关工作人员进行定期培训，注重对年轻的骨干精英的培养，合理分配人员工作，保证其工作的质量。

深化医药卫生体制改革，要求建立住院医师规范化培训制度，开展规范化住院医师培训，加强对电子病案完成质量的培训。病案的完成者是临床医生。多数的临床医生能按照相关规定进行病案的填写，但不排除有些临床医生对病案不够重视，比如诊断不明确、疾病编码缺失等。病案的完成质量关系到数据的准确性和真实性，所以，相关的培训是必要的。同时，病案管理人员还需要与临床医师合作，完全理解临床医师填写的内容，保证病案数据的准确性。

（四）加快电子病案信息系统的建设

如今我国正在全面推行分级诊疗制度，其中以"基层首诊"为导向的分级诊疗制度可以优化城乡医疗资源的配置，而转诊中电子病案的联网就显得格外重要。医院目前常用的计算机信息管理系统具有多样性，若想实现全国电子病案的联网和完全的信息共享，使用相同的计算机信息管理系统就成了基础。这对于系统的建设有很高的要求。首先，在医疗技术越来越发达的今天，医疗数据也随之增多，对信息系统的运行速度和稳定性也提出了更高的要求。其次，所有的病案数据对相关的科学研究都是十分重要的，信息的完整性不容忽视，因此对于信息系统在数据储存、备份等方面的要求也不能降低，绝不能出现数据丢失的情况。最后，在如今这样一个网络信息时代，人们越来越注重个人隐私和信息安全，这也对信息系统的安全性提出了要求。病案信息的保护是必不可少的，必须对查阅、修改、使用等行为进行授权，并且要设置数据防盗网等。

（五）促进电子病案的信息共享

1. 电子病案的隐私安全

电子病案的隐私安全十分重要。电子病案的共享不能是不分权限的共享，对不同的身份和不同的用途要进行不同权限的授权。为了保护患者的隐私，在电子病案使用过程中可以去掉姓名等与数据使用无关的个人信息。数据库中的电子病案信息仅限科研、教学和提高诊疗效果等用途使用。

2. 医疗服务提供方的沟通

要实现电子病案信息的共享，必须建立统一的电子病案信息系统，所

以医疗机构间的沟通是必不可少的。只有平衡好各医疗机构之间的利益关系，才能使共享电子信息成为可能。

3. 相关法律法规的建设

要建立法律法规，对患者信息保护做出明确的规定。对电子病案共享提出明确的界限，完善病案管理的规章制度，提高医务人员的职业道德，切实将电子病案用到实处。

4. 电子病案的规范

若想做到共享，对电子病案统一标准和规范格式是必要的，对格式、内容和医疗术语等都要使用统一的标准。

五、结论

对电子病案进行管理可以提高效率，有效利用卫生资源，还可以更好地提供医疗服务，降低医保费用。

对医院大数据的利用需要互联网信息系统的支持，因此一个完整统一的电子病案信息系统显得尤为重要。笔者接下来的研究方向就是如何加速电子病案的信息共享。只有做到了信息的共享，才能充分提高效率，有效地控制医保费用。

参考文献

[1] ABOUELMEHDI K, BENI-HESSANE A, KHALOUFI H. Big healthcare data: preserving security and privacy [J]. Journal of Big Data, 2018, 5 (1): 1.

[2] 刘海燕. 电子病案的现状及发展前景 [J]. 世界最新医学信息文摘, 2018, 18 (85): 36-37.

[3] 赵海静, 计阿丹, 侯慧卿, 等. 电子病历在病案管理中的作用与优势 [J]. 经济研究导刊, 2018 (6): 184-185.

[4] 吴植茆, 王竹君. 医疗大数据环境下病案管理的 SWOT 分析及发展策略 [J]. 江苏卫生事业管理, 2018 (5): 545-546.

[5] 朱晓晓. 大数据背景下深化民族地区医保支付方式改革研究: 以黔东南为例 [J]. 农村经济与科技, 2018, 29 (11): 283-284.

[6] 邢健. 新医改形势下公立医院医保管理及费用控制 [J]. 财经界 (学术版), 2018 (19): 137.

[7] 刘悦. 大数据时代下的电子病案应用 [A] // 中国医院协会病案管理专业委员会. 中国医院协会病案管理专业委员会第二十四届学术会议论文集汇编. 中国医院协会病案管理专业委员会: 中国医院协会病案管理专业委员会, 2015.

[8] 张利江. 电子病案突破双轨制管理的措施探讨 [J]. 价值工程, 2012, 31 (18): 185-186.

［9］朱桂玲. 大数据背景下的医院病案管理途径研究［J］. 科技创新导报，2017，14（7）：160，162.

［10］吴华. 电子病历在现代医院管理中的作用［J］. 继续医学教育，2013，27（2）：14-19.

［11］胡桂兴. 电子病历在病案管理中的作用与优势［J］. 中国校医，2015，29（7）：539-540，542.

［12］LIU H, ZHAO Z. Does health insurance matter? Evidence from China's urban resident basic medical insurance［J］. Journal of Comparative Economics，2014，42（4）：1007-1020.

大数据背景下凉山彝族自治州慈善管理创新探究

吉达布洗　叶樊妮①

摘要：随着经济发展，凉山彝族自治州（以下简称"凉山州"）涌入大量慈善组织，这些组织在运行中存在志愿失灵、组织间出现信息孤岛、专业性弱、因不了解当地民族风俗而引发矛盾等问题。针对存在的问题，本文通过文献研究和实地观察，发现可通过政府适度参与监管、提高组织专业化水平、在大数据背景下建立数据信息交流平台等行动尝试促进慈善组织的科学管理，并在运行探索中不断完善和创新。

关键词：大数据　慈善组织　凉山州

凉山州在近几年处于快速的经济发展状态。随着科技的发展，大量外界的信息流入凉山地区，而凉山地区也向外界展示这个中国最大的彝族聚居区各方面的情况。2017年凉山州州级公益慈善组织达到了15个②，其他类型的慈善组织更是如雨后春笋般不断涌现。

维克托·迈尔·舍恩伯格认为大数据正在改变人们的生活以及人们理解这个世界的方式，更多的改变正在蓄势待发[1]。大数据已经在互联网、商业智能、咨询与服务以及医疗等行业得到广泛应用[2]。慈善事业的不断发展对构建和谐社会的积极作用不断凸显，慈善组织使得分散且闲置在社会上的各种资源能够经过动员汇集起来[3]，经过一定的考核分配给需要的对象，使得这些资源得到有效的利用。慈善组织也在不断涌入凉山州，但同时也出现了一些问题，迫切需要对慈善组织的管理进行创新。通过对这些慈善组织的观察分析发现，可以通过大数据来科学管理这些组织，为当地的社会进步做出更多的贡献。

---

① 作者简介：吉达布洗，西南民族大学管理学院土地资源管理专业硕士研究生，研究方向为土地资源管理；叶樊妮，副教授，西南民族大学管理学院研究生导师，研究方向为公共政策研究。

② 数据来源：凉山州人民政府网，http://www.lsz.gov.cn/lszrmzf_new/lsgk15/6025145/index.shtml。

一、相关概念及国内外研究

（一）非营利组织

谈到非营利组织不得不说 NGO。NGO 是 "non - governmental organization" 的英文缩写，可以直接翻译成 "非政府组织"，最早见于 1945 年签署的《联合国宪章》[4]，一般认为现在的 NGO 出现在第二次世界大战前后[5]。该概念最早引入中国是在 1995 年第四届世界妇女大会上。

王名和贾西津在 2002 年提出 "非营利组织" 就是 "non-profit organization"（NPO）的中文翻译名。这个概念与 NGO 大同小异，在一定的意义上这两者可以互换使用，而国内的确是经常换着用的[6]。两者都指不以政府的财政预算为主要的资金来源，且不以营利为目的，通过自愿的行为来向社会提供公益性服务的组织，而且是能独立运行的正式社会组织。

（二）慈善与慈善组织

慈善组织在分类中归属于非营利组织。《词源》对 "慈善" 的定义为 "仁慈善良"，《现代汉语词典》将之解释为 "对人关怀，富有同情心"。由此可见，慈善不能仅仅归结为强者对弱者的赐予和施舍，它根本上是由心出发的爱的表达。早在 1997 年张奇林就说本质上慈善事业是一种救济行为，并提出了慈善的两个基本要素：施惠者和受惠者[7]。朱力认为慈善是指人在没有外在压力的情况下甘愿奉献爱心与援助的行为，慈善事业是指扶持弱者的一种社会事业[3]。2016 年第十二届全国人民代表大会通过的《中华人民共和国慈善法》对慈善组织的定义是：慈善组织是指依法成立、符合本法规定，以面向社会开展慈善活动为宗旨的非营利性组织[8]。

（三）大数据

数据就是对客观事物的性质、状态以及相互关系等进行记载，可以鉴别的符号。*Nature* 在 2008 年推出了 *Big Data* 专刊，*Science* 在 2008 年的专刊中这样定义大数据（big data）：大数据代表着人类认知过程的进步，数据集的规模是无法在可容忍的时间内用目前的技术、方法和理论去获取、管理、处理的数据[9]。孟小峰等从大数据的特征出发，通过对这些特征的阐述和归纳试图给出大数据的定义[10]。

二、凉山州慈善组织管理现状及问题

（一）凉山州慈善组织现状

凉山州为中国最大的彝族聚居区，也是四川民族类别和少数民族人口最多的地区。据统计，2018 年其总人口达到 521 万。凉山州的慈善组织遍布各个县区，大多数慈善组织的大本营在西昌市区，但其活动区域可以到达很偏远的山区。目前在相关部门登记的州级慈善组织一共有 15 个。这些慈善组织涉及各个方面，每个组织的侧重点也不一样，如关注妇女儿童发展的彝族妇女儿童发展中心，专注于助学的凉山州索玛花公益助学协会和凉山州捐资助学协会，还有服务于脱贫致富的凉山州扶贫开发协会等。除去已经登记的州级慈善组织，还有很多规模相对较小或是未在当地登记的慈善组织。如一直致力于凉山州麻风村社区服务的香港清风福康四川办事处，它虽然没有登记在凉山州的政府慈善组织名目中，但是对服务的当地社区影响极大。

（二）凉山州慈善组织管理面临的问题

1. 志愿失灵

凉山州的慈善组织在很大程度上是以募款的形式运作的，募款后的相关的数据做不到完全的透明化，大大小小的慈善组织在发展的过程中面临的资源严重不足。还有一个重要的问题是慈善组织的专业性有待提升，可以说凉山州慈善组织大都处于一种业余的状态。美国学者萨拉蒙将志愿者组织的局限性称为"志愿失灵"，包括慈善资源不足、慈善组织的特殊性、组织的父权心态和业余性[11]。

募款的资金是有限的，有些比较小的机构自身能募款的范围较小，如果资金链断掉，那么本来要进行的慈善项目就不得不搁置。这不仅造成了一个项目的暂停，还会给受助者带去一定的伤害。如果双方没有进行良好沟通，甚至会严重影响这个慈善组织在当地的公信力。

同时，部分组织内部存在父权式的家长作风，控制着慈善资源的人员对资源的分配往往拥有很大的话语权。在这种形势下，这部分人可以决定资源的分配去向和标准等，容易造成资源分配不均和分配近亲化的问题。

此外，慈善组织的专业性也存在问题。由于国内慈善组织的机制还未完善，组织本身所提供的福利待遇往往无法吸引更多的专业人员参与，同时现有工作人员流动性也很大。由于缺乏专业人才，凉山州大多数慈善组织无法为某些急需帮助的特殊群体提供帮助，如遭受心理伤害的儿童或青年、需要融入社会的麻风村村民等。

2. 组织间存在信息孤岛

凉山州的慈善组织分布在各个地方，各个慈善组织也都有自己擅长的领域。但是，这些组织间的信息大都不能进行共享，也就是存在组织与组织之间的"信息孤岛"。信息孤岛是指在社会信息化过程中，由于信息与软件系统和数据库之间关联性弱，信息难以融合共享[12]。信息孤岛会让系统效率降低而无法真正实现信息化。

在出现信息孤岛的时候，信息容易重复收集，产生信息冗余，这样就造成了资源的浪费。某个乡镇就出现过这样的状况：已经有一个基金对当地接受过助学的学生信息进行过收集，但是当另一个基金也想继续关注这个地区的助学学生问题时，也进行了相似的信息收集。这样就造成了资源浪费。

3. 与当地民风民俗脱轨

凉山州是一个民族自治州，本文前面也提到，该地区是一个以彝族为主体的多民族混居的地区。凉山州居民除了彝族外，还有藏族、回族、蒙古族等多个民族。在多民族聚居地区需要特别注意对各民族文化的了解。特别是要在当地进行长期的公益慈善服务，就更需要去了解这个地方的文化。各民族文化不同，知识储备、社会系统、生活方式、价值观念等也很不相同[13]。但是当前慈善组织工作人员多数是从外地来到凉山地区的，并没有系统学习各民族的风俗文化，缺乏对当地民俗民风的了解。如果没有很好地了解凉山州的民风民俗，盲目地使用自己固有观念里的方法，就会引起当地人民的不满而影响组织的发展。

三、大数据背景下慈善组织管理创新

（一）加强慈善组织能力建设

慈善组织要发展，必须既在系统内部增强团队协作能力[14]，又利用网上的资源和一些分享的课程等加强组织间的协作与沟通，规范运作。在必要的时候政府可以协助其吸引专业人才加入，不断引导其向专业化的方向发展。在财务和受助标准的审核机制方面可以更加透明化。为了充分发挥志愿者的积极性，可以适当改变传统的志愿观，加强志愿活动制度建设，通过有效合理的途径和手段吸引公众参与志愿工作，同时，还可设置参与的奖励机制。慈善组织应该努力创建一支专业而核心的团队，只有有了核心的团队，组织才能继续发展。

（二）搭建信息共享平台

慈善组织的发展离不开信息共享和交流沟通。组织是一个稳定且正规的社会结构，从环境中取得资源进行加工而生产出产品[15]。信息的收集和分析对组织而言是具有重要作用的。

慈善组织需要大量的信息辅助决策。搭建这样一个信息共享平台不仅对慈善组织的决策有意义，对受助者也是一种帮助。不同的慈善组织有不一样的工作重点，但是他们面临的部分问题是具有共通性的。例如在麻风村里，助学机构主要做的是帮助失学儿童回归正常的学习生活，但是在这样一个区域中还存在着助学之外的问题，如妇女群体也需要帮助。而这两个项目都需要麻风村的基本信息等数据资料，建立一个网络与信息共享的平台是必要的。当地政府可以为慈善组织建立信息沟通、交流和学习的平台，这是促进慈善组织向前发展的可行路径。

（三）立足当地风俗发展

在跨民族文化的慈善服务中，慈善组织需要意识到文化差异，要学习比较"地道"的当地文化课程，避免文化差异导致的文化冲突。在大数据时代，这种学习可以是灵活多样的，如可以在前期的必要学习后，在工作中借助电子设备继续学习当地民族文化风俗，学习与实践相结合更能提高学习的效果。总之，慈善组织是不可能在脱离当地的文化风俗的前提下而获得发展的。

四、结语

笔者通过对凉山州慈善组织的实地考察，发现慈善组织在运作过程中由于利益的驱动和约束的缺失出现志愿失灵现象，凉山州各个慈善组织之间并未形成信息共享和交流沟通，而当地民族文化差异也会带来一些矛盾。在大数据时代，政府要结合能够利用的资源更好地组建和管理专业化、高效化的慈善组织。慈善组织对凉山州经济文化等的发展起到了一定的促进作用，特别是在社会保障方面，弥补了政府未能顾及的领域。国内的非营利组织在机制保障方面虽还未健全，但其积极作用是值得肯定的。

参考文献

［1］舍恩伯格，库克耶. 大数据时代：生活、工作与思维的大变革［M］. 盛杨燕，周涛，译. 杭州：浙江人民出版社，2013.

［2］涂新莉，刘波，林伟伟. 大数据研究综述［J］. 计算机应用研究，2014，31（6）：1612-1623.

［3］朱力. 起步中的中国慈善事业［J］. 南京社会科学，2000（12）：37-40.

［4］TIMOTHY F，MICHAEL B. Civil Society in China［M］. New York：M. E. Sharpe，Inc.

［5］EADE，DEBORAH. Capacity-Building：An Approach to People-Centred Development［M］. UK：OxfamGB，1997.

［6］王名，贾西津. 中国 NGO 的发展分析［J］. 管理世界，2002（8）：30-43，154-155.

［7］张奇林. 论影响慈善事业发展的四大因素［J］. 经济评论，1997（6）：80-86.

［8］中华人民共和国慈善法［DB/OL］.［2016-03-19］. http://www xinhuanet. com//2016-03/19/c_1118381424.htm.

［9］GRAHAM-ROWED, GOLDSTOND, DOCTOROWC, et al. Big Data：science in the petabyteera［J］. Nature, 2008, 455 (7209)：8-9.

［10］孟小峰，慈祥. 大数据管理：概念、技术与挑战［J］. 计算机研究与发展，2013, 50 (1)：146-16.

［11］SALAMON L M. Partners in Public Service：The scope and theory of government nonprofit relations［C］//POWEL W W. The nonprofit sector：a research handbook. New Haven：Yale University Press, 1987：110-113.

［12］王俊杰. 冲出信息孤岛，实现数字资源共享［J］. 大学图书馆学报，2004 (3)：16-18.

［13］高一虹. 跨文化交际能力的培养："跨越"与"超越"［J］. 外语与外语教学，2002 (10)：27-31.

［14］郑功成. 现代慈善事业及其在中国的发展［J］. 学海，2005 (2)：36-43.

［15］仲秋雁，刘友德. 管理信息系统［M］. 大连：大连理工大学出版社，2006.

基于大数据的高校教育质量
保障体系建设研究

廖国智　戚兴宇①

摘要： 大数据的应用是高校教育发展的机遇，更是加快建设高校教育质量保障体系的关键节点。本文通过介绍大数据对高校教育的影响，分析大数据在高校教育质量保障体系建设中的作用，充分结合大数据的作用和优势，为建设高校教育质量保障体系提供路径参考。

关键词： 大数据　高校教育质量　保障体系建设

随着经济社会的发展，现代教育由精英化向大众化转型，高等教育"质量危机"问题日益凸显，成为高校教育发展的制约因素，加快完善高校教育质量保障体系建设势在必行。高校教育保障体系建设以学生为中心，秉承"以提高教学质量为基础，以提升学生综合素质为根本"的理念，将教育与信息反馈有机整合，以形成个人、学校和社会相互协调、互助发展的教育质量管理体系。大数据时代的到来加速了信息化的进程。大数据的科学价值和社会价值体现在：其一，了解和掌握大数据技术可以达到直接实现经济价值的目的；其二，大数据在社会的不同领域和行业得到广泛的应用，已经渗透到商业科技、医疗、政府、经济、教育等领域和行业。大数据具有预警性、预测性、差异性、共享性和动态性等特点，预测是其核心，实现海量数据储存、处理和共享是其价值。大数据带来的思维变革，为人们持续获取新认知、发现新价值创造了优越的条件[1]，若能充分结合其特点并将其科学应用于教育领域，不仅可以为高校实现教育管理精确化、智能化、多元化提供新思维和新技术，还可以推动高校教育质量保障体系优化升级。对高校教育而言，教育质量水平是衡量其能否持续健康发展的根本标准，更是解决教育"质量危机"的根本着眼点，而维护和

① 作者简介：廖国智，西南民族大学管理学院行政管理专业研究生；戚兴宇，博士，副教授，西南民族大学管理学院硕士生导师，研究方向为公共政策分析。

提升教育质量需要完善且健全的保障体系；因此借助大数据的支持建设教育质量保障体系既是必然趋势，也是当务之急[2]。

一、大数据对高校教育的影响

（一）大数据促进了深度学习的发展

"深度学习"概念于1976年由西方学者基于大学生文本阅读学习结果的研究提出，它提倡学习的主动性和批判性，强调对知识进行深度加工，理解其复杂内涵，从而构建并形成学习者的知识架构和体系，提升个人的高阶思维能力。我国学者黎加厚对深度学习进行了研究，并提出深度学习是在了解、学习知识的前提下，运用批判性思维学习新的现象和思想，把众多思想融入原有的认知结构中进行联系和升华，并将提炼出来的知识运用到新的环境中处理实际问题[3]。从深度学习的定义中可以总结出它的两个特征：元认知参与和高阶思维发展。所谓元认知参与，是指学习者在学习过程中运用批判性思维，有意识地对信息、概念、知识等开展有效的同化，从中认识到自身认知结构发生的变化，实现对知识的高度把握的过程。所为高阶思维发展，美国学者布鲁姆认为，学习目标可以分为知道、理解、应用、分析、综合和评价6个层次，其中知道和理解属于低阶思维，应用、分析、综合和评价属于高阶思维[4]，大数据正是通过影响深度学习的特征而助推高阶思维发展。在元认知参与方面，通过大数据对学生自身教育数据的挖掘与分析，可以全面掌控学生的行为，找出其隐藏在无意识习惯背后的学习陋习，为其制定新的学习目标；同时，利用大数据的预测功能，可以寻找学生的知识盲点和学习兴趣，自适应地给他们推送相关教学资源，使学生感觉到自身认知结构的变化，采取不同策略主动学习，理解和掌握知识要点。在高阶思维发展方面，可以通过大数据对课堂教学活动及质量评价系统进行整合和分析，将教师定位为教学活动中的引导者，发挥其制定课程学习目标、提供学习服务的作用。学生不再受制于被动的学习模式，他们与其他合作伙伴以及教师的距离被拉近，并拥有了更多的机会进行交流互动，以实现思想的碰撞、批判性的学习和知识的迁移。在这个过程中，学生的思维得到训练，并不断向应用、分析、综合、评价等高阶思维发展。

（二）大数据突破了传统教学的时空限制

在传统教学当中，由于受到时空条件的限制，学生不得不在一个相对固定的时间和地点开展学习活动，这种教学方式往往会形成"灌输式""填鸭式"的"单向授课"模式，既不利于激发学生的主动性，又不利于实现教师的教学功能。随着大数据在教育领域的广泛应用，传统教学的时空限制逐渐被打破，其中大数据、云计算、物联网等新兴技术发挥了关键性作用，使得以"学生为中心"的智慧学习、大规模学习、碎片化学习、免费学习、个性化学习和终身学习成为现实。以 MOOC（慕课）为例，在应用大数据的基础上，慕课教学团队可以灵活地开展线上教学活动，完成线上师生互动、论坛讨论、章节测试、学期考评、成绩上报等内容。高等教育教学课堂被开发成一种能够实现教学风格多样化、教学设计异质化、视频教学精细化、学习交流互动化、学习跨时空化等目标的线上学习课堂[5]。近五年来，国内主流平台慕课上线多达 2 000 门，在线学习人数不断增加。据不完全统计，截至 2016 年 3 月底，已有 556 所高校通过在线教育平台开展慕课教学，参与学习的大学生数量接近 200 万。慕课通过结合大数据技术成功突破了传统教学的时空限制，使教师和学生从课堂限制中解放出来，教师可以充分利用自由时间进行备课和授课，学生可以在任何时间、任何地点自由选择感兴趣的课程主动学习，获得了全天候的学习服务体验。

（三）大数据为因材施教创造了条件

教育的真正目的在于有教无类、因材施教，实现人的全面健康发展。因材施教，是个性化学习的另一种表现形式，离不开技术的支持，大数据为实现这一目标创造了有利的条件。如今，大数据技术广泛应用于社会各行各业，在数据分析方法上，文本分析、Web 分析、结构化数据分析等已日臻完善，并逐渐成为人们分析数据的主要手段[6]。在大数据技术的支撑下，高校可以收集到反映学生的学习状态、学习习惯、学习行为和学习能力的全部数据，并在这些数据中提取相关的、可利用的以及潜在可利用的信息，形成全面反映学习者情况的分析结果。数据分析结果可以帮助教育者对学生进行全面的评估，寻找学生不同阶段的不足，并对其未来的学习行为进行预测，从而为不同的学生制定科学、合适的学习内容、学习方式，提供个性化的教育决策、学习评估和学习反馈，如纽约州波基普西市玛丽斯特学院的开源学术分析计划（the open academic analytics initiative）。该计划基于开源分析模型，通过收集和分析学生点击线上阅读材料、在在线论坛发言、在线完成作业时长等学习习惯，预测学生的学业情况，对学习成绩不好的学生进行预警，及时干预帮助学业困难学生，使其顺利完成课程。

（四）大数据改变了传统教育的管理方式

移动终端为完成大数据统计工作奠定了基础[7]，使管理方式发生变革。随着移动终端在高校大量用于学籍信息注册、图书借阅、成绩录入等，数据的收集和管理变得相对容易。大数据在高校教育中的应用，使得教育资源可以实现实时共享，信息沟通变得相对通畅，这就打破了传统教育相对封闭的教学环境。此外，基于互联网的在线课程，充分发挥了大数据规模巨大、类型多样、生产速度快、储存能力强等特点，实现了在线课堂的多人参与、资源共享，打破了传统教育的班级限制。大数据在高校教育的应用，改变了传统教育的管理方式，推动了教育管理方式的变革，使教育管理方式由"面对面管理"向跨时空、多领域的柔性化、虚拟化管理方向转变。教育管理者通过大数据网络平台，可以对不同的管理问题进行及时分析、评价、处置、预测和反馈，实现及时、有效的监督和管理，让教育管理决策更加智慧化、个性化、人性化。以美国教育分析机构为例，该机构在参考专家意见的基础上，充分结合地方和学校的数据，开发出可辅助教育管理决策的分析工具 Clarity。Clarity 是一个基于 SaaS 的数据分析产品，可以把复杂的数据和前沿研究转化成简明易懂、可操作、图表式的路线图。同时，Clarity 可以为政府、学校、机构的教育管理决策提供主要利益相关者报告，预估决策的影响及追踪决策效果，从而提高教育决策的科学性，优化管理方式。

二、大数据在高校教育质量保障体系建设中的作用

大数据具有将单一、零散的数据汇集成连续、系统数据的功能[2]，依靠大数据可以快速分析和有效整合的特点，高校教育质量保障体系可以全面覆盖学生学习成长的各个不同阶段，实现教师教学和学生评价的"监督和改进"双重功能，全面提升高校的教学质量。从人才培养目标、人才培养模式、教育资源配置、教学质量评估、教育服务保障来看，大数据在高校教育质量保障体系建设中具有以下作用：

（一）大数据使人才培养目标更加精准

确保高校人才培养目标的准确性是有效满足高校建设教育质量保障体系和保持自身持续发展的关键因素，更是实现国家人才队伍建设科学化和优质化的重要保障。在大数据时代，数据的多样性和共享性为高校利用大数据技术来制定符合自身特点的人才培养目标提供了可靠的保障。舍恩伯格认为，在大数据技术支持下，利用相关关系分析法能够实现分析结果更准确、分析速度更快的目标[1]。通过运用大数据的相关关系分析法，对市场需求、高校目标、国家战略、社会环境等海量数据进行分析，找出影响人才培养目标准确性的关联物，并对数据的分析结果进行预测，不但可以使高校人才培养目标更加精准，而且可以使建立在相关关系分析法基础上的预测结果更加科学，有利于高校在制定人才培养目标之后更好地把握人

才培养未来的发展方向。

（二）大数据使人才培养模式更加多元

人才培养模式是在特定的教育理论指导下，基于高校人才培养目标和人才规格，以一定的教学内容、专业课程设置、教育管理制度和教学评估方式，进行人才教育和指导过程的总和。《国家中长期教育改革和发展规划纲要》把"创新人才培养模式，探索多种培养模式，形成各类人才辈出、拔尖创新人才不断涌现的局面"列为教育改革发展的具体目标。基于大数据的挖掘技术和数学计算模型，可以快速处理和分析高校教育的海量数据，形成特定的分析结果和预测数据。对高校教育而言，结合大数据的理念和方法实现人才培养模式创新，不仅有利于高校教育的发展，还可以推动高校人才培养模式向高质量、多元化发展。以贵州华为大数据学院为例，在创新人才培养模式方面，它以大数据产业为依托，通过设置专业的配套设施和提供优质的教学资源，培养大数据蓝领人才；以培养"双创"型人才为目标，构建高端为引领、技工为基础的人才体系。同时，学院利用大数据大力开展教育和教学改革，将大数据产业发展和人才培养有机结合，推动了产、学、研、创等方面的人才培养模式创新。

（三）大数据使教育资源配置更加优化

大数据技术支持下的教育资源信息化网络，使高校优质的教育资源利用形成一种良性循环[8]，学生和老师的共同参与使得在线网络平台形成互通有无、交流共享、共同提升的学习共同体。利用大数据的整合作用，可以将教师资源合理分配到不同的课程和不同的班级，使合适的教师找到合适的课程[9]，做到跨高校、跨国际来使用教师，实现课程设置更加科学化和合理化。对在线课程而言，通过大数据技术来收集和分析学生的学习数据，可以更加全面而有效地掌握学生的信息，从而帮助教育者改进课程设置以及授课方式。同时，通过收集和分析学生感兴趣课程的相关数据，为学生推荐相关的课程信息，实现基于大数据的网络教学信息开放及资源共享，使教育资源配置更加优化。此外，借助大数据也可以实现教育经费使用高效集约。如东华大学将大数据引入实验室管理系统，通过对实验室的使用频率、仪器的使用情况以及使用时间的记录进行计算和分析，形成实验室利用率统计表格，进而为实验室的经费安排提供依据。

（四）大数据使教学质量评估更加科学

基于大数据的教学质量评估，通过实时记录和分析与教师授课及学生学习相关的全过程数据实现全过程评估。教学质量与学生学习结果息息相关，但评估教学质量不能仅仅通过结果评估来实现，好比不能只依据课业成绩好坏来评定学生优秀与否一样[10]。通过结果评估教学质量的方式，既不能了解学生和教师在学习过程中发生了什么，也不能对教学过程实施改进。"投入—环境—结果"评价模型可对全过程教学质量评估起到重要作用。该模型的提出者认为，只有通过提供与学生学习结果有关的信息，才能帮助学校管理者和教师做出有助于教学改进的决策[11]，不把对投入和环境的评价考虑在内，只根据结果评价做出的判断，不仅是苍白无力的，而且是片面的。例如，A 和 B 是两个不同专业的学生，想要评价他们在语文写作方面的学习效果。对他们进行测试后，结果显示 A 的成绩优于 B（结果评价），但不能单凭此来判断 A 在语文写作方面的学习效果优于 B。因为调查教学过程后发现，A 的语文写作课程明显多于 B（环境评价）。那么，可以认为只要提高语文写作的课时数量就可以提升 B 的写作水平吗？不可以。因为从入学成绩来看，B 的语文成绩明显高于 A（投入评价）。在大数据的支持下，结合"投入—环境—结果"模型，可以使每一位学生的学习过程和教师的授课过程转变为数据，有利于使教学质量评估更加科学。

（五）大数据使教育服务保障更加有效

高校教育服务包括高校自我服务和社会服务两方面的内容，其中高校自我服务是指对内提供服务，其服务对象主要是教师和学生，而社会服务主要面向市场上的用人单位。高校自我服务主要保障教师的教学和科研工作，满足他们对教学环境、教学内容、教学秩序、科研工作等方面的需求，同时保障学生日常生活学习、社会实践和创业就业的各方面需求。高校社会服务主要是为企业培养和输送高质量的人才，建立学校与社会、企业之间有效沟通的平台，实现各主体之间的信息互动。在教育服务保障方面，电子科技大学曾做过一个"寻找校园中最孤独的人"的课题。课题组从 3 万名在校生中采集了 2 亿多条涉及学生选课、进出图书馆、进出寝室、在食堂用餐、到超市购物等的数据，并利用大数据对不同的校园一卡通"一前一后刷卡"的记录进行分析，了解每一位在校生的人际交往情况。课题组最后找到了 800 多名校园中"最孤独的人"，判断他们在校期间一个知心朋友都没有。这个数据分析结果为学校和家长关爱学生心理健康提供了依据。在大数据、云计算等技术的支持下，高校可以对师生、社会的需求进行准确、有效定位，从而提供个性化服务，满足不同主体多样化的需求[12]。对于利用大数据预测产业变化帮助高校提高就业率，美国国家教育改革实验室进行了有益探索。实验室负责人 Gordon Freedman 认为，通过采集市场对人才技能需求和高校人才供给的最新数据，构建并细化人才数据库，利用人工智能来预测哪种技能的就业需求增大，可以辅助高校进行专业设置和课程开发。可见，大数据的应用，对实现学校、学生和社会等不同群体的"无缝衔接"、推动教育服务保障向更加具有针对性和有效性的方向发展产生了积极作用。

三、基于大数据的高校教育质量保障体系建设路径

通过分析大数据对高校教育的影响及其在高校教育质量保障体系建设中的作用，结合大数据在高校教育应用中的优势，本文从以下五个方面为建设高校教育质量保障体系提供路径参考：

（一）利用大数据精准制定人才培养目标，提升学生深度学习水平

人才培养是高校教育的重要内容，是实施高校教育质量评估的关键依据和标准[13]，而学生的深度学习水平直接体现了高校人才培养的质量。如何利用大数据精准制定人才培养目标以提升学生深度学习总体水平，对提高学生综合能力和推进高校可持续发展具有重要意义。这就要求高校必须利用大数据精准把握社会对人才的需求以及学生个人发展的需要：其一，利用高校与人才市场的联系，通过大数据对每年3月份和9月份的招聘数据进行挖掘和分析，找出满足市场需求的专业和人才素质，大致把握人才市场需求的方向；其二，发挥高校教务系统的反馈功能，收集学生对教学效果的评价和反馈，利用大数据分析学生的学习需求和兴趣点；其三，调阅图书馆的信息管理系统，利用大数据对学生图书检阅数据进行挖掘和分析，找到学生的知识偏好和潜在的学习兴趣；其四，利用教务考试系统对学生进行综合能力测试，分析学生以元认知参与和高阶思维发展为特征的深度学习水平。基于这些信息，高校就可以针对不同专业、不同年级、不同性别的学生制定准确的人才培养目标，通过科学设置学科专业、教学课程和统筹分配教师资源，不断提升学生的深度学习水平。

（二）利用大数据打造多元人才培养模式，提升高校因材施教质量

进入新时代，国家和社会对人才培养的需求更加多元，传统的人才培养模式越来越成为阻碍新时代人才发展的绊脚石。为更好迎合时代发展的需要，高校教育必须坚持以学生为中心，以"培养多元人才"为价值取向，不断完善教育质量保障体系。高校教育要从课堂入手，充分利用大数据产品，通过师生之间的互动交流，观察学生的个人特质以及综合素质情况，收集学生的学习行为、语言表达、思想动态等数据，分析每一位学生的特质，看其属于"创新型""团队型""实干型"等的哪一类型，并针对不同类型的学生定制不同的人才培养模式，落实因材施教方针。在具体的专业安排、课程设置、师资配备方面采取个性化培养方案，如定制个性化的学习内容、确定个性化的学习方式、实施个性化的教育决策、完善个性化的学习评价、提供个性化的学习反馈[14]。高校教育必须与大数据紧密结合，在充分利用大数据的技术便利的前提下，打造多元化的人才培养模式，提高因材施教的质量，使高校人才更加符合其人才培养目标和区域经

济、社会发展的需求。

（三）利用大数据优化教育资源配置，不断打破教育的时空限制

教师资源是高校教育资源的重要组成部分，可以通过大数据在更深层面影响高校教学思维，实现高校教师的教学形式从个体创造向个体与集体智慧相融合的方向转变[7]。高校教育在大数据影响下快速实现教师专业化和科研实践化，这使得教师在线上和线下工作之余，可以与其他人分享观点，借鉴和吸收他人的专长和经验，丰富自己的知识结构。组建一支拥有丰富教育理论与实践经验的师资队伍是提升教育质量的关键，也是实现教育资源优化配置的重要方式。将大数据技术应用于组建高校教师队伍已成为一种必然的趋势。教育管理者要充分利用大数据挖掘教育人才市场的数据，实施有效招聘，满足师资队伍建设的专业人才需要。要利用网络在线课程中其他高校的培养课程、教师队伍等教学资源，弥补自身资源的不足。要利用大数据分析校内和校外的教师资源，采用个性化方法对教师进行合理调配，将合适的教师安排到合适的课程中，打破教育的时空限制。

（四）利用大数据科学实施教学评估，加快完善教学质量评估体系

高校教育质量保障体系建设需要从多方面入手。加强对教学活动各个环节的监督和反馈，形成完善的教育质量评估体系，是教育质量保障体系建设的基础性的工作，同时也是必不可少的一个环节。在具体实施这项工作的过程中，会产生大量的数据，而要及时、有效地处理这些数据事实上是一项工作量十分巨大的工程。从目前的情况来看，很多高校并没有技术能力来完成这项工作，也没有设立专门的数据处理部门对数据进行挖掘和分析。由于数据分析能力存在差异，也不能做好专时专用，数据及有效信息没有被充分挖掘[15]，这也阻碍了高校教育质量保障体系建设的进程。基于大数据的高校教育质量保障体系建设，必须要将教学评估体系建设与大数据技术相结合。一方面，通过互联网积极开展高校教育质量的满意度调查，在大范围内实施教学质量评价。参与主体范围涵盖高校在校生、家长、教师、同行专家、毕业生、企业雇主代表、行业代表等在内的评价人员。从这些参与者中收集反馈数据，并利用大数据开展分析。另一方面，通过设立数据管理和分析部门，并配备专业的大数据人员负责数据的挖掘、整合和分析工作，将"投入—环境—结果"评价模型与大数据结合，为高校改进教育质量和完善教育质量评估体系提供数据支持，进而通过科学实施教学评估，完善教育质量保障评估体系。

（五）利用大数据精准提供教育服务保障，加快推进教育管理方式转变

建设高校教育质量保障体系，必须把教育服务保障考虑在内，原因是教育服务的好坏直接影响教育质量是否能得到提升。高校教育服务的双重性要求服务提供者必须满足不同主体的服务需要，而且要保障服务的准确

性和可达性。基于大数据的教育服务保障有助于实施个性化服务以及更具针对性的服务，从而转变高校的教育管理方式。对高校师生而言，教育服务保障主要包括三个方面：一是建立基于大数据的教学活动服务中心。通过大数据，服务中心可以快速、准确地捕捉到教师和学生的日常教学需求，如更换教室、布置学习场地等，为师生之间的交流互动提供舒适的场所和环境。二是建立基于大数据的科研实践平台。结合了大数据的多层次、开放式科研实践平台，为师生的科研创新想法转化为创业实践、实践成果转化为理论研究提供了可操作性和多样化场地。三是建立基于大数据的就业信息服务平台。利用大数据技术建立网络化的信息服务平台，通过对相关就业政策、人才市场招聘信息和学生简历的分析，自动为其推荐潜在的就业岗位，并提供个性化的信息服务。教育服务保障体系可以构建高校和社会的良好的衔接关系，为高校制定人才培养模式提供动态信息，为社会吸纳高校人才提供辅助。高校教育通过大数据分析，能更加准确地把握社会的需求，不断输送高质量的人才队伍。因此，高校必须利用大数据精准提供教育服务保障，加快推进教育管理方式由管理向服务转变。

参考文献

［1］舍恩伯格，库克耶. 大数据时代：生活、工作与思维的大变革［M］. 盛杨燕，周涛，译. 杭州：浙江人民出版社，2013：075.

［2］马星，王楠. 基于大数据的高校教学质量评价体系构建［J］. 清华大学教育研究，2018（2）：38-43.

［3］曾明星，李桂平，周清平，等. MOOC与翻转课堂融合的深度学习场域建构［J］. 现代远程教育研究，2016（1）：41-49.

［4］李燕，陈伟，张淑林. 大数据在高等教育领域应用的探析［J］. 电子科技大学学报（社科版），2018，20（2）：102-108.

［5］赵忠山，郑博续，赵娜娜. 大数据时代MOOC（慕课）对传统教学的冲击与融合［J］. 当代教育实践与教学研究，2017（8）：17，31.

［6］周清清，佘航，平萍. 基于大数据评价的个性化学习平台模式构建研究［J］. 中国教育信息化，2016（15）：13-15.

［7］许晶. 大数据对高等教育管理的影响与优化管理［J］. 中国成人教育，2016（23）：42-44.

［8］刘强. 论我国高校教学质量保障体系价值理念与行为模式的重构［J］. 江苏高教，2018（2）：12-17.

［9］王永颜. 大数据时代教育治理能力现代化构建与路径选择［J］. 电化教育研究，2017，38（8）：44-49.

［10］王锋，王翔宇，秦文臻. 大数据驱动的高等教育质量监测评估关键技术研究［J］. 黑龙江高教研究，2017（6）：80-83.

［11］ALEXANDER A. Assessment for excellence：the philosophy and practice of assessment and evaluation in higher education ［M］. New York：American Council on Education and Macmillan Publishing Company，1991.

［12］魏红，钟秉林. 我国高校内部质量保障体系的现状分析与未来展望：基于96所高校内部质量保障体系文本的研究 ［J］. 高等工程教育研究，2009（6）：64-70.

［13］刘荣，金蕊. 高校教育质量保障体系建设 ［J］. 中国成人教育，2017（13）：50-52.

［14］杨雪，姜强，赵蔚. 大数据学习分析支持个性化学习研究：技术回归教育本质 ［J］. 现代远距离教育，2016（4）：71-78.

［15］戚业国. 高校内部本科教学质量保障体系建设的理论框架 ［J］. 江苏高教，2009（2）：31-33.

教育大数据在教育教学中的价值体现[①]

李玉倩　曹满云[②]

摘要：随着互联网技术的迅速发展，教育领域逐年推出各类在线学习平台，如云课堂、慕课、线上测验等，为教学实践积累了大量数据。尽快挖掘教育大数据的价值，找准数据规律，以建立完善的教学培养方案、课程体系、课程师资配置体系等，是学校关注的热点。本文将从大数据时代教育教学发展趋势、教育大数据应用中面临的挑战以及提升教育大数据在教育教学中的应用价值的措施这三方面来探究。

关键词：教育大数据　教育教学　价值

大数据对各行各业来说都是一场新技术革命。在教育领域，教育大数据的合理运用能有效提高教育教学质量，但学校各部门所接触和收集的教育教学数据种类复杂，只有通过严格的筛选过滤，才能得到有效数据。培养数据分析人才、开发数据分析技术、设计合理的大数据教学方案等成为教育界的关注重点。

一、大数据时代教育教学发展趋势

（一）教育大数据的形成

我们日常的"衣、食、住、行、游、购、娱"中，随便一个动作都能形成数据，千千万万的人便产生了大量的数据。教育大数据是教育领域的大数据，指面向教育全过程产生的数据，是多类型、多维度、多形态的数据集合，大致分为：教学资源类大数据、教育教学管理大数据、教授知识

---

① 本文系西南民族大学 2012 年青年教改项目"民族院校公共管理专业课程体系改革研究"（项目编号：2012QN02）的阶段性研究成果。

② 作者简介：李玉倩，西南民族大学管理学院行政管理专业研究生；曹满云，西南民族大学管理学院教师，研究方向为公共管理。

与学习行为大数据、教育教学评估大数据四类①。教育大数据在其形成过程中会产生一些无用的数据，暂将其称为数据"杂质"。这些"杂质"是否会影响教育大数据的有效性，需要看数据运用的方向及目的。根据数据运用需求进行数据筛选过滤，最终可以得到客观无杂质的教育大数据。

（二）教育大数据应用产品的多样化

教育大数据的开放性、共享性以及客观性的特点，吸引了更多的行业主动寻求与科研机构、高校、职业技校、基础教育学校等进行教育教学方面的深度合作，推进产、学、研有效结合，促进教育大数据相关产品的研发。教育大数据市场陆续推出的各类服务产品，为企业带来额外收入的同时，满足了学校、教师以及学生的多元化需求。教育大数据的应用领域如图1所示。

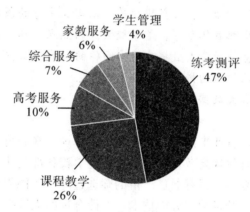

图1　教育大数据应用领域

资料来源：《中国基础教育大数据发展蓝皮书2016—2017》研究成果正式出版〔J〕. 电化教育研究，2018，39（6）：129.

如图1所示，教育大数据在教育教学中应用最广泛的是练考测评，其占比最大，为47%，所涉及的功能主要包括：题库训练、成绩查询、考试报名、学业信息查询、学习时段查询、课程教学评估等。运用较广泛的是课程教学，占比为26%，教师通过分析课程教学中产生的数据明确教学进度，掌握学生学习情况，还可以通过数据分析找到学生学习的薄弱环节，进行针对性训练。图1中占比相近的几个领域分别为：高考服务、综合服务、家教服务以及学生管理，比如在高考服务领域，运用大数据分析历年高校招收分数以及招收人数比例等，可以找到院校招收基本规律提高考生报考成功率。

① 苏令. 大数据如何助教育更加公平优质〔N〕. 中国教育报，2018-04-17（4）.

（三）教育大数据应用实践中的"百校工程"

"百校工程"这一项目充分体现了大数据时代的教育教学趋势。该项目由中科曙光信息产业股份有限公司设立，以国内应用型高校改革与大数据时代来临为双重背景，计划三年内在全国范围内遴选百所应用型本科院校，以产教融合模式设立"曙光瑞翼大数据学院"和"大数据应用创新中心"，共建集人才培养、资源开发、科研创新、行业应用和社会服务于一体的大数据创新基地，以多维度、立体化的模式推进产教融合。同时，百校联网形成"大数据应用协同创新网络"，以服务大数据产业创新应用，打造大数据创新生态系统为主，构建协同创新的大数据超级平台，实现平台资源与大数据应用的共用共享。这一项目从人才培养、服务地方、协同科研三个维度立体化推进产教融合，推动院校向应用型转型发展。此项目将成为我国教育大数据实践运用的重要成果。

二、教育大数据运用中面临的挑战

未来我国数据分析人才缺口将达 1 400 万。截至 2017 年年底我国开设大数据相关专业和方向的普通高校和高职院校还不到院校总数的 10%①。各类院校在大数据专业设置方面不成熟，教师在数据分析技术、数据运用技术、数据保密使用等方面的能力还需加强，对大数据运行的软硬件维护也是一种挑战。

（一）大数据专业设置模糊

目前开设大数据相关专业和方向的普通高校和高职院校，不仅缺少与专业相关的系统培养方案，且专业设置模糊。表 1 为 2017 年国内主要高校大数据专业开设情况，可以看出，专业名称均为数据科学与大数据技术，专业学制为四年，授予工学学位或理学学位。大数据作为交叉型学科，相关课程涉及数学、统计学和计算机科学等学科知识，而目前的大数据专业设置太宽泛，没有设立具体的大数据教学方向，如理论性学习、实践性学习、技术开发性学习等。大数据学习、统计、分析以及运用应该贯穿义务教育到高等教育的每个阶段，既需要高校的教师与学生进行有针对性的学习，也需要义务教育阶段的教师具备数据分析能力。但是，大数据专业没有具体划分学习的难度等级，各类院校教学对象基础不同，统一的学习培养方案只适应部分层级的学生，不利于各类学生的培养与发展。

---

① 中柯大数据公司信研院团队来柯力技术交流，开展人工智能、大数据培训［J］. 衡器，2020，49（4）：2-3.

表1 2017年国内主要高校大数据专业开设情况

学校名称	专业名称	专业代码	专业所属学院
北京大学	数据科学与大数据技术	080910T	数据研究院
清华大学	数据科学与大数据技术	080910T	数据研究院
中国人民大学	数据科学与大数据技术	080910T	统计与大数据研究院
复旦大学	数据科学与大数据技术	080910T	大数据学院
西南交通大学	数据科学与大数据技术	080910T	金融大数据研究院
贵州大学	数据科学与大数据技术	080910T	大数据与信息工程学院
南京邮电大学	数据科学与大数据技术	080910T	盐城大数据研究院

资料来源：中国数据分析行业网。

（二）教师对教育数据不熟悉

教师在教育教学实践中，如何根据需求得到有价值的数据？如何巧妙地应用数据，并保护他人隐私？怎样有效使用教育大数据服务产品提高教学质量？相较于传统教育，大数据时代推动的信息化教育，对教师本身是一种挑战。我国义务教育阶段的教师，将大部分的工作重点和精力放在学生升学上，缺乏一定的科研环境。他们对大数据的分析与运用仅停留在最基础的操作上，甚至部分老师认为教育数据的使用与分析是教学行政部门的职责，不愿接受大数据分析运用相关技能素质的培训。数据是对客观事物最直接的反映，教师不了解教育数据，会导致教学目的不明确、教学方向偏差等问题，出现教学瓶颈。教师要掌握数据分析能力，正确筛选有效数据，降低数据泄露风险，找准教学规律，在宝贵的课堂教学时间内使教育数据发挥最大价值。

（三）大数据运行的软硬件维护问题

教育结构的复杂性导致教育数据的多样性，教育活动中几乎时时都在产生大量的数据，这些数据的抽取、存储、分析等都需要技术支持。目前，我国教育发展的不平衡导致贫困地区的数据化教学应用推广缓慢，城乡之间教学条件的差异增加了数据运行软硬件维护的难度。城市学校拥有硬件设备优良、数据人才集中等优势，而乡村学校的硬件设施在资金投入、运输、安装及使用等方面都存在较大问题，对大数据软件的维护更是力不从心。不同专业对大数据的分析使用方向不同，数据系统维护的侧重点也不一样，统一的数据维护不适用于所有专业，大数据软硬件缺少有针对性的配套维护程序。大数据软硬件维护应根据城乡教学差异、不同层次的办学条件以及不同专业需求，推出不同层次的软硬件维护程序，以促进教育大数据的广泛应用。

三、提升教育大数据在教育教学中的应用价值的措施

教育机构要积极寻求与企业合作，推进产、学、研有效结合，吸纳更多的数据分析运用型人才，组成教育数据产品研发团队，使教育数据价值最大化。

（一）大数据专业差异化设置

针对专业设置不清晰等问题，根据不同学科的应用需求设计差异化的大数据专业学科培养方案。目前，大数据专业体系由数据科学与大数据技术两大部分组成，以统计学、数学、计算机科学为三大支撑性学科，生物学、医学、环境科学、经济学、社会学、管理学为应用拓展性学科。针对支撑性学科，如统计学、数学以及计算机科学，大数据学科的研究方向应偏向技术开发领域，通过数据技术的深度学习，研发出更实用的教育大数据服务产品。对于拓展性学科，如经济学、社会学、管理学等，在大数据专业学习方向上应偏向实践运用领域，将开发好的数据分析技术应用于实践，其专业设置主要在实操部分进行拓展，如社会调研、问卷设计、问卷数据分析等。近年来，中国"互联网+"大学生创新创业大赛的举办，意在鼓励学生开创思维，将互联网数据分析与所学专业结合，找准数据规律，挖掘数据价值，为自己的创新创意想法增加数据说服力，推动创新项目从科研走向实践。

（二）教师角色转变

随着大数据时代的到来，教师角色必定要从书本知识的传递者转变为大数据时代的学习者，充分运用教育大数据来发现教学规律，掌握学生学习情况，为学生制订高效的学习计划等。从不同学科来分析，文科教师的教学内容不能只停留在文字的解读上，应通过数据分析找到语言文字的逻辑关系，高效授课。例如语言类专业，通过大量数据来分析句子的组成结构，找到句中主、谓、宾、定、状、补的关系，套用编程逻辑及数学公式进行精确拆分，轻松应对中文模型与英文模型的逻辑切换。理工科的教师在熟悉大数据的同时，应不断研发数据分析技术，开发大数据分析工具，推动大数据在教育领域的应用。从不同的学历阶段分析，义务教育阶段的教师应提高自身数据分析能力，提高数据敏锐性，培养小学生的数据洞察力，激发青少年的数据思维。高等学历阶段的教师，应与学生共同学习和探讨数据分析相关课程，提高数据处理技能，跨越教师与数据之间的鸿沟。院校积极推荐教师参加"百校工程"等类似的项目，提高教师的大数据技术应用能力，通过系统的教学研修提升教师在大数据教学领域的业务能力与教学水平，提高所在院校承接大数据应用课题及实践项目的能力。

（三）构建共享教育大数据平台

各类院校主动构建教育大数据共享平台，使教育教学各部门能自由提取筛选所需数据。学校传统的管理模式所形成的利益关系结构，在开放的大数据时代不利于整体组织的发展。学校的信息部门是掌握数据最为全面的部门，应该借助自身的技术优势和资源优势，牵头整合各部门的数据，形成一个联动的数据中心库，从封闭神秘的信息保密组织，转变为开放共享的数据平台。数据中心库可以为各部门提供技术支持、技术培训、数据筛选、数据维护等服务，提高各部门工作效率。同时，它能加强各部门的数据沟通交流，扩大教育大数据学习与运用的"朋友圈"，促进整体组织高效高质量发展，使高校教育模式更加数据化、信息化和现代化。

（四）推进数据在教学中的实践运用

高校教育信息化过程中，要避免唯理论的教学倾向，加强数据理论的实践运用。通过研究教育大数据反映的学校教育、家庭教育、社会教育之间存在的潜藏规律来完善教育教学理论。院校利用教育大数据推进产教研融合人才培养改革，加大创新培训力度，促进多行业跨界融合，能更有效地培育出挖掘数据、过滤数据、分析数据的实践型人才。在数据教学实践过程中，教师可以利用数据有效反映教学需求及学习需求的真实性及客观性特点，有针对性地完善教学方案。

参考文献

陈德鑫，占袁圆，杨兵，2019. 深度学习技术在教育大数据挖掘领域的应用分析 [J]. 电化教育研究，40（2）：68-76.

刘珊珊，2019. 基于大数据思维方式的高校思政工作的应对策略 [J]. 管理观察（10）：136-137.

卢辉，梁鹿鸣，2019. 大数据背景下教师心理适应性研究 [J]. 教育现代化，6（37）：198-200.

罗钦艳，2019. 大数据背景下高校网络思想政治教育渗透力和实效性研究 [J]. 理论观察（11）：53-55.

马红丽，2019. 大数据应用助力教育高质量发展 [J]. 中国信息界（1）：24-27.

苏令，2018. 大数据如何助教育更加公平优质 [N]. 中国教育报，04-17（4）.

覃利华，2019. 大数据时代下线性代数教学改革的研究 [J]. 教育现代化，6（24）：96-98.

王苏琴，2018. 大数据背景下高校教育管理工作的探索研究 [J] 佳木斯职业学院学报（1）：191-192.

王婷婷，2017. 大数据时代下统计学科建设与教学改革的几点思考 [J]. 大学教育（6）：9-11.

吴金炎，2019. 大数据时代区域教育信息化发展研究［J］. 现代经济信息（8）：467.

杨晓峰，2016. 大数据时代的教育：展望与行动［J］. 高等教育研究，37（12）：7-12，20.

佚名，2018.《中国基础教育大数据发展蓝皮书 2016—2017》研究成果正式出版［J］. 电化教育研究，39（6）：129.

赵德荀，2019. 大数据时代下高校教育管理信息化创新发展策略［J］. 课程教育研究（10）：31-33.

赵峰，魏云舒，2019. 大数据情境下创新创业教育模式精准化变革研究［J］. 科学管理研究，37（5）：138-142.

我国长期护理保险资金筹集分析

马慧芳　钟大能①

摘要: 在构建长期护理保险制度的过程中,资金的筹集尤为重要,因为它直接关系到能否建立充足和稳定的护理保险基金。本文选取四个试点城市——青岛、苏州、南通和成都,分析这四个城市发布的试点方案可以发现,长期护理保险的筹资离不开基本医疗保险基金,还存在筹资渠道单一、个人在长期护理保险的资金筹集中的作用不明显,筹资方式和筹资标准缺乏科学性、合理性的问题。因此,我国在建立长期护理保险筹资机制时要逐步实现独立筹资,拓宽筹资渠道,选择多样化的筹资方式,同时也要挖掘利用社保大数据,科学厘定筹资标准,为长期护理保险制度在全国顺利推广打下基础。

关键词: 长期护理保险　资金筹集　试点城市

1982 年第三次人口普查时我国 65 岁以上老年人口占总人口的比重为 4.91%,而到了 2010 年第六次人口普查时则高达 8.87%(60 岁以上的人口比重为 13.26%);2016 年年底,我国 60 岁以上人口占全国人口的比重已达 16.7%。与此同时,我国失能、半失能老人的比重也持续上升。我国人口基数大,社会保障制度发展不平衡,经济发展水平不高。来势汹汹的人口老龄化,使得我国化解这个危机的难度变得更大。伴随着人口老龄化的是家庭少子化、小型化,家庭内部对老年人的照护服务能力已明显不足,这导致了长期护理需求急剧增加。在这样的背景下,长期护理保险应运而生。

一、文献回顾

阅读文献发现,2016 年以前国内学者的研究多集中于长期护理的需求分析、国外构建长期护理保险制度的经验借鉴等。如郝君富、李心愉分析

---

①　作者简介:马慧芳,西南民族大学管理学院硕士研究生,研究方向为社会保障制度与基金管理;钟大能,教授,西南民族大学管理学院教师,研究方向为财税理论与实践。

了德国长期护理保险的制度设计，为我国构建长期护理保险制度提出了建议[1]。李兵从我国构建长期护理保险制度的可行性和必要性出发，深入分析了长期护理保险建设的必要条件[2]。以上学者对长期护理保险的研究都是为了探索建立适合我国的长期护理保险制度。直至 2016 年，人力资源和社会保障部出台了《关于开展长期护理保险制度试点的指导意见》（以下简称《指导意见》），15 个城市被选为长期护理保险的试点城市。学术界对长期护理保险的研究重点开始从制度构建向试点地区的制度运行转移。如杨晨对青岛的长期护理保险制度的运行情况做了研究[3]。朱铭来、郑先平梳理了我国长期护理保险制度的试点情况，发现了长期护理保险在发展过程中面临的一系列问题[4]。

以上文献多数都是对长期护理保险制度整体存在的问题进行讨论，缺乏对长期护理保险的资金筹集的深入分析。长期护理保险制度能否健康可持续发展与资金筹集是否科学、是否完善密切相关。资金筹集对今后在全国推行长期护理保险制度具有深远的意义，这也是构建长期护理保险制度的一个难点。除此之外，以上文献也没有结合大数据的背景。大数据时代早已来临，医保领域的各项改革和制度创新等都离不开大数据的支撑，长期护理保险也不例外[5]。在这样的背景下，研究如何利用社保大数据使长期护理保险资金筹集更加科学、合理具有重要意义。本文选取四个试点城市——青岛、南通、苏州和成都进行研究。青岛市和南通市在《指导意见》发布之前就已自主开展长期护理保险，积累了一定的经验；苏州市和成都市是在《指导意见》发布后开展长期护理保险的，是这方面的"新手"。本文根据这四个城市公布的试点方案分析长期护理保险制度的资金筹集制度，旨在在大数据背景下厘清长期护理保险筹资这一关键问题，为完善我国长期护理保险筹资机制提供参考。

二、试点城市长期护理保险的资金筹集

（一）筹资渠道

对于社会保险来说，资金从何而来一直是一个关键问题。对此，《指导意见》指出，"可通过优化职工医保统账结构、划转职工医保统筹基金结余、调剂职工医保费率等途径筹集资金"。这为资金筹集指明了方向，即可重点围绕现有基本医疗保险基金进行。为此，四个试点城市均以《指导意见》为蓝本，确定了长期护理保险的筹资渠道。青岛市于 2012 年率先开展长期护理保险，当时该市护理保险资金主要通过调整基本医疗保险统筹基金进行筹集。城镇居民护理保险基金也从医保统筹基金中划转。但经过六年的实践，青岛市对长期护理保险的筹资做出了新规定——除原有

的渠道外，还对医疗保险个人账户进行调整，同时接受社会的捐赠。南通市和青岛市现行的筹资渠道大致相同，通过个人缴费、从职工或居民医保统筹基金结余中划转、财政补助三种渠道筹资。苏州市于2017年10月开始长期护理保险的试点工作，其资金原则上由个人缴费、政府补助、划转基本医疗保险统筹基金结余组成，但在试点第一阶段个人部分免缴。成都市的资金筹集同样离不开医保统筹基金，加上财政予以一定的补助，单位和个人不再另行缴费。

（二）筹资标准与筹资方式

科学、合理的筹资标准对长期护理保险的保障能力至关重要。筹资标准过高，会加重政府、企业和个人的经济负担；筹资标准过低，则会使长期护理保险制度的资金短缺，从而使保障水平降低，不利于制度的顺利运行。四个试点城市以本地的医保统筹基金或居民收入水平为基数确定了筹资标准（具体筹资标准见表1）。在筹资方式上，虽然四个试点城市均采取了强制缴费的方式，但根据筹资标准，其具体做法可分为三类，即定额筹资，比例筹资和定额、比例相结合的混合筹资方式。青岛市的筹资标准是以医保统筹基金为基数按比例确定，苏州市则是以居民人均可支配收入为基数按比例确定，这两个城市的筹资方式为比例筹资。南通市则明确规定每人每年的缴费数，并不区分参保人群类别，这属于定额筹资的方式。成都市的筹资方式为混合筹资，对参保人群进行区分，以职工医保缴费基数为基数，按照一定的比例，对不同的人群采取不同的标准筹资。

表1　试点城市筹资方式与筹资标准

筹资方式	试点城市	筹资标准
比例筹资	青岛	城镇职工：职工医保统筹基金按月划转缴费基数总额的0.5%，个人账户按月代扣个人缴费基数的0.2%；财政按每人每年30元的标准予以补贴。城镇居民：从居民医保统筹基金中按照不超过当年居民医保筹资总额的10%划转
	苏州	单位缴费：由社保经办机构按规定标准从医保统筹基金结余中一次性划转。个人缴费：按不高于去年全市常住居民人均可支配收入的0.2%缴纳（试点第一阶段免缴）；政府每人每年补助50元
定额筹资	南通	个人缴纳30元，医保统筹基金每人每年划拨30元，政府每人每年补助40元。对特殊困难群体，政府全额补助
混合筹资	成都	单位缴费部分，按0.2%的费率从职工医保统筹基金中按月划拨；对40岁（含）以下的职工从职工医保个人账户中按月划拨0.1%，对40岁以上的职工划拨0.2%；退休人员从职工医保个人账户中按月划拨0.3%。财政补贴按照城镇职工基本医疗保险中退休人员参保人数进行补助

数据来源：根据青岛、苏州、南通和成都发布的长期护理保险试点方案整理。

三、长期护理保险资金筹集存在的问题

（一）筹资依靠基本医疗保险基金

从上文可以看出，无论是比例筹资、定额筹资还是混合筹资，四个试点城市的资金筹集均离不开基本医疗保险基金。虽然《指导意见》说明了资金筹集可重点围绕现有医保基金进行，但仅围绕现有医保基金显然是不够的。从短期来看，基本医疗保险基金结余较多，依靠基本医疗保险基金筹资并无不妥，这是客观形势的要求，也是我国长期护理保险制度顺利启动的保证。但长此以往，长期护理保险制度的可持续性将受到挑战。因此，资金筹集还必须找到其他渠道，才能有充足的资金保障。为此，《指导意见》进一步指出，要"逐步探索建立互助共济、责任共担的多渠道筹资机制"。长期护理保险发展较成熟的日本、韩国等均实现了独立筹资。我国老龄化程度日益加深，老年人护理需求快速增加，这必然要求长期护理保险制度能够承受巨大的待遇支付压力。而资金筹集长期依赖医疗保险基金并不能满足快速老龄化趋势所带来的护理需求，对部分基本医疗保险基金结余不足的地区来说，会增加其压力，甚至会影响基本医疗保险待遇水平。

（二）个人在资金筹集中的作用不明显，筹资渠道单一

长期护理保险有望成为我国第六大社会保险，单位、个人和政府是社会保险的三大重要筹资渠道。如前所述，四个试点城市对政府、单位和个人在长期护理保险筹资机制中的筹资责任做了不同的规定，但只有南通市明确规定了个人的缴费额，其他三个城市对个人的责任规定均不明确。那么在这三个筹资渠道之中，如何定位个人在筹资中的作用？从制度顺利推广的角度来看，弱化个人在筹资机制中的地位能够减轻参保人员的负担，提升长期护理保险的满意度。与此相对，要实现个人不缴费，那么政府和单位势必将承担起更多的筹资责任。对一些医保基金结余不足的地区而言，个人在资金筹集中的角色缺失反而会加大制度顺利推广的难度，政府的财政负担也会加重。长期护理保险是原有社会保险基础上的新增险种，前五个险种原本就给单位带来了不小的负担，在当前要求政府为企业减负的基调下，如果还是将筹资渠道局限于个人、单位和政府，显然不合理，也是缺乏长远考虑的。

（三）筹资方式与筹资标准欠缺科学性

面对筹资的重要性与不确定性，我国的长期护理保险制度到底要采取哪种筹资方式更为科学合理呢？对试点地区来说，任何一种筹资方式都蕴含着制度设计者对当地经济社会发展现状与长期护理保险能否实现可持续

健康发展的现实考量[6]。就青岛和苏州而言，其筹资方式能够随着经济的变动适时调整，有利于长期护理保险制度的灵活发展。但其缴费比例的确定与收入水平或医疗保险关系密切，不利于长期护理保险形成独立的筹资机制。南通的筹资标准明确规定了政府、单位和个人的缴费额，此种筹资方式使资金来源较为稳定，而且相比其他两种方式而言更简单易行。但定额筹资不易体现地方经济社会发展水平或社会保障程度。成都所运用的混合筹资方式则充分考虑了不同的参保群体，更为注重公平，但本质上也是从医保统筹基金中按比例划拨，同时对每个群体筹资的比例进行测算成为这一方式的难点。总而言之，这三种筹资方式都有其独特的优势，但不可避免也存在一些不足。单单依靠某一种筹资方式缺乏合理性，也会使筹资标准缺乏科学性，不利于长期护理保险制度的长远发展。

四、优化长期护理保险资金筹集的建议

（一）建立符合国情的筹资机制，逐步实现独立筹资

如前所述，长期护理保险筹资过度依赖医疗保险基金会带来诸多问题。德国和日本的长期护理保险制度的发展已较为成熟，其制度构建均与本国社会保险制度传统紧密相连，形成了独立的筹资机制。长期护理保险有望成为我国第六大社会保险，在其发展的过程中应减少医保统筹基金的划拨，逐步实现独立筹资，使长期护理保险的发展跟随基本医疗保险，共享基本医疗保险的数据资源和信息平台，而不是依赖于基本医疗保险。而且，独立稳定的资金来源也可以使长期护理保险不易受到基本医疗保险的限制，更能保证政策的可持续性，推动护理保险基金稳定发展。

（二）强调个人缴费义务，明确筹资渠道多元化

随着我国老龄化程度的进一步加深，要想使长期护理保险制度在全国顺利推广，就更要明确各方的筹资责任，尤其是个人的缴费义务。在此我们可以借鉴德国的筹资经验：对收入水平低的人群来说，让其选择加入社会长期护理保险；对于收入水平高的人群来说让其有权选择加入商业长期护理保险。社会保险计划并不排斥商业保险[7]。两者的良好结合更有利于长期护理保险的顺利发展。对于收入水平低、确实难以缴费的群体，可由政府给予部分补贴。如南通市政府，对于城镇低保家庭以及1~2级重残人员给予全额补助，个人无须缴费。各地可根据自己的经济发展水平，合理确定补助标准。除此之外，还要发挥社会资金的重要作用，如企业捐赠、慈善机构捐助以及福彩体彩公益金等，促使筹资渠道多元化，进而形成风险共济、责任共担的筹资机制。

（三）挖掘利用社保大数据，科学厘定筹资标准

大数据的产生及应用极大地改变了人们的生活，大数据时代的来临也为社会保障领域带来新的发展机遇。通过大数据分析，政策制定者能够总结经验、发现规律、预测趋势。利用大数据可以为政策制定提供辅助服务，使政策更加科学、精确、合理[8]。社会保障领域涵盖的数据信息是海量的，如当地财政收入状况、人口规模、社保基金的收入与支出情况、各项社会保险的缴费数额和待遇水平等等。因此，在确定长期护理保险缴费标准时要充分挖掘利用社保大数据，根据当地经济发展水平、护理需求、护理服务成本以及保障范围和水平等因素合理确定一个筹资标准，使长期护理保险的资金筹集能够与经济社会发展和保障水平相适应。在筹资方式的选择上，各地也要根据现实需求，在充分考虑地方经济社会发展实际与基本医保发展现状的基础上，通过多样化、叠加式手段进行筹资，而不是仅局限于单一的筹资方式。

参考文献

[1] 郝君富，李心愉. 德国长期护理保险：制度设计、经济影响与启示 [J]. 人口学刊，2014，36（2）：104-112.

[2] 李兵. 我国构建长期护理保险制度的可行性与必要性探讨 [J]. 改革与战略，2015（3）：63-66.

[3] 杨晨. 青岛市长期护理保险推广的现状分析 [J]. 经贸实践，2018（4）：126.

[4] 朱铭来，郑先平. 我国长护险发展实践 [J]. 中国金融，2017（21）：63-64.

[5] 张苗. 医保改革密集，运行分析能力亟待提升 [J]. 中国社会保障，2017（6）：16-17.

[6] 吴海波，雷涵，李亚男. 筹资、保障与运行：长期护理保险制度试点方案比较 [J]. 保险理论与实践，2017（9）：44-65.

[7] 赵秀斋. 德国长期护理保险制度运行及其启示 [J]. 北京劳动保障职业学院学报，2018（1）：18-23.

[8] 刘建军，徐玮，陈健明，等. 社会保险大数据"前程似锦" [J]. 中国社会保障，2017（6）：42-45.

[9] 王东进. 试论长护制度的探索之道 [J]. 中国医疗保险，2016（9）：5-8.

基于大数据的大学生培养、发展模式演化分析

乔俐萌　姚　珣①

摘要：定量分析学生行为模式与学术表现间的关系是实现个性化教育的重要步骤。而现有的研究主要基于问卷调查的方式，忽视了对学生校园生活中的实际数据利用。本文通过分析现有学生管理模式的特点，融入大数据的特色，探索构建适应时代、符合各利益相关者需求的大数据学生管理平台。

关键词：学生管理平台　大数据　智慧教育

一、引言

在大数据应用于教育领域之前，对大学生培养效果的衡量多是对事后结果的评估，缺少事中的控制。针对具体学生而言，事后评估考核周期长，反馈速度慢，学生难以及时有效调整其行为以改善结果，如由于学分未修满而无法如期毕业等。同时，在高校中普遍存在多个学生管理平台并行的情况，如日常学生管理平台、教务系统、招生就业系统和一卡通系统等。这些系统具有各自归属的端口和数据库，数据的属性也各不相同，这就导致了信息孤岛——辅导员、教师、家长都无法全面掌握学生学习、生活情况。特别是多数中国学生在大学期间都住在学校，学校与家庭间的距离一般较远，家长获得学生信息的难度较大，信息的全面性差。通常，只有在学生"挂科"较多或者出现意外状况时，辅导员才会与家长联系。这是一种事后的管理，出现的危机已经不可改变。而且整个反馈的周期过

---

① 作者简介：乔俐萌，西南民族大学管理学院研究生，主要研究方向为创新管理、新兴技术管理；姚珣，副教授，西南民族大学管理学院教师，主要研究方向为危机管理、创新管理、供应链管理。

长、反馈链条上存在较多的环节，只有当学生出现较差的表现，辅导员在获得信息后才会联系家长。受到距离限制，家长与学生的沟通效果也有限。因此，事中控制在学生管理、培养中显得格外重要，事中控制可以修正学生的发展路径。对于学生而言，相互隔离的信息系统不利于体现评奖评优等活动的公平性，学生作为利益相关者时常对评选结果不满。任何教师都无法掌握真实、详细的学生数据，这势必造成评选过程中出现盲区。学生管理系统辅以一卡通系统可以综合考量学生的生活费水平与家庭状况，能够有效地将真正的贫困生甄别出来。现有大学生管理系统之间封闭的状况和事后管理的特点都不利于学生的个性化培养。大数据在教育领域的应用、智慧教育的构建都为学生培养方式的个性化提供了新的机遇。

目前，在大学中存在着不同部门收集、管理学生数据的状况。例如：教务处通过教务系统统计、管理学生的考试成绩；学生工作处通过学生管理平台管理学生请假、离校、夜不归宿等数据；而一卡通系统则记录着大学生校园生活的点点滴滴，如进出图书馆、借书、洗澡、吃饭等。这就造成部门间数据不共享、收集数据重复的问题。我国学者对学生平台的研究重点多在于算法的选择与优化。傅培玉等（2005）探索了蚁群算法在学生成绩管理系统的应用。刘书影（2010）基于统一建模语言描述，研究了动态的学生信息管理系统。刘文莱（2012）根据决策树算法对学生评奖评优系统进行了优化。关于智慧教育和大数据教育的研究依旧将重心放在特定教育模块上：查大元等（2016）根据推算算法与大数据设计了适合大学生社交习惯的 App，帮助大学生发布信息并满足其需求。陈凤（2017）基于大数据和层次分析理论对学生管理平台进行了可视化设计。当前的研究依旧将重点集中在现有的不同学生平台，对大数据的应用也主要体现在算法的应用上，缺少在实际操作中对学生动态信息的整合处理。

区块化整合是当前大学生管理平台发展的必然趋势，大数据技术的发展和应用为数据收集和动态数据分析提供了可行性。本文通过分析现有大学生管理系统的特点，结合大数据的特性及在线教育的优势，设计符合全过程管理的学生管理系统，以实现事中控制的目的，更加有效地满足不同利益相关者的诉求。

二、文献综述

现阶段，关于大学生培养或者大学生管理平台的研究主要分为三方面：关于学生未来表现的预测、各类学生管理系统的设计和基于大数据的学生系统优化。

关于学生未来表现的预测，实证研究表明，大五模型与学生的学术表现呈显著相关。传统的研究框架之下，数据多来自问卷调查和学生的自反馈报告，这样获取的样本量较少（Vedel，2014），可能受到社会期望偏见的影响（Fisher，1993）。Asmaa（2016）在推荐系统的基础上运用个性化开放环境和因数分解法设计出了有效降低学生不及格风险的课程分类辅导机制。Owen（2018）将学习分析法运用在混合式学习早期的学生表现预测中，发现传统教学模式与在线教学模式相结合可以使学生获得更高的预期表现。Yi（2018）通过实证研究，分析学生的校园生活记录，在此基础上构建了在校生的行为模式与学术表现的关系模型。目前关于学生表现的预测尚未从整体层面出发，多基于特定视角，比如课堂教学、学生生活轨迹等。尽管已经将大数据引入研究，但未完全发挥大数据多元化的特性，数据的来源较单一，未实现不同数据来源的整合。

关于学生管理系统设计的研究多集中在程序层面，主要关注特定利益相关者如辅导员、学生工作处、教务处等的使用需求。孟芳芳（2017）基于 Java 和 MySQL 算法研究了自动化创客实验室的管理系统，该研究有效地优化了对实验室和实验用品使用的过程管理。茹峰等（2016）运用人脸识别技术和 MySQL 算法实现了对学生考勤系统的优化。沈济南等（2015）基于 SSI 框架设计，优化了学生工作管理系统。现阶段的软件设计和算法应用研究多集中在特定系统的设计、优化上，尚未实现整个学生管理系统的整合，未从整体的视角上思考程序、范式的设计。

关于新媒体、智慧教育与大数据的研究也吸引着众多教育者。微信、微博作为重要的自媒体，成为新媒体时代下学者关注的重点。王祥（2018）基于新媒体受众广泛、传播迅速的特点，研究了新媒体技术运用对掌握学生需求的有效性，发现利用新媒体能够增加学生工作的时效性和覆盖范围。赵雅兰（2018）研究了通过微信增强学生管理工作效果的行为路径，发现微信的应用能够提升学生管理工作的效果。查大元等（2016）依据大数据采集、分析平台，设计了更好满足大学生需求的应用程序。智慧教育的实践则多集中于对在线教育的探索。如黄冈的智慧教育平台、IME 平台，都致力于实现教学五步骤的全过程追踪。基于大数据的学生管理平台研究多关注人才培养的目标设计。许慧珍（2018）基于大数据分析就业市场需求差异，研究了差异化人才培养目标的方案设计，以更好地满足人才市场需求。教育大数据研究也关注数据的可视化，陈凤（2017）基于大数据，研究了可视化工具的应用如何满足不同学生管理需求。以上研究、探索表明，高校与学者都较为重视教育大数据的应用，并证明了它具有广泛的应用前景，但目前对教育大数据的研究主要针对特定类型的数据，尚未实现多类型数据的整合、协调处理。

本文从全局视角出发，将现有的、彼此割裂的学生管理模块进行整合，建立全过程管理的框架，并在此基础上设计各模块间的关联，实现数据库整合、数据共享，以满足不同利益相关者的需求，实现过程控制、事中干预，降低不良后果发生的概率。

三、现有系统分析

目前，我国高校多采用各类不同的系统对学生进行管理，各系统的归属端口不同，数据共享程度低，常常出现重复录入数据或数据缺失的情况。下面本文将简单梳理高校可能使用的学生管理系统：

1. 教务系统

教务系统主要承担着与教学课程相关的学生管理工作，包含学生所处专业、年级、班级等基本信息，以及学生选课、学生课程表及期末课程成绩信息，具有毕业答辩申请、奖助学金申请等功能。其中，奖助学金申请在学年之初最易受到大学生的关注，特别是贫困生人群。奖学金有明确的成绩要求，依据的是年度成绩排名，通常不会引起争议，但贫困生的数据收集往往是不充分的。学生仅需提供生源所在地的贫困证明和自说明材料，由于各地对贫困证明的要求不统一、对自说明材料的真实性难以判断等，材料无法真实有效地反映学生的实际情况。单纯依靠教务系统提供的信息可能导致不公平情况的出现。

2. 学生工作系统

学生工作系统一般具有收集学生的基本信息，请假、外宿申请等功能。在实际使用过程中，由于大学生课程分散，对课堂请假要求不统一，课堂和寝室考勤不严等，请假申请功能使用效率低下。

3. 一卡通系统

一卡通伴随着大学生校园生活的方方面面，如吃饭、洗澡、进出图书馆、借书等等。一卡通系统实际是一个动态信息流收集的系统。通过对一卡通数据的分析能够得出学生在校园生活中的行为模式。一卡通系统的管理和数据收集属于后勤部门。目前高校对一卡通使用产生的数据流还未引起足够的重视，主要将一卡通视为校园生活的辅助品。

4. 招生就业系统

招生就业系统的使用周期相对较短，主要集中在最后一学年。学生需要通过该系统确认自己档案归属地和相关就业信息。招生就业系统由招生就业处管理，其主要功能就是收集生源信息和就业信息，一方面为人才培养效果评估做数据支持，另一方面有助于培养目标、培养方案的改良优化。

5. 考勤系统

目前，许多高校都使用考勤系统辅助课堂考勤和查寝。考勤系统的主要技术分为两类：打卡和人像识别。打卡机的优点是设备成本相对较低、普及难度较低，学生现有的一卡通或者学生证就能够支持这一设备，缺点是一人多次打卡的行为难以避免。人像识别设备的特点是识别的准确度相对较高，能有效避免多次考勤的情况，但设备成本相对较高，人像识别的可靠性有待确认，其识别速度也需提高，高峰期难以满足全识别的要求，存在一人识别多人进出的情况。

如图1所示，主动或被动收集到的学生信息是各系统的数据基础。作为基层学生工作者，如辅导员，有查询和操作学生教务系统、学生工作系统和招生就业系统的权限，但无法接触到学生一卡通系统的数据，只能获得少量学生图书馆使用情况的数据。家长作为学生培养过程中重要的利益相关者，没有与整个系统建立紧密的联系，仅能获得来自辅导员的不良信息（延期毕业、不及格过多、缺勤严重等）和来自子女的信息。用人单位作为另一利益相关者，能够获得的学生在校情况主要来自学生提供的简历和三方协议等与招生就业处的互保机制。用人单位无法真正在选人过程中了解学生的各种能力或其他个性特征。高校各部门间并没有形成有效的数据分享机制，各部门有自己的数据库，按照自己收集的数据进行决策。不仅决策数据不充分，还会导致学校层面的决策冲突、信息不闭合的情况。

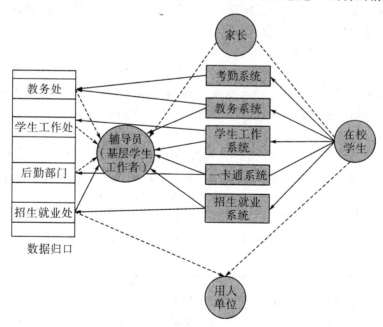

图1　现有的高校学生管理系统

总之，现有的学生管理系统面临四个方面的问题。一是信息重复录入，教务系统、学生工作系统、招生就业系统等都需要学生录入个人基本信息，导致信息的重复收集，不仅造成学生的使用不便还会产生大量冗余数据。二是信息孤岛。考勤系统、一卡通系统与教务系统或学生工作系统间缺少信息共享。现有的数据分析都是针对特定系统，造成许多规定流于形式。比如通常学校规定每学期缺勤次数超过阈值，该生该课程成绩就为不及格；但实际上，教务系统并未提示教师由于缺勤较多无法录入成绩的情况。三是数据格式不统一。这增加了数据收集、筛选的难度，阻碍了数据整合分析。四是考核周期过长，对学生的管理和危机处置属于事后管理。现有系统的反馈周期少则一学期多则一学年甚至更长时间，辅导员、学生、家长获得反馈的时候已经难以改变事实，只能在之后若干学期分阶段弥补。如学生因跟不上进度，一学期出现多门课不及格，学生只能在下一学期的开学时间参加补考，并在之后学期中继续重修课程，以修满学分。事后反馈和管理是一种滞后的表现，会对学生之后的学习和生活产生比较严重的影响。

四、大数据学生管理系统的模型构建

有效的学生管理系统是建立在学生在校期间数据流分析归类的基础上的。借用生命周期理论将大学生涯划分为四部分：萌芽期、发展期、成熟期和消散期。不同阶段的分水岭基本与学年间隔一致，不同阶段学生获得和输出的信息不同，具体情况如图2所示。

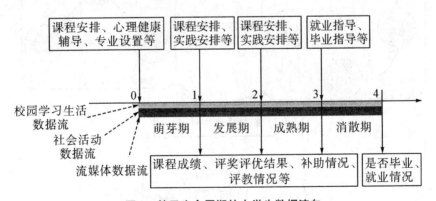

图2　基于生命周期的大学生数据流向

可以将数据流分为三类：按时点流向学生的数据、按时点学生产出的数据和全周期的学生数据流。流向学生的数据在不同阶段表现出不同的特征。萌芽期开始，学生接收到的信息包含心理健康辅导、专业设置等帮助学生更好适应大学校园生活的信息，以及基础的课程安排；发展期和成熟期输入的信息基本相同，主要是课程安排、实践安排等信息；在消散期，多数学生开始实习或者备考，较少学生还在上课，此时的输入信息多为就业指导、毕业指导信息，以帮助学生完成毕业和就业的衔接。而按时点流出的数据产生在期末，前三阶段的输出数据表现出一致性，主要是对前期的反馈结果。消散期的期末也就是毕业季，其主要数据是学生是否如期毕业及毕业后的流向。由时点产生的流入数据和流出数据就是传统学生管理的主要依据。不难看出，从数据流入到结果产出经历了较长的周期，且在此期间缺少反馈机制。引入大数据对流数据的分析，便获得了三条贯穿全周期的信息流，包含校园生活数据、社会活动数据与流媒体数据。结合基础的学业数据，能够更为全面地刻画学生的学习能力与个性特征，在成熟期为学生提供个体化的培养方案，进而在消散期为学生提供更为合适的职业生涯规划建议等。在学生培养过程中不仅存在结果数据，也会产生许多过程数据。

有效的学生管理系统应该是全过程管理的系统，不仅有事后的处置，更重要的是有事前干预与事中控制，以降低不良结果产生的概率。大数据技术的产生和应用为大学生培养的过程控制提供了可能性。可以将现有系统整合成为新的学生管理系统：基础数据收集分析系统、学术表现管理系统、奖助学金评选系统、日常表现反馈系统，具体系统如图 3 所示。

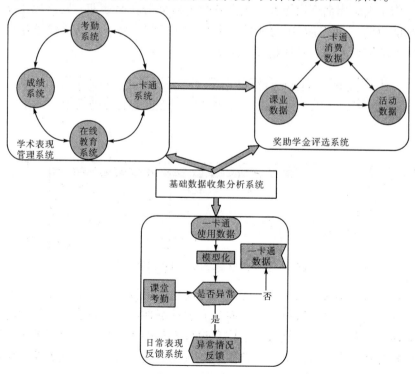

图 3　基于大数据的学生管理系统

1. 基础数据收集分析系统

基础数据收集分析系统是最简单和最基础的学生管理系统，其主要功能为收集其他各系统都需要的数据，如学生的姓名、学号、家庭状况、教育背景等数据。该系统可以实现一次性信息收集和数据更新，允许学生更新信息。该系统对数据的真实性进行简单的判断，如教育背景是否与年龄匹配、家庭状况是否与入校档案匹配等。该系统的数据对各系统开放，以避免数据的重复收集。

2. 学术表现管理系统

该系统是大学生培养过程管理的重要组成部分，需要对一卡通数据、考勤数据和教务系统数据进行协同分析。通过对一卡通数据的分析能够了解学生的学习、生活行为模式，结合课堂考勤情况和期末课程成绩的分析，可以得到学生在校行为模式与学术表现的预测模型。运用预测模型分析学生的一卡通使用状况和考勤状况能够较为准确地预测学生的未来表现。当学生旷课频率接近阈值或者生活模式偏离正态分布时，该系统会向辅导员发出预警，使辅导员能够及时与学生和家长沟通，了解学生近期学习、生活的困惑，帮助学生改善学习状态、减少"挂科"率。

该系统可以帮助教师在具体的教学管理中融入多模式教学，实现线上教学与课堂教学相结合的过程管理，对教学的过程进行监督控制，通过提前布置的思考题使学生实现课前的预习和自学。如图4所示，由于移动互联网的广泛应用，课前学生能够借助网络查询解决问题，通过在线教育完成预习。而在线教育平台能够记录并分析学生的学习轨迹，包括学习视频的时长、暂停时间和频率、快进的频率和时间段等。这类数据有助于改善教师的授课方式和内容，并了解不同类型学生的学习特征，帮助教师实现个性化教学。课堂教学手段多元化，有助于调动学生学习积极性。课堂环节包含讲课和随堂测验环节，可以及时反馈学生知识的掌握程度，通过判断测试内容与 MOOC 和课堂讲授的相关性，判断课程设计是否合理。通过测验成绩的纵向分析，可判断学生的学习状况是否符合正常状况。课后环节包含作业和课后指导两方面内容，以辅助学生加深对知识点的理解。

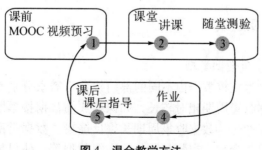

图4　混合教学方法

3. 奖助学金评选系统

奖助学金评选是体现公平性的重要环节，学生将此结果视为阶段性反馈的重要指标。学生奖助学金评选系统，特别是助学金评选系统，需要结合教务系统中的学生成绩数据、学生工作系统中的学生家庭情况数据、学生一卡通消费数据等，结合学生主观情况描述，甄选真正有助学金需求的学生。在奖学金和三好学生的评选过程中需要体现公平性原则。结合学生的考勤数据、生活行为数据、参加各类活动的数据能够有效甄选出具有模范作用的学生。此外，该系统还具有实现学生全面培养目标的支撑作用。高校根据不同的培养目标和人才特征，在考核指标设计中加入相关的关键指标，并通过学生的获奖情况、志愿者活动情况相对全面了解学生参与社会活动的情况和发展特质，实现学生培养方案的个性化。

4. 日常表现反馈系统

该系统建立在对动态数据流的分析上。首先通过对收集到的一卡通数据分析，形成一个学生校园生活模式的模型，包含合理的用餐时间、进出图书馆的频率等。实际运行过程中，除了一卡通的动态数据流，还需加入学生考勤的数据流，分析学生缺勤与异常生活行为的关系。可能出现三种情况：第一种，学生只是作息无规律或不在学校生活但按时上下课；第二种，学生作息无规律或不在学校生活且上课缺勤；第三种，学生作息正常但上课缺勤。系统将此异常结果反馈给辅导员或者家长，并结合该生已有的成绩表现和相关教师、其他学生对其的评价、校园网络使用情况等，可以判断该生是突然发生的行为转变还是持续的行为偏离。及时将信息反馈给学生、家长和辅导员，可以帮助学生修正不良行为。

基础信息收集分析系统是培养、管理学生的基础，其主要职能是信息收集。学术表现管理系统是过程管理的重要环节，是缩短反馈周期的关键步骤。奖助学金评选系统一方面是对学生学术行为表现的正反馈，另一方面也是促进学生全面发展的途径。直接的外部动机可以促使学生更加主动地参加专业竞赛、双创活动等，全面提高自己的能力。日常表现反馈系统则大大缩短了异常信息的反馈周期，便于及时有效地干预学生异常行为。

五、对策及建议

1. 多元化学生数据类型

现阶段的学生在校数据由不同的部门按各自需求分别收集，样本数量相对较小，数据收集周期相对较长，如课程成绩数据按学期产生，奖助学金评选数据按年产生，数据收集周期长，反馈慢。数据类型多以表格的形式出现，没有收集音频、视频和图像、在线数据等，使得数据间相互印证效果差。例如在混合教学模式下，评估教学效果时无法确认学生成绩与传统课堂讲授间的相关关系。基于现有公共空间的监控设备，运用人像识别技术，能更好地分析学生课堂行为模式与其学术表现的关系。

2. 外包系统设计

目前高校主要采取自行设计系统或者定制系统的方式设计系统，各部门自行决策，部门间协调性差。大数据平台的设计需要各部门提供可互通信息的系统。依靠部门或者教师自行设计难度高、工期长，将系统设计外包给专业的大数据平台设计公司能够在实现定制化的基础上缩短工期，有助于平台改革的实施。

3. 开发学生表现预测系统

现有系统提供的基本是事后数据，而拥有大数据便意味着获得持续的、更具时效性的数据流。这样的数据流有助于形成动态的预测模型，通过对学生校园生活、课堂表现、成绩等数据的分析，预测学生短期和长期的在校表现情况，并可以通过更为全面的信息分析确定不同学生的能力分布情况，有助于帮助学生更好地进行职业生涯规划和设定进一步发展方向。这一系统成熟之后不仅可以用于高校人才培养管理过程，还可以以有偿服务的形式提供给有需求的学生家长或用人单位等。

参考文献

查大元，周星，胡坤琳，2016. 基于大数据学生活动平台的研究［J］. 科技广场（9）：20-23.

陈凤，2017. 大数据下的高校学生管理可视化平台研究［J］. 软件工程，20（6）：48-51.

傅培玉，徐定军，2005. 蚁群算法在学生成绩管理系统中的应用：分类规则挖掘算法的实现［J］. 系统仿真技术（3）：177-182.

刘书影，2010. 基于 UML 和 B/S 架构的学生工作信息化管理系统设计与实现［A］// 全国第 21 届计算机技术与应用学术会议（CACIS·2010）暨全国第 2 届安全关键技术与应用学术会议论文集.

刘文莱，2012. 高校学生处评先树优管理系统的分析与设计［J］. 电脑编程技巧与维护（8）：39-40.

刘振华，何丕廉，2008. C/S 与 B/S 混合模式学生体质健康管理系统设计［J］. 计算机与现代化（1）：98-100.

孟芳芳，孙强，李珊红，等，2017. 基于"创客"模式的自动化专业实验室建设探索［J］. 北京印刷学院学报，25（7）：90-92.

茹峰，彭晓宏，侯立刚，等，2016. 基于人脸识别的学生课程出勤管理系统设计［J］. 现代电子技术，39（1）：81-84，88.

沈济南，梁芳，2015. 基于 SSI 的学生工作管理系统的设计与实现［J］. 湖北民族学院学报（自然科学版），33（1）：58-61.

王扉，2018. 学生事务中心大数据平台建设［J］. 科技创新导报，15（4）：158-159.

王祥，2018. 新媒体下的微学习对高校就业工作的影响研究［J］. 当代教育实践与教学研究（2）：24-25.

许慧珍，吴晓程，邓劲莲，2018."按需取才"的"学生专业核心能力值"大数据平台探索研究［J］. 信息记录材料，19（10）：175-177.

赵雅兰，2018. 利用微信平台强化高校大学生日常行为管理的路径［J］. 文学教育（下）（10）：152-153.

ASMAA E，2016. Predicting student performance using personalized analytics［J］. Computer（4）：61-69.

FISHER R J，1993. Social Desirability Bias and the Validity of Indirect Questioning［J］. Journal of Consumer Research（20）：303-315.

LICORISH S A，OWEN H E，DANIEL B，et al.，2018. Students' perception of Kahoot!'s influence on teaching and learning［J］. Research and Practice in Technology Enhanced Learning，13（1）.

LUO H T，HUANG A Y Q，LIN A J Q，et al. Applying learning analytics for the early prediction of students' academic performance in blended learning［J］. Educational Technology & Society，21（2）：220-232.

YI J，KANG-YI C，BURTON F，et al.，2018. Predictive Analytics Approach to Improve and Sustain College Students' Non-Cognitive Skills and Their Educational Outcome［J］. Sustainability，10（11）.

薪酬管理、敬业度与企业生产率

乔俐萌　姚　珣①

摘要： 全球多数主要经济体自 2008 年金融危机开始就出现了劳动生产率下滑的情况，而作为新兴市场和成长市场的中国面临的情况更为严重。同时，由于人口红利的减少，中国企业不得不支付更多的人力成本。既然成本增长是一种定势，企业就应当思考如何通过人力成本的支出改善或提高劳动生产率。本文通过建立概念模式，对生产率的提高、高敬业度与薪酬管理的内在关联进行分析，为企业绩效管理的设计与完善提供建议。

关键词： 薪酬管理　敬业度　生产率

一、引言

受到经济环境的影响，许多企业都选择用不同的策略缩减成本。作为零售业巨头的沃尔玛就缩减了其全职员工的数量，从雇佣全职员工转向雇佣兼职员工以及要求供应商提供全职促销员。现在走进任何一家成都的沃尔玛，都会发现穿着红色工作服的工作人员和带着各种围裙的促销人员数量越来越接近。沃尔玛通过溢价权利，在与供应商的合同中规定，供应商如不能提供全职促销人员，每周将被处以 2 000 元罚款。而全职促销人员在沃尔玛不仅需要完成供应商的工作，还需要像全职员工一样完成沃尔玛的相关工作。这种工作强度造成日薪 150 元的全职促销员成为一个高离职率的岗位。同时，由于员工数量减少，每个员工的工作量较之前有明显增长，而收入水平没有实质变化，沃尔玛也面临着员工离职率高、因消极情绪造成效率下降的情况。

根据世界大型企业研究会的全球经济数据库的数据，中国的劳动生产

---

① 作者简介：乔俐萌，西南民族大学管理学院研究生，主要研究方向为创新管理、新兴技术管理；姚珣，副教授，西南民族大学管理学院教师，主要研究方向为危机管理、创新管理、供应链管理。

率增长从 7.74%（1999—2007 年）下跌到 5.82%（2008—2016 年）。作为成长市场的中国虽然通过引进先进技术追赶发达国家并实现了健康的生产率增长，但技术对生产率的影响正在逐渐淡化，而日益增长的薪资压力、领导力缺失以及员工敬业度的下滑使得维持这种健康的增长变得愈加艰难。中国企业的发展已经不能再简单地从发达国家引进新技术了，他们必须为员工团队配备新的技能和能力。

我国这些年进入了改革的深水区。从供给侧改革到去产能、产业结构转型等一系列变化，对企业的发展提出了新的挑战。企业通过扩大生产规模提高利润率的时光一去不复返。想要在激烈的国内国际竞争中生存并进一步发展，企业需要创新能力和洞察时机的能力。这些能力受到企业的不同层次之间的交互影响。在组织层面主要是领导者的风格和目标对组织发展的影响和组织氛围对这些能力的影响。团队层面关注的是团队目标的实现与这些能力之间的交互作用。个体层面则是基础，一方面，需要考量员工是否具有组织所需的能力，一般来讲，能够成功入职并持续工作的员工基本满足组织当期需要的能力；另一方面，组织应当考虑如何激发和提高员工的敬业度，让员工更好地投入工作，达到提高生产率的目标。

敬业度这个概念在古代就已经存在，但直到 20 世纪初才正式出现在学界。对敬业度的研究主要集中在理论层面和工业心理研究方向。本文将敬业度视为一种中间传导机制，研究薪酬管理对敬业度的前因作用，并研究敬业度提升如何提高企业生产率。

二、文献综述

本部分将基于不同的研究主体、不同的心理学研究视角和不同影响因素，对关于敬业度已有的研究和文献进行梳理和总结。

表 1 展示的是不同视角下对敬业度的研究。第一种视角是基于个体层面，其主要观点认为，敬业度是一种内化的个体心理状态，对个体而言是努力工作的内在动力，但没有对组织或工作对敬业度的影响进行考量。在这种视角下，敬业度被视为一个内生变量。第二种视角是基于个体与工作相结合的层面，认为尽管敬业度是员工内在的一种心理，但是这种心理会受到员工对工作和组织的认同度的影响。这个视角将敬业度视为受到员工对工作认知影响的外生变量。

表1 基于不同视角对敬业度的研究分类

研究主体	代表人物	主要观点
个体	Webber（1904） Robbin（1937） Schaufeli（2002） 刘雪梅（2003） 谢文辉（2006）	敬业度是一种心理状态，是一种职业责任感。敬业的员工具有努力工作的内在动力和心理特征
个体与工作相结合	Kahn（1990） 杨玲（2006） 查淞城（2007） 方来坛、时勘等（2010）	敬业度不仅与员工个体的态度、意愿和能力有关，还受到员工对公司认同度的影响

本文将敬业度视为薪酬管理对生产率作用的中间变量，因而敬业度是薪酬管理的因变量。在这个过程中，对敬业度的视角进行了扩大化，从个体与工作相结合扩展到个体与组织、团队和工作本身相结合，还考虑了外部公平感的作用。

盖洛普咨询有限公司作为首家将敬业度纳入评估体系的公司，将敬业度定义为：公司给员工创造良好的工作环境以充分发挥其个人优势，使每个员工对公司产生一种组织归属感，进而对工作产生"主人翁责任感"。

敬业度又可以从三个不同心理学研究视角进行解释，分别是特质、态度和行为，如表2所示。

表2 不同角度对敬业度的研究

研究视角	概念辨析	代表人物	主要观点
特质	—	Brief，Weiss（2002） 曾晖，韩经纶（2005） 谢文晖（2006） Robertset（2005） Nakamura，Csikszentmihalyi（2002）	敬业度的特质只是一种内在的对待工作的深层次的看法

表2(续)

研究视角	概念辨析	代表人物	主要观点
态度	敬业度与工作满意度	Harteretal（2002） Burke（2005） Perrin（2003） 王大悟（2004） Erickson（2005） Harte et al.（2002） 胡薇（2010）	工作满意度只是敬业度的必要而非充要条件
	敬业度与组织承诺	Britt et al.（2001） O'Reilly et al.（1991） Mowday et al.（1982） Wellins and Concelman（2005）	研究内涵的区别以及在什么情况下组织承诺会影响敬业度
	敬业度与工作投入度	May et al.（2004） Harter et al.（2002） Ones et al.（1993） Harter et al.（2002） Maslach，Leiter（1997）	有的学者认为两者内涵几乎相同，另外一部分学者对此进行反驳，认为工作投入度只是敬业度结构中一个组成部分
	敬业度与心理授权	Mathieu et al.（2006）	敬业度包括心理授权的含义
行为	—	Perrin（2003） Wellins，Concelman（2005） Podsakoff et al.（2000） 刘雪梅（2003） 查淞城（2007）	敬业度是员工产生的有利于组织的角色外行为

　　尽管前人对员工敬业度下定义的出发点各有不同，但都认为敬业度是一种由个体内在产生并会对个体的工作绩效、努力程度等产生正面影响的心理因素。基于个体的管理和激励本身就是人力资源管理的范畴，而最为显著的优化管理方法就是从薪酬设计的角度出发，因为货币型薪酬和非货币型薪酬在企业成本管理中都是可量化的，而改进前后的生产率也都是可以量化的。对于企业来讲，这个方法更加便于评估。

　　影响员工敬业度的因素的研究有三个方面，分别是个体因素、组织因素和个体因素与组织因素的交互作用，具体研究如表3所示。

表 3　不同因素对敬业度的影响

研究方向	影响因素	代表人物	主要观点
个体因素	性别及年龄	Rothbard（2001） Schaufeli et al.（2006） Kim et al.（2009） Schaufeli et al.（2006）	在样本量大于 500 时，男性的敬业度略高于女性，性别因素与敬业度弱相关，且年龄和敬业度正相关
	性格特质	Langelaan et al.（2006） Kim et al.（2009） Hallberg et al.（2007）	责任心和员工成就与敬业度正相关，而急躁与敬业度负相关
组织因素	工作或岗位	Schaufeli, Bakker（2004） Mauno（2007） Hakanena, Schaufeli（2008） May et al.（2004） Schaufeli et al.（2006） Kim et al.（2009）	工作资源与敬业度正相关，而工作要求对敬业度影响为负相关。研究表明，管理者和专业人员的敬业度高
	组织环境	Schaufeli, Bakker（2004） Saks（2006） Rothmannv, Joubert（2007） Saks（2006） 袁刚，袁明荣（2005） 张轶文，甘怡群（2005）	工作环境对敬业度的影响是正向的，而工作负荷对敬业度的影响是负向的。公平对敬业度有积极作用
个体因素和组织因素的交互作用	价值观契合	O'Reilly, Chatman O'Reilly et al.（1991） Chatman（1991） Schneider（2001） 朱青松，陈维政（2005）	价值观契合度和与敬业度正相关
	个性契合	Charles May et al.（2004）	企业文化认同度与敬业度正相关，与离职率负相关
	目标契合	Vancouver, Schmitt（1991） Schnieder（1987） Chatman（1991）	个体与组织目标越一致，员工工作越努力
	供需互补契合	Kristof（2006） Cable, Judge（1996） 张勉，李树苗（2002）	员工和企业都可以获得自己缺失的资源并满足对方的需求

翰威特咨询公司（2006）通过对 100 多家大型企业的跟踪研究发现，员工敬业度与组织绩效密切相关，员工敬业能促进组织生产率和利润率的提升。国内学者芦慧等（2010）也有相同的研究结论，即员工敬业度与组织绩效正相关。Harter 等（2002）研究发现，员工敬业度影响组织绩效的五大方面，即生产率、利润率、员工留任率、安全感及顾客满意度。

通过前人对影响敬业度的因素研究，可以知道敬业度虽然是个体内生变量，但它依旧会受到组织以及个体与组织交互状况的影响。现有研究注重相关性和因果研究，主要从工业心理的视角，通过实验或数据统计方法进行研究，较少将重点放在研究结果的应用上。本文以组织因素和交互作用为出发点，考量影响员工敬业度的因素，进而从薪酬管理的角度对这些因素提出相应的优化建议。本文将提升敬业度分为四个维度，通过薪酬管理的具体方法分别满足这些维度的需求，从而提升敬业度，最终达到提高生产率的组织目标。

现有关于敬业度对组织绩效的研究表明，敬业度对生产率有正向作用。尽管前人对于员工敬业度的研究已经很深入了，对其前因和后果都有比较清晰的关系界定，但还没有通过绩效管理促进敬业度提升进而提高生产率的研究。本文通过构建概念模式，对这种模式进行剖析。

三、模型构建

企业已经认识到员工敬业度的重要性及其对生产率的影响。2011 年，斯坦福大学的经济学家开展了一项针对单个管理者如何影响团队生产率的研究。他们对一家数据处理公司提供的 550 万宗交易进行评估，对管理着共计 23 000 名员工的管理层如何影响公司绩效展开了分析。通过这些数据，他们发现对于一个拥有九个人的团队而言，一个好的上司相当于为团队多加了一个人，因为好的上级可以教导员工如何在工作中更加高效高产，或是激励员工，使他们变得更加专注。这项看似简单而实际又很复杂的研究揭示了，领导者的关键作用在于能够有效地激励他人并帮助他人实现成长，而非其本身的技术或者生产能力特别出众。

在过去五年中，美世咨询了全球大约 500 万人，了解他们在工作中投入了多少积极性。其中 18% 的人表示在工作中没有什么积极性。对于一些士气低下的企业而言，这个数字更是高达 35%。对于企业而言，这是一种对人、财、时间的巨大浪费[①]。企业应当做出调整以弥补这一短板，从而提升企业生产率和运营效益。

---

① 2017 年美世成长市场洞察。

除了提升敬业度以外，企业还可以通过其他方法来提升员工生产率，比如对工厂和设备进行投资或者雇佣更多的员工。但这些措施都需要大量资金的投入，而这与我国的大环境不匹配。我国目前正处于改革的深水区，正在进行供给侧改革，要求企业去产能。在这一趋势下，我国企业继续简单扩大生产规模是不现实的；同时，用人成本的上升使得边际人力成本上升，也限制了企业的用人规模。相比较而言，培养一支敬业的员工团队所消耗的成本要低得多，也更加符合大环境的发展趋势，还能让企业获得更加持久的竞争力。

通过薪酬管理提升敬业度对提高生产率的作用如图1所示。

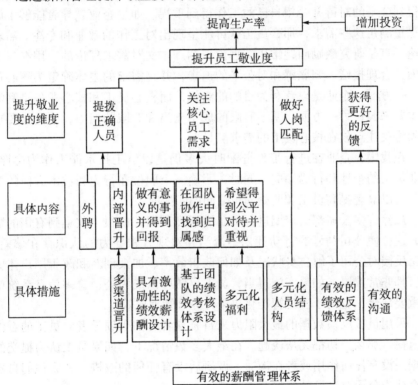

图1 通过薪酬管理提升敬业度对提高生产率的作用

注：由于招聘不属于薪酬管理的范畴，故不做考虑。

关于提升员工敬业度可以分为四个维度，分别是：提拔正确人员、关注核心员工需求、做好人岗匹配和获得更好的反馈。这四个维度主要从个体和组织交互作用和组织因素的角度发挥作用。

晋升是员工努力工作追求的目标之一，晋升对员工敬业度有正向作用。管理者是连接员工和企业绩效的桥梁。因此，在评价一位管理者时，应当考量其能否将一群富有才能的人打造成为一支高效的团队，而不是其自身显著的技术才能或者是企业领导层对此人的"直觉"或个人看法。但我国企业特别是民营企业，对高层管理者或核心管理者的任用有任人唯亲的趋势，在提拔管理者的时候仍旧参考那些与高效员工管理无关的标准。

企业也可以为员工提供不同的晋升路径，这既可以为企业选拔合适的管理者，又可以缓解晋升的竞争压力，而减少员工的敬业度因晋升途径有限而下降。

Sirota 的心理学家历时 40 多年研究发现人的核心需求有三种：首先，他们希望做一些有意义的事情并且自己的成就能够获得回报；其次，他们想要通过与团队成员之间的协作获得一种大家庭的归属感；最后，他们想要得到公平的对待并希望自己的工作得到重视。如果企业领导者能够了解并尽量满足这些需求，那么员工就可能呈现出对工作的敬业和专注。需求理论一直是研究激励问题常用的理论依据。本文对需求理论的应用有三个方面：合理报偿、归属感和对公平的追求，并将需求的主体确定为核心员工。一方面，企业是以营利为目的的组织，而核心员工和核心业务是利润的主要来源；另一方面，基于有限的成本支出和有限的精力，企业需要也必须将关注点放在核心员工的需求满足上。

在我国，企业在进行工作分配时大多仍是以员工技术能力作为参照，而非员工的个性和行为倾向。同时，明确一个职位在行为和技术方面的要求，可以显著提高员工和所处岗位之间的匹配度。

虽然许多公司都会定期进行员工满意度调研，但很少收集到有用的数据，这会使公司制订的行动计划不恰当并对现有领导力的认识存在偏差。员工反馈对公司了解自身状况及如何改善效率、加大创新和改善用户体验而言都非常重要。如果实施得当，员工反馈可以成为公司管理信息系统中的重要部分，有助于实现智能化决策并提升管理成效。

采用员工反馈数据的最大阻力来自领导者。如果领导者对员工的看法不重视，那么一切都无从谈起。在绝大多数情况下，如果员工认为提交的数据并没有任何作用或者在沟通、调研后没有任何的改进，那么他们自然就会认为公司对自己的意见并不重视。

四、具体措施

根据上文对具体维度的分析，这部分将对应图 1 对具体对策进行描述。

根据美世 2017 年的人力资源调研，对员工工作产生积极影响的主要因素有七个，其中全球 47% 的员工认为对他们工作有积极影响的第一位因素是公平且有市场竞争力的薪酬。七个主要因素分别是：

（1）公平且有竞争力的薪酬（加拿大、中国、法国、德国、意大利、新加坡和美国员工将其视为第一）；

（2）晋升机会（巴西、墨西哥、印度和南非的雇员将其排在首位）；

（3）有能够做出明确指引的领导（澳大利亚、中国香港、加拿大和英国的员工将其放在首位）；

（4）与最好、最优秀的人合作；

（5）透明的薪酬计算体系（日本员工认为它最重要）；

（6）清晰的职业路径信息；

（7）更灵活的工作选择。

这七个因素与提升敬业度的四个维度之间有密切的关联，具体的薪酬管理方法通过满足七大因素或直接作用于四个维度改善员工的敬业度。其具体联系如图2所示。

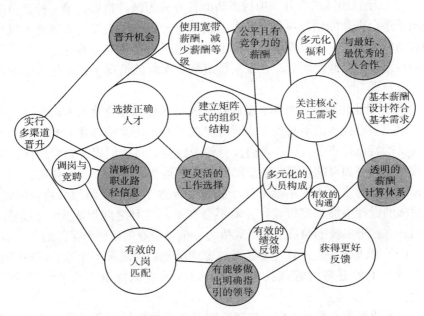

图2　七大影响雇员积极性的因素及其与提高敬业度的四个维度的关系

1. 建立矩阵式的组织结构

矩阵结构有利于减少组织的层级，使组织更加扁平化，也减少了薪酬的等级。一方面，团队化使企业内部不同部门的联系更加紧密，可以帮助组织发掘内部优势，加上薪酬的宽带设计，缩小了团队内部的薪酬差距，有助于消除内部不公平感；另一方面，矩阵结构有助于企业明确自身在不同业务上的能力差异，将不擅长的业务予以精简或是外包。依托网络的虚拟团队，减少正式员工的数量，使用临时工或兼职，都是帮助企业减少人力成本的有效途径。企业可以将更多的精力放在核心员工的管理上面。由于矩阵结构是扁平化结构，有助于减少员工之间的晋升竞争，缓解内部不公平感；由于团队内部成员是交叉作业，意味着每个人负责的工作更多，可以减少公司雇员的数量，从而降低薪酬成本。

2. 实行多渠道晋升

晋升一方面是薪酬变动的原因之一，另一方面又是职业生涯规划的一部分，属于福利。提供多种晋升渠道的好处有：①发展的途径多，可以给员工更强的激励，鼓励员工提高自己的技能水平；②明确的发展途径规划和执行，有利于增加员工对组织的信赖度，有利于组织构建愿景以及实现愿景；③多种方式的晋升减少了由晋升带来的竞争压力，可以减少不公平感。

晋升渠道可以分为以下三种：

（1）项目团队的晋升。项目团队的晋升分为两种情形：第一种是员工做出了适合企业的创新项目或开发了新项目。由高层授权，让该员工成为项目组的负责人，可以鼓励更多员工进行创新和自我潜力的开发。第二种是项目组长晋升或离职后，在该项目组继续保留的情况下，优先考虑本组内部成员晋升。

（2）专业化的发展方向。鼓励技术人员向更加专业化的方向发展，有利于组织核心技术的不断提升，同时实现对人力资源的合理配置。因为技术人员的特点是不善言辞、普遍没有管理经验，将他们提升到管理岗位风险较高。一方面可能会影响整个部门的正常运作，增加了经营风险；另一方面，重要的技术人才不能专注于技术，导致了人力资源的浪费。因此，在薪酬的设计中加入宽带设计，就不会在不同工种之间形成太大的差异，同时，掌握更多技能的员工更具竞争力，也是企业应该努力保留的。

（3）职业化发展。这主要是针对管理层发展的需求，让处于管理层的员工学习了解更多的管理技能，为他们提供在职能部门中直线晋升的机会。

多元化的职业发展方向，扩宽除晋升外的加薪的主要途径，可以缓解内部的竞争压力，减少因单一化竞争带来的人员流失。根据目标设置理论，员工主动参与的目标设置与沟通更有利于目标的实现，也会产生更好的激励效果。

3. 多元化福利

福利设计的目标就是满足员工的需求，多元化的需求势必也要求多样化的福利。设计福利时，要尊重个体的差异性，并且在差异中寻求共性满足。比如员工买房时公司提供一部分的无息贷款，为员工提供错时年假，为员工提供培训机会等。

多元化的福利设计本身会增加企业的管理费用，不过这部分费用主要产生在设计过程中，是临时性的成本增加，而福利本身可以给员工带来安全感、自我价值的满足等。而且许多福利本身的成本是很低的，例如，设置茶水间属于一次性支出，但可以给员工提供一个休息的空间，满足他们人际交流的需求。福利不仅可以满足员工基本生活的需求、安全的需求，同时，职业生涯规划、接班人计划等还可以对员工有很强的激励作用。

由于福利具有多样性，企业选择的空间大，可以作为补充支付弥补货币性薪酬的不足，同时福利投入的费用比其他两种薪酬更低一些，有助于降低成本。

4. 使用宽带薪酬，减少薪酬等级

减少薪酬等级既可以减少员工对晋升和竞争的过度追求，缓解组织内部的竞争，又缩小了不同部门之间的价值差异，有助于内部合作。辅以领先型的薪酬水平，可以更好地发挥员工的自主性，同时有助于成本的控制。扩大薪酬范围、加入可变薪酬可以提高激励作用，提高成本效率，也更容易满足员工对公平的追求。

5. 基本薪酬设计符合基本需求

企业在进行薪酬设计时，将员工按职位、年龄等对基本生活需求有影响的因素进行分类，设计基本薪酬。双因素理论提出，在保障因素无法满足的情况下，激励因素无法发挥最大的效用。因此，在基本需求满足的情况下，可变薪酬才有可能实现成本效用最大化。这一方法回归了员工需求的基础层面，保障了生存需要。

6. 多元化的人员构成

人力成本是受两个因素共同影响的。我们应该考虑的是增加技能水平更高的员工所带来的边际替代率，只要薪酬差额小于一个职位的薪酬，我们就可以通过高薪雇佣来减少人工成本。因为劳动力与其他产品不同，它不具有议价性，同时劳动力的单位一定是整数，只要当下的劳动力数额不满足，就需增加一个劳动力。例如，我们行政工作按市场平均水平需要1.5个劳动力完成，这意味着我们需要支付2个劳动力的工资。同样，我们可以通过领先的薪酬水平请1个可以胜任的劳动力，支付1个高工资，只要（高工资-2×市场平均薪酬）小于零，我们就应该选择领先型的支付水平。

同时，我们可以通过雇用兼职或者临时工完成超过整数劳动力部分的工作，因为正式员工除了基本薪酬以外，企业还需要支付绩效工资、社保、福利等。而兼职员工则不需要这部分的支出，可以有效地节约成本。

薪酬成本由三部分组成，企业需要为一个正式员工支付这三部分成本，但是对兼职员工或是临时工企业需要支付的只是双方约定的费用，费用的临时性要比长期支付薪酬更有利于企业的薪酬成本控制。

多元化组织人员构成还可以满足员工的社交需求和与更有能力的人合

作的需求，给了员工自我增值的机会。

7. 调岗与竞聘

在组织内部发布招聘信息，鼓励员工自我增值，寻找适合自己的岗位。鼓励不同项目组之间的调岗和高一层职能部门岗位的竞聘。企业应该控制外部的人员流动性，以确保企业的稳定运作，而内部流动性的增加，更有助于形成企业内部"竞和"的氛围，保证企业的活力。透明的竞争与晋升有利于消除员工的不公平感，增加他们对企业的认同感。同时，内部招聘的成本往往比外部招聘的成本要低，支付的薪酬也会更加可控。调岗和竞聘有助于实现人岗匹配，员工可以根据自己的能力和兴趣在组织内部选择适合自己的岗位，同样，管理者也可以通过实现人岗匹配提高员工敬业度进而改善生产率。

8. 沟通

沟通是一切良好关系的基础。传递和维持员工价值主张依赖于人力资源管理者的市场营销能力。一个整合的沟通战略能够将员工价值主张带入生活。目标信息可以在正确的时间里推广到众多相关团队，传递给今天的雇员。简单化是核心——快速进入信息中心或者将内容放置在不超过三次点击的位置。这些解决方法传达的顾客式工作体验正是现在雇员所追求的。

沟通本身也是非正式反馈的渠道之一，企业如果可以对沟通获得的信息加以利用，就可以在较低成本的情况下了解企业内部的运营现状和员工对工作状况的想法。这不仅满足了员工对反馈的需要，也有助于企业对其经营情况的评估。

9. 绩效反馈

绩效反馈是绩效管理过程中的一个重要环节。实施绩效反馈需要员工与评价者针对一个考核周期中员工的绩效情况进行面谈。在这个过程中，一方面，评价者可以了解员工对绩效考核标准的认识，发现员工认识和实际的差异或者绩效考核中存在的问题，通过进一步的沟通，达成双方都认可的符合公司发展目标的绩效考核标准；另一方面，员工可以了解自己在上一周期的绩效表现，可以寻求评估者的建议，进行绩效改进。绩效反馈的目的是让员工了解自己在当前绩效周期内的业绩是否达到既定的目标，行为态度是否合格，令管理者和员工双方达成对评估结果一致的看法；双方共同探讨绩效未达标的原因所在，并制订绩效改进计划，同时，管理者应当向员工传达组织的期望，双方对绩效周期的目标进行探讨，最终形成一个双方认可的绩效合约。由于绩效反馈在绩效考核结束后实施，而且是考核者和被考核者之间的直接对话，这有助于满足员工与组织沟通并获得认可的需求并了解其薪酬来源，增加员工的内部公平感。

五、结论

本文从薪酬管理的角度，为提高敬业度进而提升生产率提出了相应的措施，建立了理论模型，以更好地建立对策与优化目标的联系。本文的不足有以下两方面：第一，本文没有对敬业度提高生产率的路径进行分析；第二，本文只是从薪酬管理中的一个角度出发，对提升敬业度进行了分析，忽略了人力资源管理的其他维度对提升敬业度的影响。

本文希望通过具体而可行的措施为企业基于提高生产率、激发员工工作积极性的薪酬管理改革提供一些参考。

参考文献

操芳，2009. 企业知识型员工敬业度研究［D］. 镇江：江苏大学.

查淞城，2007. 企业员工敬业度结构建模研究［D］. 广州：暨南大学硕士.

方来坛，时勘，张风华，2010. 员工敬业度的研究述评［J］. 管理评论（5）：47-54.

高建丽，孙明贵，2014. 员工敬业理论研究梳理及展望［A］. 技术经济与管理研究（8）：37-42

理查德·泰勒，2007. 赢者的诅咒［M］. 北京：中国人民大学出版社.

芦慧，陈红，柯江林，2010. 传统文化视角下的员工敬业与绩效关系概念模型探析［J］. 软科学，24（10）：106-109.

梁曼曼，2012. 员工敬业度影响因素研究综述［J］. 时代金融（8）：88-89

刘雪梅，2003. 员工满意度和敬业度之辨汇［J］. 当代经理人（10）：68-70.

米尔科维奇，纽曼，格哈特，2014. 薪酬管理［M］. 成得礼，译. 11版. 北京：中国人民大学出版社.

孙洁，2009. 员工敬业度定义与结构实证研究［D］. 北京：北京邮电大学.

谢文辉，2006. 敬业［M］. 北京：中国商业出版社：30-31.

杨红明，廖建桥，2009. 员工敬业度研究现状探析与未来展望［J］. 外国经济与管理（5）：45-59.

杨玲，2006. 论酒店员工满意度与敬业度概念的研究现状［J］. 财经界（11）：12-13.

朱青松，陈维政，2005. 员工价值观与组织价值观：契合衡量指标与契合模型［J］. 中国工业经济（5）：88-95.

庄菁，屈植，2012. 中小企业员工敬业度影响因素分析［J］. 统计与决策（2）：186-188.

CHRISTIAN M S, SLAUGHTER J E, 2007. Work engagement：A meta-analytic review and directions for research in an emergingarea［R］. Proceedings of the Sixty-Sixth Annual Meeting of theAcademy of Management.

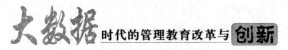
HARTER J K , SCHMIDT F L , HAYES T L, 2002 . Business-unit-level relationship between employee satisfaction, employee engagement, and business outcomes: a meta-analysis [J]. Journal of Applied Psychology, 87 (2): 268-79.

HYUN J K, KANG H S, NANCY S, 2009. Burnout and engagement: A comparative analysis using thebig five personality dimensions [J]. International Journal of HospitalityManagement, 28 (1): 96-104.

KAHN W A, 1990. Psychological conditions of personalengagement and disengagement at work [J]. Academy of ManagementJournal, 33 (4): 692-724.

SAAR LANGELAAN, ARNOLD B BAKKER, LORENZ J P VAN DOORNEN, et al., 2006. Burnout and work engagement: Doindividual differences make a difference [J]. Personality and IndividualDifferences, 40 (3): 521-532.

SCHANFELI W B, MSALANOVA A B, BAKKER, A B, 2002. The Measurementof Engagement and Burnout: A two sample confirmatory factor analyticapproach [J]. Journal of happiness studies (3): 71-92.

大数据下企业财务风险预警研究

覃 雯 刘 利①

摘要：随着互联网技术和计算机科学的高速发展，大数据的理论及应用已经成为研究热点。大数据具有高纬度低价值含量的特点，数据易获取、易分析，且大数据技术已经被广泛应用到企业的财务风险预警工作之中。当前，大数据下企业财务风险预警仍存在数据获取不完整、分析不严谨、融合度不高的问题，现行的企业财务风险预警运用频率最高的风险预警模型仍然是 Zeta 模型、F 模型，具有较差的时效性。本文将大数据融合于财务风险预警模型，结合大数据易获取、时效性强的特点，使得模型更具有灵活性。

关键词：大数据 财务风险 风险预警模型

一、引言

近年来，随着我国经济的蓬勃发展，互联网技术和计算机科学已经融入社会生活的各个领域并取得了一定地位。同时，经济的快速发展使得企业面临的宏观环境日新月异，企业在发展过程中对于财务风险的掌控能力也在逐渐减弱，只有准确识别和预测财务风险，才能在风险出现时及时发现并解决，进而在全球经济竞争中获得胜利。在当前竞争激烈且多变的市场环境下，建立合理有效的财务风险预警机制十分必要。

21 世纪以来，大数据技术取得了突破性进展。最早提出"大数据"的是全球知名咨询公司麦肯锡："数据，已经渗透到当今每一个行业和业务职能领域，成为重要的生产因素。人们对于海量数据的挖掘和运用，预示着新一波生产率增长和消费者盈余浪潮的到来。"在大数据时代背景下，

---

① 作者简介：覃雯，西南民族大学管理学院硕士研究生，研究方向为审计、会计与财务管理；刘利，博士，副教授，西南民族大学教师，硕士研究生导师，研究方向为财务管理、财务会计。

随着不确定因素的增加，企业财务风险形势愈加险峻，预警机制显得尤为重要。

20世纪30年代以来，国内外学者提出了多种企业财务风险预警模型，在实务中得到了广泛的应用。然而随着经济环境的变化，其预警效果也随之变化，固有的模型反而成为企业发展的绊脚石。为了提高财务风险预警的准确性、稳定性和及时性，企业需要将大数据引入企业财务风险预警机制中，结合大数据数量大、类型多、速度快、时效强的特点，从理论层次将两者结合，对目前财务风险预警机制进行完善。

面对目前日新月异的大数据宏观环境，财务行业也应该与时俱进。传统的获知财务信息的方式具有明显的滞后性，延长了管理者对信息处理的时间，加大了公司经营风险。为了控制风险，保证财务风险预警机制的有效性、合理性、灵活性、敏感度等尤为重要。本文在分析企业财务风险预警现状的基础上，对大数据下企业财务风险预警机制进行深入研究并提出可行建议。

二、财务风险预警文献综述

对企业财务风险预警的研究起源于20世纪30年代，Fitzpatrick（1932）通过将财务指标进行对比发现"净利润/股东权益"和"股东权益/负债"可以显著区分处于财务困境的公司和正常经营的公司，所以得出该模型能够对公司财务风险进行检测的结论；Altman（1968）则利用多元判别分析法提出Z模型，并且在Z模型的基础上又提出采用7个财务指标的Zeta模型，Zeta模型进一步提高了预测的准确性；Martin（1977）提出了Logistic模型等多变量模型；Odoma（1990）等提出了神经网络财务预警模型等人工智能方法。

我国对企业财务风险预警的研究起步较晚，但也取得了不错的研究成果：周首华和王平（1996）在Z模型的基础上加入现金流量，提出了F模型，该模型弥补了Z模型没有充分考虑现金流量变动的缺陷；曲秀丽（2009）通过另选取的5个财务指标作为模型变量，构建了一个基于极值原理的Fisher线性判别模型；丁德臣（2011）提出了基于混合全局优化正交遗传算法（HOGA）和支持向量机（SVM）的财务风险预警模型，通过使用混合全局优化正交遗传算法连同支持向量机来改进支持向量机财务风险预警的效果；刘磊和郭岩（2012）基于财务指标，运用RBF神经网络模型构建了物流企业财务风险预警模型，该模型具有学习和动态跟踪的能力，并能有效识别高风险样本，可以更好地保证预测结果客观准确；叶柏青和王玲慧（2016）以深沪上市的40家高新技术企业为研究样本，基于管理用财务报表选取的指标建立财务风险预警模型，并证明该模型能够更好预测企业的风险，可靠性更高。

在近两年的研究中，已经有学者将大数据与企业财务风险预警相结合进行探究，宋彪、朱建明和李煦（2015）利用网络爬虫获取全网网络数据，对反映情绪的非结构化信息进行数值化处理，同时对相关上市公司的有效信息进行频次统计，从而形成能够反映非财务指标且更具全面性和普适性的大数据指标。将引入大数据前后的财务风险预警模型的准确率进行对比，发现引入大数据指标后的预警模型有更高的有效性。

综上所述，企业财务风险预警从最初的单变量模型演变至多元线性判别模型、Logistic 回归模型等多变量预警模型，再到如今大数据的加入，大部分学者主要是对财务风险预警进行模型框架的搭建和理论基础的分析。因此，本文将以实际应用层面为切入点并进一步结合大数据对财务风险模型进行创新，以期为财务风险预警在大数据环境下的发展提供参考。

三、大数据时代企业财务风险预警存在的问题

（一）财务风险预警意识不足

当前大多数企业的管理活动是在所有权和经营权分离的前提下进行的。这种分离导致经营者和所有者之间存在信息不对称，同样，经营者和所有者对于财务风险预警的认识也不完全相同。所有者更多考虑的是公司的长远发展，主要基于长期发展，所以对于财务预警的思考相对比较全面；企业的经营者更多考虑的是任职期间企业的发展，主要基于短期获利，所以主要着眼于公司的获利能力，就会忽略企业的财务风险预警。所有者一般不参与企业的日常运营活动，而财务风险主要来源于企业基层，所以获取途径的不同导致两者获取的财务风险预警信息也是不完全相同的。在大数据环境下，这种差异化是可以逐渐缩小的，由于获取来源的一致性，获取数据的完整性，从信息获得的角度上来说可以实现两者统一。

思想决定行动，只有对财务风险预警的意识到位，才能在企业发展过程中防微杜渐。风险来源多样化，一方面来自企业内部自身的经营管理，另一方面来自外部环境的变化。风险也是贯穿整个企业发展过程中不可忽视的不可控因素。

目前，尽管有一些企业已经建立了财务风险预警机制，但是在具体实施过程中却难以保证能够落实到位，导致财务风险预警机制浮于表面，并没有发挥出真正的作用。归根结底，还是企业对财务风险预警机制的认识不足，并没有认识到财务风险预警的重要性。

在当前大数据全面覆盖的经济环境中，如果对获取到的数据不能合

理、充分地运用，一方面是对数据的浪费；另一方面，也不能预测财务风险趋势。长此以往，容易导致企业的财务风险预警工作落后于时代，使企业无法保持先进性。

（二）财务风险预警人员的综合素质较差

财务风险预警包含了企业内部状况分析、行业分析、宏观环境分析、竞争对手分析等全方面、多维度、及时性的信息。大数据的特点之一是数据价值分布密度较低，在可以获取众多信息的宏观环境中，如何就得到的数据进行整合分析是财务风险预警人员需要学习和掌握的技能，这也是目前亟待解决的问题。将大数据运用到企业治理当中，有一个很明显的问题是：精通计算机的人才不懂财务方面的知识，容易导致数据分析不完整、不充分、不准确，也无法有效识别企业当前的财务风险级别；财务方面的专业人才不精通计算机，容易导致前期数据收集不完全、价值低、不及时，即使通过专业的分析能够得到一定的结果，但容易与实际情况发生偏差，可借鉴度不高。

财务系统是一项较为统一的工程，而企业财务风险预警人员作为企业财务风险预警工作的执行者，就应该具备相应的能力。但是目前我国大多数企业对财务风险预警都没有持谨慎的态度，所以很多财务风险预警人员专业素质不高，严重缺乏对大数据时代企业所面临的多重财务风险的分析能力和识别能力。如果不能及时发现财务风险，会在很大程度上导致企业的财务风险越来越严重，使其成为企业健康发展的隐患。

（三）财务风险预警方法缺乏

本文在第二部分的文献综述中对于财务风险预警方法进行了总结，但在大数据时代下经济环境日新月异，容易致使固定的模型和方法不再具有先进性；无法适应当前经济环境的发展，前提约束较多。而且，我国一部分企业财务风险预警方法陈旧，甚至还停留在传统财务风险预警管理阶段，难以适应现代企业和经济发展趋势，因此，这些模型不仅无法真实预测企业财务风险，而且在偏颇过大的情况下预测结果还会反作用于企业，让企业管理层做出错误的决策从而影响整个公司的健康发展。例如，企业将财务工作者与财务预警工作人员互相混淆，这在很大程度上遏制了企业财务风险预警机制的发展。这就类似于将会计工作与审计工作一概而谈，如果不能从本质上进行区别，那么采用的方法往往也是错误的。

财务风险预警方法对企业的财务风险预警工作具有强有力的指导作用，适应企业发展的财务风险预警方法能够推动企业的长远发展和健康发展。因此，财务风险预警方法也应该与时俱进，才能通过科学的方法保证企业财务风险的可控性。

四、建议

（一）提高企业财务风险预警意识

针对企业财务风险预警意识不足的问题，企业应当明确认识到只有增强意识，从源头上治理，才能保证财务风险预警的各项工作能够准确实施。对于如何增强意识，有如下建议：

1. 管理层应增强企业财务风险预警意识，在管理层架构中设立专业的财务风险预警部门，针对企业内外环境随时随地进行检测，并能够及时将报告回馈到管理层。

2. 将财务风险预警列入年终汇报报告中。当前有很多轻资产公司主要通过投资、开发软件等途径获利。这种情况下极容易形成"有毒资产"，错综复杂的融资、筹资渠道将各个公司捆绑，一旦"有毒资产"的财务风险无法控制，在价值链上的一系列公司都会被殃及。所以，有必要重视公司的财务风险预警，只有将其提到一定高度，才能引起企业的重视，才能真正将财务风险预警落到实处。

3. 对员工加大大数据和财务风险预警意识的综合培养力度。在大数据时代，财务工作者如果还只是着眼于通过指标等财务体系进行风险预估，那么预测结果会有一定的滞后性。公司在对员工进行培训时可以双管齐下，将大数据运用与财务工作相结合，提高风险预警机制的有效性。

4. 建立完整的财务风险预警体系。在建立体系时，企业应将信息资源纳入系统综合考虑。从2015年我国首次提出实施国家大数据战略开始，大数据在技术等方面都取得了万众瞩目的成绩，所以，在拥有技术等基本条件的前提下可以构建大数据财务风险预警综合体系，将责任和权力落实到人，让员工能够端正态度自觉开展相关工作。

（二）提高财务风险预警人员的综合素质

企业财务风险预警人员的能力直接影响财务风险预警工作的质量。在大数据时代下，企业财务风险预警人员不仅要具备专业的财务风险及管理方面的知识，同时还要能够熟练运用大数据进行统计分析工作，这样才能够结合大数据技术提高企业财务风险预警工作的质量。目前我国企业的财务风险预警人员对大数据时代下的财务风险预警工作并未形成完整认识，缺乏相关的知识，因此我们提出以下建议：

1. 强化财务工作者的计算机技术培训，或者对计算机高端人才进行财务知识的培训。当前很多财务风险预警人员只有单项的专业知识能力，在这种情况下可以对高端人才进行双项培训，使其达到人才使用标准。

2. 提高人才接收标准。企业在招聘相关岗位时可以考虑按需选人，以减少企业后期的人力投入成本。

3. 按期对财务风险预警人员进行专业领域的测试或者培训。对于已经满足要求的财务风险预警人员，企业还应该考虑人员能力的长期提升。在大数据时代，风险的变化呈现出多样性的特点，必须提高财务风险预警人员识别风险的能力，坐吃山空的理论不适应当前社会的发展趋势，所以，企业还应该制定相关的制度对财务风险预警人员进行定期考核，以保证财务风险预警结果的正确性和及时性。

（三）优化财务风险预警方法

优化企业财务风险预警方法，一方面需要学者从理论上不断进行深入研究和探讨，建立可行性较高的财务风险预警模型；另一方面也需要企业从自身特点出发，结合实际情况对财务风险预警模型和方法进行不断改革创新。财务风险预警不仅体现在经营活动中，还对投资活动和融资活动有一定影响。蔡立新教授从部门层面、业务层面和战略层面对大数据下财务风险预警进行研究，构建了一个大数据视角下的多维度、全方位的企业财务风险预警机制，如图1所示。

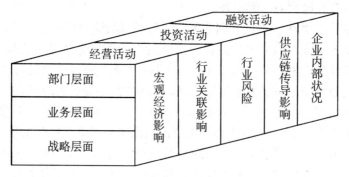

图1　大数据视角下财务风险预警的实现

该模型是基于企业三个基本活动，从不同层次需求上进行细分，结合内外部因素构成的多维度、全方位的预警机制，几乎囊括了企业发展中的所有影响因素。该模型的作用机理比较简单，也容易在实际操作中应用。

除了以上的方法，还有很多财务风险预警模型可以运用，例如制造企业可以将 ERP（企业资源计划）与大数据和财务风险预警整合分析，不但能够及时得到相关数据还能够对财务风险进行甄别，同时也是对 ERP 技术的更高层次的革新。

总而言之，企业在发展中应该充分利用大数据的特点，在大数据平台上创新财务风险预警方法，将理论与实际结合，探索出适合企业发展的最优财务风险预警方法。

五、基于大数据的财务风险预警模型设计

企业财务风险预警机制是公司内控的核心，关系到企业的可持续发展。所以，一个适应于企业发展的财务风险预警模型是大数据时代的企业必需品。本文的模型设计基于数据全部可获取的前提，在柠檬市场中信息不对称会导致获取的数据无法具有真实有效的特点，故假设企业能够保证财务风险预警模型中所需要的数据全部具有可获取性。模型如图2所示。

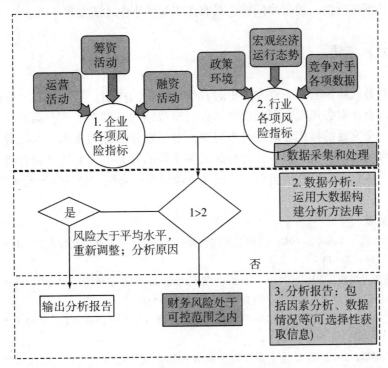

图2　大数据下风险预警模型概况

该模型主要分为三大模块，第一模块为企业通过整理开展各种活动的数据，得出风险指标或者系数；第二模块是对宏观经济以及政策变化和获取的竞争对手的数据进行整理分析，得出对应的行业各项风险指标或者系数；第三个模块是将第一模块和第二模块得出的数据进行比较，通过选择不同类型的大数据应用技术对第一步骤的两个模块进行进一步数据加工，如果1>2，表示企业风险大于行业风险，生成分析报告（一般供公司内部管理层进行决策调整），进行细化分析得出改进措施。如果1≤2，说明企业风险小于行业风险，故企业财务风险处于可控范围。该模型主要是通过对大数据下的财务风险基本模型进行及时判断，从而每时每刻都能够对企

业的风险进行把控。由于大数据技术可以在短时间内处理海量数据，对于重视时效性、真实性、完整性的风险预警模型来说，大数据的有效应用能够为信息需求者提供更有价值的信息。

该模型的缺点有：①该模型只是对整个流程进行了概括，并没有对风险系数指标进行选择，也没有对模型进行具体描述；②在第二步骤中，没有对大数据的具体方法进行对比分析，目前大数据技术日趋成熟，对于不同行业的企业来说也应该因地制宜地选择对应的大数据处理技术，这也是有待进一步研究的领域。目前对于财务风险预警的探究还是在不完全大数据背景下进行的，故很多问题也只有在实际操作中才能发现。

六、结语

财务风险预警在企业发展中起着举足轻重的作用，特别是在大数据背景下，企业财务风险预警需要在超大规模数据的基础上展开，需要经过多维度、全方面的操作才能满足不同层面对于财务预警的需求。在轻资产企业较多的当前经济环境下，对财务风险预警的研究更为迫切，只有将大数据与企业自身发展高度契合，才能使企业保持前瞻性、先进性和延展性。

参考文献

蔡立新，李嘉欢，2015. 大数据时代企业财务风险预警机制与路径探究［J］. 财会月刊（15）：38-43.

陈芳，吴杰，2017. 中小企业财务危机预警模型比较研究：基于因子分析与Logistic 回归模型的对比［J］. 财会通讯（5）：106-108.

丁德臣，2011. 混合 HOGA-SVM 财务风险预警模型实证研究［J］. 管理工程学报（2）：37-44.

葛瑞华，2018. 新形势下企业财务预警机制的应用与完善［J］. 现代经济信息（5）：296.

顾晓安，李文卿，等，2018. Logistic 财务预警模型预警正确率提升研究：引入盈余管理变量的分析［J］. 南京审计大学学报（4）：45-52.

李欣丽，2018. 关于 ST 风险预警模型文献综述：基于股权特征和内部控制视角［J］. 财会学习（9）：67.

刘磊，郭岩，2012. 基于 RBF 神经网络的物流企业财务风险预警评价［J］. 财会月刊（9）：50-61.

曲秀丽，2009. 财务风险预警模型构建实证分析：基于网络环境下财务风险［J］. 会计之友（14）：33-34.

宋彪，2015. 基于大数据的企业财务预警理论与方法研究［D］. 北京：中央财经大学.

宋彪，朱建明，李煦，2015. 基于大数据的企业财务预警研究［J］. 中央财经大学学报（6）：55-64.

叶柏青，王玲慧，2016. 基于管理用报表的高新技术企业财务预警研究［J］. 哈尔滨商业大学学报（社会科学版）（1）：104-111.

周首华，王平，1996. 论财务危机的预警分析-F 分数模式［J］. 会计研究（8）：8-11.

ALTMAN E L, 1968. Financial ratios, discriminant analysis and the prediction of bankruptcy［J］. Journal of Finance（4）：589-609.

FITZPARTRICK P J, 1932. A comparison of ratios of successful industrial enterperses with those of failed firms［J］. Certified Public Accountant（10）：589-605.

LIN WANG, 2017. Research on the Application of Data Mining In the Financial Risk Early Waring of Listing Corporation［M］. Atlantis Press.

MARTIN D, 1977. Early waring of bank failure：A logit regression approach［J］. Journal of banking & finance.

ODOM M D, SHARDA R, 1990. A neural network model for bankruptcy prediction［R］. Proceedings of the IEEE International Joint Conference on Neural Networks.

领导干部自然资源资产离任审计研究

覃 雯 刘 利①

摘要：领导干部自然资源资产离任审计是生态文明建设的重要内容，对自然资源资产的保护以及对领导干部就职期间任职情况的监督和评价具有重要意义。领导干部自然资源资产离任审计是一个交叉性质较强的新的审计领域，目前还没有指导性的理论依据和成熟的模型及方法。2015年以来我国已经在江苏、云南等省进行自然资源离任审计试点。当前领导干部自然资源资产离任审计比较突出的问题是审计经验缺乏、审计力量薄弱、自然资源资产管理制度不完善、责任无法精准落实等。为了使领导干部自然资源资产离任审计高效、规范、可持续，需要完善自然资源资产的审计制度和领导干部的奖罚制度，夯实理论基础，提高审计人员的业务水平。

关键词：领导干部　自然资源　离任审计

一、背景及意义

随着环境问题的突显，我国对生态文明的保护和治理也愈加重视。2013年11月，党的十八届三中全会提出"探索编制自然资源资产负债表，对领导干部实行自然资源资产离任审计，建立生态环境损害责任终身追究制"。其施行计划包括：①在2015年至2017年分阶段、分步骤实施试点工作；②2017年出台领导干部自然资源离任审计暂行规定；③2018年开始建立经常性的审计制度。与之前的经济责任审计不同的是，现在领导干部在发展地区生产时不仅要考虑经济发展还要充分考虑生态环境因素。自然资源审计施行计划的推出并不是一蹴而就的，而是经过政府及相关部门反复考察和分析的。

自然资源的审计是将可持续发展具体化，进行指标分析进而使其具有

---

① 作者简介：覃雯，西南民族大学管理学院硕士研究生，研究方向为审计、会计与财务管理；刘利，副教授，西南民族大学教师，硕士研究生导师，研究方向为财务管理、财务会计。

可操作性。国际上，1972 年的联合国人类环境研讨会就已经提出"可持续发展"的概念。在我国，1997 年党的十五大把可持续发展战略确定为现代化建设的必要战略。2007 年党的十七大将可持续发展观作为科学发展观的重要内容写入党章。2012 年党的十八大报告明确提出的"五位一体"战略部署把生态文明建设推到了建设中国特色社会主义总布局的高度。2017 年 10 月党的十九大召开，习近平总书记明确提出建设生态文明是中华民族永续发展的千年大计，牢固树立社会主义生态文明观，推动形成人与自然和谐发展的现代化建设新格局。从引入到重视，一方面充分说明了党和政府对社会主义现代化建设规律认识的进一步深化；另一方面是从经济和发展的平衡，从自然资源资产和经济环境的相互作用认识到永续的自然资源的重要性。

绿水青山就是金山银山，为了更好更有效地落实对"金山银山"的保护，2017 年 6 月中共中央办公厅、国务院办公厅印发了《领导干部自然资源资产离任审计规定（试行）》，主要对审计内容和审计重点进行界定和规范。但从学科上看，自然资源离任审计与传统以实物为对象的审计还是有明显区别的，所以，不能单从审计学理论或者可持续发展理论对领导干部离任审计进行理论基础分析，而是要将审计学、会计学、政策理论、经济发展、计量学等多种理论融合，才能对领导干部在任期间所在地区的自然资源进行公平、公正的审计。

二、研究现状

（一）文献统计

为了积极响应国家政策，在提出"领导干部自然资源离任审计"之后，国内学者就从不同角度对其进行了广泛的探索和研究。图 1 是 2014 年至 2018 年相关文献的产出量。

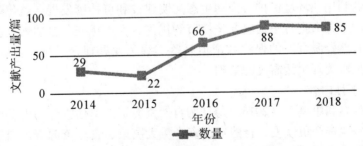

图 1　2014—2018 年相关文献产出量

通过文献产出量可以看出，2013 年 11 月提出"领导干部自然资源离任审计"后，学者们便开始进行了探究，虽然文献产出量在 2015 年有小幅度下降，但是 2016 年的文献产出量却是 2015 年的 3 倍，2017 年的增长幅度为 33.33%，2018 年虽有小幅度下降，但总体数量仍然比较高，说明学术界对于自然资源离任审计的关注度在增加。生态环境与民生息息相关，其背后的价值也是推动学者进行相关研究的动力。

（二）文献综述

1. 审计概念

最早关于领导干部自然资源资产离任审计的文献是彭巨水（2014）的《对领导干部实行自然资源资产离任审计的思考》，该文主要是对政策的解读以及对工作开展的难点和对策进行浅析。因为提出时间较短，在定义和概念界定方面，还没有统一。张宏亮等（2014）认为领导干部自然资源离任审计是政府审计人员依据法律或接受授权对领导干部任期内所辖区域履行资源环境责任进行的监督或进行审查、鉴证的总体评价活动，主要是对"事"的审计。刘明辉和孙冀萍（2016）将领导干部自然资源离任审计定义为"审计机关按照相关法律、法规等标准获取和评价审计证据，对党政主要领导干部受托自然资源资产管理和生态环境保护责任的履行情况进行监督、评价和鉴证，并将审计结果传达给预期使用者的系统化过程"，主要是对"人"的审计，而且该定义综合了审计主体、审计客体、预期使用者、审计对象、审计标准、审计证据及审计结果七个方面，比较全面和完整。蔡春和毕铭悦（2014）、陈波（2015）等学者认为自然资源资产离任审计是资源环境审计和经济责任审计的结合体。蔡春和毕铭悦（2014）、李博英和尹海涛（2016）等学者认为自然资源资产离任审计是建立在编制的自然资源资产负债表基础之上的特殊审计，要与传统审计相区分。

对于审计的最终目标，虽然各个学者的界定有一定区别，但是本质几乎都是一致的，都是希望通过一定的干预或行为来维护资源安全、促进资源的节约利用和环境保护，推动生态文明建设和可持续发展，就像习总书记在党的十九大报告中提出要坚持节约优先、保护优先、自然恢复为主的方针。自然资源资产的保护和增值是落实绿色发展理念、建设美丽中国、满足人民对美好生活需要的基础。

2. 审计内容

凌生春和康鸿飞（2016）等认为自然资源资产离任审计的内容应该包括自然资源资产负债表、自然资源资产重大决策、自然资源资产监管、自然资源资产法规政策执行四个方面。与之类似，陈献东（2014）也认为应该对自然资源资产的管理情况和使用情况进行审计。

林忠华（2014）等认为应该从内部控制的健全性和有效性入手，以生态文明建设责任履行为宏观目标，对相关自然资源资产管理制度的建立和执行情况进行审计，并构建领导干部自然资源资产离任审计与其他专业审计相结合的整体工作格局。

以上学者主要强调绩效审计，关注自然资源资产开发、利用以及保护的"3E"问题并注重产生的社会和生态效益。

3. 审计主体

审计主体根据主体性质和参与度可以大体上分为以下三类：

安徽省审计厅课题组（2014）从自然属性、社会属性和各审计主体职责权限三方面的研究分析中认为审计主体只能是审计机关，其原因是自然资源本身具有极大的公共物品属性，而人们也倾向于认为其与公共保障事业挂钩，且国家审计内生于国家治理体系，所以在公共利益领域就应该由国家审计机关开展审计。刘明辉和孙冀萍（2016）也从审计机关的角度进行了相关定义，依托受托责任观对党政主要领导干部受托自然资源资产管理和生态环境保护责任的履行情况进行监督、评价和鉴证。

陈献东（2014）的观点是采用国家机关为主体、社会审计部门和社会公众参与的形式，一元为主、多元参与可以保证管理和监管方面的责任履行更加公正、公平。

蔡春和毕铭悦（2014）等认为自然资源资产保护不仅是政府的责任，也是社会组织和公众的共同责任，所以，审计主体应该是多元的，包括国家审计、社会审计和内部机构审计。

4. 审计方法

一种观点是林忠华（2014）以及蔡春和毕铭悦（2014）等认同的自然资源资产负债表审计。该方法可以方便观察自然资源资产负债的期末量、变化量，也可以方便估计当期自然资源价值量及其变化，定量分析能够提供详细的科学依据。

另一种观点是设立审计评价指标，李博英和尹海涛（2016）通过实证研究分析对模糊综合评价方法进行了演示，刘明辉和孙冀萍（2016）认为在评价领导干部自然资源离任审计时的审计标准应该具备相关性、完整性、可靠性、中立性以及可理解性等特征。

三、自然资源资产离任审计存在的不足及原因

我国现阶段的领导干部自然资源资产离任审计还处于试点阶段，青海、云南、江苏等省积极响应，当前全国审计机关共实施审计试点项目827个，涉及被审计领导干部1 210人。主要突显的问题有以下几个方面：

（一）领导干部自然资源资产离任审计经验不足

领导干部自然资源资产离任审计是一项融合了审计学、统计学、环境资源、经济学等多学科的审计项目，可知其内容多、涵盖广，有深度也有难度。

审计起源于16世纪的意大利，形成于18世纪的英国，发展于20世纪的美国，但在中国的发展时间不到100年。相对于案例比较多且经验比较丰富的传统审计领域来说，对领导干部进行自然资源资产方面的审计是一个亟待拓展的新领域。一个是审计对象的确定：是以领导干部为审计对象或者以自然资源资产为主要审计对象还是两者皆为？审计内容、审计范围该如何确定？不同的地区有不同的自然风貌和环境状态，对应的错报风险的评估应当如何确定？如何确定证据收集方法的有效性？由此可见，还有很多方面需要专家学者以及优秀的审计师们进行探索和研究。因为探究时间较短，所以当前相关的自然资源审计理论较薄弱，审计制度也不完善，可借鉴的做法也屈指可数。无据可依，取证困难，审计人员专业知识缺乏都可能导致审计的失败，造成决策无用。归根结底，问题在于缺乏自然资源资产离任审计的经验和有胜任能力的审计师。

（二）资产管理混乱，价值评估难度大

一方面，我国目前存在的国土资源局、水利局以及国家林业局等部门都与自然资源资产有很大的联系：国土资源局主要管理土地资源、矿产资源、海洋资源等自然资源；水利局主管河湖等水资源；林业局主管林业、动植物等森林资源。宏观层面上，每个部门都有具体分工，但是从微观角度，各个部门却存在交叉管理的现象。很多资源是配套型的，牵一发而动全身，一种自然资源因素的变化可能会引起其他因素的变化。这种分散式的管理体制不便于审计部门进行取证和调查，也不便于领导干部进行综合管理，从而影响该领导干部在任期间所辖地区自然资源资产审计的客观性。

另一方面，自然资源资产的价值评估也是难点，自然因素的不确定性和易受影响的脆弱性等特性明显加大了审计难度。在资产管理比较混乱的情况下易致使区分不明显，而界限模糊的定义会加大审计师进行风险和价值评估的难度，无法达成一个统一的评判标准。目前比较倡导的"自然资源资产负债表法"对于资产和负债价值的确认也需要精准记录，否则容易导致数据失真，最终导致审计方法失效。

（三）责任落实不到位

从试点地区的反馈来看，例如江苏省，经过试点发现考核体系较差的稳定性和延续性、审计缺乏独立性以及"先离后审"的时间差等原因导致责任追究机制不到位。

一方面，部分自然资源资产目前还不能完全划分清楚，所以很难对使用者进行有效监管，且资产管理部门交叉性较大，落实到位相对较困难；另一方面，由于审计制度的不完善，当前自然资源资产审计方法、审计内容等审计项目无法完全落实，审计师开展审计的依据以及收集的证据的效用会大打折扣，再加上自然资源资产治理产生的效果可能会出现滞后性，以及生态环境对自然资源影响的延时性等都会影响审计的独立性和审计报告的准确性。无法精准归责，也就谈不上有效实施。

四、建议

（一）完善审计理论

1. 深化理论研究

正式提出对领导干部除了经济责任审计之外还要进行自然资源资产审计的政策是 2013 年。其实，早在 1999 年曹淑晶学者就提出了干部离任的环境审计，单建宁（2010）也认为应该将环境保护责任纳入经济责任审计的考核范畴之内。纵观时间线我们可以发现，自然资源资产审计研究起步于 20 世纪 90 年代，所以，学者们的研究都还未深入，更多的学者还处于对理论和制度的探索阶段。而且即使是理论，也还没有经过大量实践的证实，对开展自然资源资产离任审计指导性相应不足。

审计机关应该与自然资源资产监管部门进行深入的合作和沟通，在试点期间认真调研，到基层去收集相关资料和数据，了解自然资源的分布和管理情况，严格按照统一的格式编制表格。各个学者也可以深入到试点区或者自己组织开展调研活动，以事实为证，以数据为论，为我国领导干部自然资源资产离任审计的有效实施提供夯实的理论依据。

2. 健全审计制度

领导干部自然资源资产离任审计在 2018 年步入正轨，所以，一个统一的标准对于公正、公平的审计来说是至关重要的。虽然领导干部自然资源资产离任审计也属于审计，但是因为其更加复杂和抽象的审计对象，在风险点的把控和风险系数的确定上就需要进一步的数据指导。而且该审计报告的使用者除了政府还有社会组织和群众，相较于公司或企业的审计报告，领导干部离任审计报告的使用范围更加广泛，对于审计师来说责任也就更加重大，如果没有统一的审计制度，不仅会加大审计难度，也会造成报告内容混杂，也就有可能产生审计的盲点，有失公允。

不以规矩无以成方圆，审计制度的规范和统一是进一步开展自然资源资产离任审计的敲门砖，毕竟在中国 960 万平方千米的土地上进行自然资源资产审计的工作量是巨大的，为了后续的可持续计量和高效审计的开展，我们首先应该把统一的审计制度建立起来。

3. 规范审计方法

对于领导干部的离任审计，特别是自然资源方面的责任审计，不应单单从舞弊三角形理论进行分析，审计对象繁杂、抽象、难测量等特点都说明了审计的难度以及风险关注点。现在的审计方法主要是指标体系法和自然资源资产负债表法，虽然学者们各持己见，但是只有规范一致的审计方法在实施的时候才能指导审计师的操作。

编制自然资源资产负债表是目前认可度相对较高的方法。该方法将某一个地区的所有自然资源资产进行分类并加总形成报告，既可以显示某一点上自然资源资产的"家底"，也可以反映一段时间自然资源资产存量的变化。编制资产负债表，可以让使用者对某领导在某地区任职期间的所有情况一目了然，而且来源、去处、消耗量、正影响系数等都可以通过数据进行演算和分析，能做到公平、公正和公开。

4. 培训专业审计人员

有效开展才是对制度的完美理解。考虑到自然资源资产审计涉及审计学、会计学、环境经济学、可持续发展理论等各学科，其综合型较强，建议审计机关可以有针对性地进行相关人才的培养，强化审计师环境科学、投资发展、地理学、城市规划工程等领域的知识。与其他例如国土资源部等国家机构进行联合培训，学会数据取得和运用的方法，还要学习例如审计绿化造林、草地退化、围湖填海等为了发展而进行的环境改变的地理信息和如何进行测量的方法，只有不断提高审计人员的审计水平，才能保证审计报告的质量，才能对使用者负责。

（二）提高管理水平

1. 完善管理机制和监管机制

从宏观层面来讲，对领导干部进行自然资源资产的审计要考虑到中央和地方之间的协调和平衡。要对审计人员和审计机构进行有效监管、严格监控，才可以为审计报告以及后续开展相关治理活动提供真实有效的审计依据。

从微观上来讲，对领导干部进行自然资源资产的审计可以使干部对其管辖地区的自然资源资产进行有意识的、主动的保护，让干部真正认识土地资源、森林资源、矿产资源以及水资源等的重要性，并进行有效管理。同时，也可以将我国资源进行整合和归类，便于国家管理和有效监管。

2. 创建大数据平台

根据试点反映的情况，因为当前自然资源资产负债表编制不完整，而且与国际标准也有一定差异，所以在当前的资产负债表框架下进行的审计就可能出现非系统误差。为了完成审计工作，主要依赖于收集历史资料和勘测获得当下数据。而庞大的数据资料为审计工作带来了很大难度，所以建立一个数据库就显得尤为重要。该数据网络平台可以将生态环境部、自然资源部、国家发展改革委等部门的资料进行综合并整理，加快了信息传递的时效性。同时，完整的数据资料便于对自然资源资产变量进行分析，简化离任审计的步骤，节约时间和成本。

（三）落实干部责任

自然资源具有滞后性，所以落实到位很重要。现在的问责机制不健全，一方面是由于领导干部对所管区域的自然资源的重视度不够；另一方面是因为自然资源监管的法规和政策不完善。由于缺乏外在压力，内生压力容易被弱化甚至被忽略，从源头上控制就显得尤为重要。监管得力和监管有效并驾齐驱才能更好推动领导干部自然资源资产离任审计的发展。只有落到实处，有了责任和压力，才能让领导干部对生态环境真正重视起来。

完善奖罚机制，只有处罚没有奖励容易导致领导干部因过大的压力而消极对待，除了因管理不当而受到惩罚，相应也可以通过审计对管理较好的地区进行奖励。可以进行模范试点的评比，调动大家的积极性，让各个地区的群众都能够关注生态环境。

参考文献

安徽省审计厅课题组，2014. 对自然资源资产离任审计的几点认识［J］. 审计研究（6）：3-9.

蔡春，毕铭悦，2014. 关于自然资源资产离任审计的理论思考［J］. 审计研究（5）：3-9.

蔡春，毕铭悦，2014. 关于自然资源资产离任审计的理论思考［J］. 审计研究（5）：3-9.

陈波，2015. 论产权保护导向的自然资源资产离任审计［J］. 审计与经济研究（5）.

陈献东，2014. 开展领导干部自然资源资产离任审计的若干思考［J］. 审计研究（5）：15-19.

单建宁，黄溶冰，时现，2010. 绿色经济视角下的党政领导干部经济责任审计［J］. 审计研究（4）：33-36.

李博英，尹海涛，2016. 领导干部自然资源资产离任审计的理论基础与方法［J］. 审计研究（5）：32-37.

梁江涛，2015. 领导干部资源离任审计，算好生态账［N］. 衡阳日报，11-13（2）.

林忠华，2014. 领导干部自然资源资产离任审计探讨［J］. 审计研究（5）：10-14

凌生春，康鸿飞，杨轩宇，2016. 自然资源资产离任审计的内容与结果［J］. 现代审计与经济（1）：23-24.

刘明辉，孙冀萍，2016. 领导干部自然资源资产离任审计要素研究［J］. 审计与经济研究（4）：12-20.

刘儒昀，王海滨，2017. 领导干部自然资源离任审计演化分析［J］. 审计研究（4）：32-38.

刘西友，2014. 深化资源环境审计，服务生态文明建设［N］. 中国审计报，01-29（5）.

彭巨水，2014. 对领导干部实行自然资源资产离任审计的思考［J］. 中国国情国力：14-15.

任文杰，2017. 领导干部自然资源资产离任审计试点两年审计1210人［N］. 中国新闻网，11-28.

张宏亮，刘恋，曹丽娟，2014. 自然资源资产离任审计专题研讨会综述［J］. 审计研究（4）：58-62.

学生管理中的大数据运用

——以民族高校为例

尚琪瑶　顾兴树[①]

摘要：在大数据快速发展的背景下，高校也相应使用大数据对学生进行管理。本文以民族高校学生管理为例，通过对学校实际问题进行分析，为民族高校学生管理提供建议。

关键词：大数据　大学生管理　实践

一、引言

在近年招生规模不断扩大的情况下，高校学生管理面临的问题也越来越多，如何改善学生管理模式是当前高校面临的巨大挑战。许多高校已经发现问题并开始尝试将大数据运用到学生管理中。

大数据可以极大提高管理效率，使管理者对学生的学习生活有更深入的了解。在管理中，高校可以将学生入学信息、考勤信息、图书馆使用信息、食堂结算信息等校园数据纳入高校信息管理系统中，创建合理的数据集。这些数据集中存储着数据，一个数据集中的数据都存在着一个相同的节点，用于连接各信息。合理结合其他数据集，构建校园大数据库，同时建立校园共享平台使各部门数据互通。通过大数据技术的可视化，规章制度制定有了更全面、直观的数据依据，使高效办公和大数据相互促进、相互制约、共同发展。

本文选择西南民族大学作为实例分析对象，叙述了当前民族高校在管理方面的现实状况，总结其存在的问题，并提出相应建议。

---

① 作者简介：尚琪瑶，西南民族大学管理学院在读硕士研究生；顾兴树，副教授，西南民族大学管理学院教师，研究方向为公共政策分析、民族问题。

二、学生管理概况

传统的手动表格录入的数据处理方式存在一定的弊端。人工处理数据在统计分析过程中容易出现错误，数据常出现滞后。随着我国高校的招生规模扩大，不同部门管理方法和管理制度在其自身不同工作情况下，进行不同的调整，最终使部门的管理各树一帜，在共同管理方面出现不同的标准。随着网络的普及，学生的知识来源已经不止于书本和校园，网络内容纷繁复杂，传统的管理方式已经在学生管理中显露出了局限性，需要找到更好的方法来解决传统管理面临的问题。

随着大数据逐步进入人们生活，一些有战略眼光的高校已经非常注重大数据技术的应用，加强大数据技术发展可以使高校很多专业在未来的竞争力变得更强，教学管理也不再局限于过去的传统报告，而是注重从整体上提高教学质量。同时社会对大数据信息人才的需求量比较大，这同样促进了大数据技术在高校中的应用。

三、民族高校学生管理现状

美国已经利用大数据建起了富有个性的教育教学支撑体系。学校通过对学生考试数据进行分析，发现学生集中出错的知识点，由此判断教学中存在的问题或缺陷。文中选择西南民族大学为分析对象，西南民族大学优越的地理位置吸引着全国各地各民族学子前来求学，因而在学生管理中，多民族校园环境、民族文化差异是其管理的重点。民族高校管理中的大数据运用，是将民族文化差异融入大数据分析，在存在文化差异、入学成绩差异的情况下，分析出最佳教学模式。相关数据处理结果已经被运用于学生入学信息分析、打卡教学、成绩统计、宿舍出入管理、食堂菜系设计中。

学校信息收集从高考调档便开始，大学生入学前的信息已经进入信息系统，用于分析录取新生的情况。近年来，学校运用大数据分析新生生源、民族情况、生日重复情况等，通过特殊方式来欢迎新同学，数据分析也为后期教学生活提供依据。当入学后，不同部门针对一卡通的使用情况进行数据分析，为更好地制定利于同学的制度而提供支持。学生毕业离校后，学校可以依据毕业生信息了解毕业生情况。

新生入学前，将新生姓名、性别、民族、身份证号码等信息上传至学校，并入校园数据库中，管理人员综合分析后对新生住宿、班级进行安排。

开学后管理人员通过对学生校园一卡通使用情况进行分析,包括在食堂、图书馆、浴室、宿舍、教室的使用时间、使用次数,以便深入了解学生的动态信息,在校园生活中及时发现学生学习和生活中的问题,为学生提供个性化的服务。通过大数据技术,过滤数据集中的冗余数据,校园各部门在进行管理工作时更加高效。

当学生毕业离开学校后,学校可以根据招生就业网登记的信息实时了解毕业生的情况,并且大数据库存储着每一位曾就读于本校的学生在校期间的数据,可以解决纸质档案易丢失、查找烦琐的问题。

四、学生管理中的问题分析

(一)数据收集方式单一

随着计算机的普及,学校对数据收集进行了部分改革,使用电子表格替换纸质表格,使用电子调查问卷取代纸质调查问卷,但是数据的收集方式依然较为单一。很多数据由班级单独收集并以班级为单位进行上报,无法保证数据的准确性、及时性。如果填写的信息出错或丢失,再进行信息更改就比较麻烦。这种问题一旦出现,相关管理人员的工作时间、工作量也会相对增加。

学生管理工作在数据收集方式改变上并没有取得巨大的成就,只是基于以前的内容进行完善,并没有真正使用大数据技术。高校应该促使管理人员掌握大数据技术的使用方法,聘用专业人才建立大数据框架,同时考虑各民族文化、习俗差异对收集的数据进行分析使数据变为信息,使有意义的信息成为"知识",将"知识"变为经验,并且大数据框架可以不断吸收新的经验和信息。

(二)数据处理结果具有的延时性

在学生管理中,主要还是依据管理人员来处理学生信息。管理人员通常采用表格形式进行数据分析,这种方法受处理表格的时间限制,导致管理人员解决问题时只关注于当前表格和个人经验,具有局限性。而最终管理人员依据"昨天"的分析数据对"今天"进行管理,从制度制定到制度执行一直处于滞后状态。

(三)数据保存标准存在差异

各个学院、部门在进行信息化系统的建设时,其信息化数据集是单独建设的,数据保存标准存在差异,导致各信息在共享过程中系统难以将学生信息进行有效衔接,各数据的通用性差,难以实现资源共享。其他部门在调用数据时无法快速高效地找到数据,甚至由于标准不同,其他部门根本没有保存相关数据,使得工作效率低,信息利用率低。

（四）数据使用维护不当

在数据交换的过程中缺少规范性，各部门数据结构化偏低，分析链接性差，导致分析结果实用性不足。部门间的数据传递缺乏严格的规范，数据维护不当、丢失等情况时有发生，随之产生总体数据质量差、使用率低等问题。

综合以上问题，高校在运用大数据进行学生工作管理方面十分薄弱，传统管理思维模式过多主导管理，同时还存在大数据技术概念落后、数据收集不完善等问题。

五、改进建议

（一）完善大数据信息收集方式

对数据进行统一收集处理，综合使用现场收集和网络收集方式。数据集的数据不仅来源于校园一卡通，也可以来自社会信息数据集。技术人员通过设计数据集加工和分析框架，使各种有差异却也存在交叉点的数据相互融合，得到一个可视化的数据结果。这是一个融合各方面信息的结果，它可能来自你的一卡通数据、校园网登录数据、图书借阅数据。对于可以运用大数据分析得到的数据，应积极使用大数据方法，改善数据收集方式单一的问题。数据整理人员应对大数据的分析结果再进行核验和对部分错误数据进行修改，以求提供更好的管理服务。

（二）制定统一的数据标准

大学的管理者必须从传统的主观决策和经验管理转向理性决策和科学管理，这种管理是基于证据的管理，是以数据和信息为有效支撑的管理。

为了实现各项信息数据的高度集成及共享，高校应结合教育部门颁布的《高等学校管理信息标准》，从现实状况入手，构建大学生技术信息编码、数据子集等规范，保证大学生的编码能够统一化；对各部门的编码进行科学编制，保证各部门的编码能够唯一化；编制好各个业务部门的编码，实现业务编码的统一化，促使各项业务数据更加准确。目前，高校网络校园卡等在数据管理过程中缺乏统一标准，从学校现实状况及现有的实践经验来看，可以将学生电子行为数据纳入平台中，例如设备使用记录、校园卡使用情况、网络认证等数据。

（三）设计符合校园实际的结构框架，采用合理的分析技术

在处理大数据时应采用合理的技术，充分发挥大数据多样性的特点，将不同数据集结合考虑。大数据的处理模式，应该具有独特的方式，可以将看似不同的信息相互连接起来，在大数据管理中一直秉持批判性思维。

对民族学校不同专业不同民族学生，数据处理时应把握各学科间和民族间的差距和交叉点。正确处理结构化数据、非结构化数据、半结构化数据间的关系是使数据内部结构合理的关键。面对一些特殊问题时，依然可以运用传统的样本分析法，但是这种方法将不再是数据分析的主流方式。

（四）建立大数据共享平台

在校园中建立校园大数据平台，是顺应社会现代化发展进程的必然趋势。数据在校园管理中共享共建，既省去了大量人为处理数据的时间，还避免了数据处理中的错误和纰漏，为各学院、各部门的教学安排、评奖评优、管理提供便捷的数据分析支持。通过分析学生的校园一卡通在图书馆、食堂、浴室的使用情况对贫困生提供资助，本着公平公正态度对真正贫困的学生给予支持。在学生评奖评优中集合教务系统和一卡通考勤，选拔出真正优秀的学生。

（五）建立数据维护中心

大数据技术需要整合学校相关资源，在动态信息分析运行中，针对程序和数据建立一个技术小组，进行专业的大数据平台维护，同时根据民族文化方面的变化对数据库进行更新，设计适合民族高校的大数据管理方法，使学校的每一个数据都得到利用。

六、结论

党的十八大以来，"互联网+教育"思维深入人心，在高校教育中起到了重要指导作用，四川省出台了《关于进一步加强高等学校科技创新和服务体系建设的意见》，根据《国务院办公厅关于深化高等学校创新创业教育改革的实施意见》（国办发〔2015〕36号）的精神，建设依次递进、有机衔接、科学合理的创新创业教育课程体系，将创新创业教育融入人才培养全过程。民族高校在学生管理上要通过各方面数据的信息化，综合分析学生的情况，保护学生数据隐私，保障教育数据的透明性，通过使用慕课、云教育平台为在校生提供全面具体的教育支持，运用大数据技术为校园管理提供真实、有效的依据。

参考文献

单耀军，2014. 大数据背景下高校学生管理信息化研究［J］. 教育与职业（23）：27-29.

帕姆·贝克，2016. 大数据策略：如何成功使用大数据与 10 个行业案例分享［M］. 于楠，译. 北京：清华大学出版社.

托马斯·埃尔，瓦吉德·哈塔克，保罗·布勒，2016. 大数据导论［M］. 彭志勇，杨先娣，译. 北京：机械工业出版社.

王谦，2018. 基于大数据的学生管理工作研究与实践［J］. 湖北函授大学学报（6）：21-22.

徐文，李婷，2018. 大数据与高等教育的关系及作用机制［J］. 山西青年（1）：226.

大数据时代政务公开面临的
挑战及推进路径

粟　蓉　戚兴宇①

摘要：随着移动互联网的迅速发展，整个社会涌现出大量的数据信息。政府作为这些数据的最大拥有者和使用者，依托大数据、云计算等新信息技术实行政务公开，并对这些数据的价值进行深度挖掘，有利于建设阳光型政府、服务型政府。虽然目前我国政府在政务公开制度、政务公开网络服务平台建设、信息数据资源收集等方面取得了良好的成效，但同时也存在法律滞后性日益凸显、无法适应数据再使用的需求，部分地区政务公开网络服务平台趋于表面化、政务工作人员数据服务意识不强，数据资源储存方式分散尚未得到充分利用、信息资源管理水平有待提升等问题。本文旨在依据当下我国政务公开取得的成效，针对面临的挑战和出现的问题，从明确政务公开标准、完善政府政务公开法律制度体系，进一步健全政务公开考核评估体系、增强政府数据服务意识，集中建设政府统一的政务服务平台三个方面进行深入研究，最终探析出一条适用于我国大数据时代下政务公开建设的有效路径。

关键词：大数据　政务公开　阳光型政府

习近平总书记在党的十九大报告中指出：要扩大党内基层民主，推进党务公开，畅通党员参与党内事务、监督党的组织和干部、向上级党组织提出意见和建议的渠道。落实贯彻党的十九大精神，李克强总理也曾在谈话中指出：政务公开是政府职能转变的关键。政务公开着重于保障公民知情权，提高公众参与度。我国高度重视政务公开，也取得了很大的进步。然而大数据时代对政务公开有着更高的要求，需进一步加强对数据信息的价值挖掘能力。

---

①　作者简介：粟蓉，西南民族大学管理学院行政管理专业研究生，研究方向为公共政策分析；戚兴宇，博士，副教授，西南民族大学管理学院硕士生导师，研究方向为公共政策分析。

一、大数据时代下我国政务公开的现状

（一）我国政府高度重视政务公开工作，政务公开制度不断完善

大数据时代的出现，对我国政务公开工作带来了极大的冲击。伴随着公众需求呼声的高涨，我国政府也越来越重视政务公开工作，致力于打造阳光型、服务型政府。2007 年 1 月国务院发布《中华人民共和国政府信息公开条例》，标志着我国政务公开逐渐走向规范化、制度化，同时也为政务公开提供了法律依据。随后，《关于深化政务公开加强政务服务的意见》《国务院办公厅关于进一步加强政府信息公开回应社会关切提升政府公信力的意见》等一系列文件正式出台。另外，我国政府制定了 2016 年、2017 年政务公开工作要点，明确我国政务公开具体职责和要求，为我国政务公开建设提供了操作上的依据。由此可以看出，我国十分重视政务公开工作的开展，尤其重视大政方针的制定。

（二）各级政府积极开展政务公开平台的建设

政务公开平台作为政务公开的重要渠道，有效拉近了政府与公众之间的距离，促进了服务型政府建设。与其他很多产业相比，中国政府较早地实现了与互联网的连接。1999 年，中央部委联合发起了"政府上网工程"，标志着中国政府正式开始接触网络，最初的网站数量有限。近几年来，政府不断加大政务平台的建设力度，不仅政务公开平台数量大幅增加，公开的形式也更加多元化，内容也更加丰富。在数量方面：据统计，截至 2017 年 9 月 7 日，仅在四川省运行的政府网站就高达 1 312 个。其中，省直部门网站 86 个，市级政府门户网站 21 个，市级部门网站 898 个，县级政府门户网站 184 个，县级部门网站 123 个①。在公开内容方面：以"中国政府网"为例，最初的中国政府网只包含政府新闻、政府上网动态、各地新闻、重大公告、最新信息及导航中心等栏目，主要功能是集中发布信息。通过对网站的改进及完善，现在的政务网站不仅起到政策公开的作用，同时新增了在线办事服务、数据统计及互动等栏目，其目的是加强与公众的沟通，根据公众的需求有针对性地公开，体现以公众为核心的原则。

与此同时，随着互联网技术的不断发展，政务公开的形式也不只局限于政务门户网站。近年来，各级政府积极搭建自己的政务微信、政务微博。截至 2010 年年底，党政机关和公职人员在新浪微博上开通的政务微博

---

① 数据来源中国政府网，四川省人民政府办公厅关于 2017 年第三季度全省政府网站抽查情况的通报。

约有 552 个，而到 2014 年年底就已经高达 13 万左右①。微博、微信具有传播速度快、维护成本少、影响范围大、使用门槛低等显著特点，其发展不仅为政务公开带来了机遇，同时也推动了新一代基于互联网的社会治理模式创新。

（三）政务公开带来了丰富的信息资源

大数据时代下，政务公开的数据正以成倍的速度增长。中国拥有全世界最大的"数据库"，社会生活中随时随地都在产生数据，这些数据每天不断产生、传播、更新。同时，由于政府的特殊地位，中国政府掌握着社会上绝大多数的数据资源，这些数据资源主要分为业务数据、民意数据及环境数据三大类。业务数据主要是各政府及下属部门日常工作产生的数据，民意数据来源于政府所做的民意调查，环境数据来源于政府对环境的各类统计。这些数据是海量且零散的，政府通过对这些数据进行分析，深度挖掘数据的有效价值，有利于做出更加正确的决策。

政务公开为政府带来了大量的民情民意数据，网民浏览记录、留言等都记录着公民的思想、行动。中国互联网络信息中心统计，中国拥有全世界最多的人口，网民数量众多，截至 2017 年 6 月，中国网民数量达 7.51 亿，占全球网民总数的 1/5，互联网普及率为 54.3%，超过全球平均水平 4.6 个百分点。通过对网民数据的分析可以更好地了解民众的需求，政府通过收集这些数据，将这些数据进行分类、汇总，利用大数据对这些数据进行分析，为政府制定政策提供了有效的现实依据。同时，大数据时代下的政务公开也是政府接受监督的一种形式，有效的政务公开有利于提高政府工作效率及公共服务水平。

二、大数据时代下政务公开面临的挑战

（一）法律法规滞后性日益凸显，无法适应数据开发再使用的需求

法律作为公民知情权的重要保障，对我国政府做好民生工作具有重要意义。2007 年国务院发布的《中华人民共和国政府信息公开条例》（以下简称《条例》），虽然对政府信息公开的范围、公开的方式和程序、监督和保障措施做了明确规定。但由于《条例》是在当时的社会背景下提出的，着重强调政务公开的形式，随着社会的不断发展，《条例》更新速度慢且明显滞后于社会经济发展，无法适应数据开发再使用的需求，且存在着很多问题。具体表现为：对政府信息的界定并不清晰，公开格式不够规范统

---

① 曹磊，陈灿，郭勤贵，等. 互联网+跨界与融合 [M]. 北京：机械工业出版社，2015：96.

一；责任主体的不明确导致互相推诿责任的现象严重；公开的内容并非公众所需，对数据再利用困难等。

在大数据时代，民众所关注的不单是形式上的问题，更多的是实际问题。如数据的收集、开发及价值挖掘的过程。现在，政府所面临的不仅仅是公开什么，怎么公开的问题，还应加强由谁公开、公开后的数据统计等工作。大数据时代着重强调数据的完整性，而政府对政务信息公开的规定不明确，造成边界模糊。在实际使用过程中，由于政府责任落实不到位，数据适应的范围被缩小，政务公开的效果也大大减弱。

（二）政务公开趋于表面化，部分工作人员政务公开服务意识不强

政务平台作为政府与民众沟通交流的纽带，是建设服务型政府的关键一步。目前，政务公开的形式主要有政务网站、政务微信、政务微博三种，职能主要包含政策公开、动态发布、交流沟通及网上办事等。近年来，政务公开平台的确在数量上有了较大增长，内容方面有了明显改善，但在后期网站维护、政务公开效果方面仍然存在很多问题。首先，政务公开平台建设存在"不均衡"现象，一方面，在地域上，经济发达地区建设水平普遍高于经济落后地区，另一方面，由于所处环境的不同，通常信息化水平高的地区更加重视的工作人员政务公开服务意识的培养，而信息化较差地区的工作人员政务公开服务意识相对较差。其次，不同政务公开形式的信息更新速度不一致。当前政务公开的形式通常为政务网站、政务微博、政务微信三种，由于政务网站的建设时间最长，通常各部门更加注重对政务网站的内容进行更新，往往容易忽略微博、微信的内容更新。最后，政务公开平台更加注重政策的公布，很多工作人员只是把政务公开当作日常工作，并没有真正意识到其重要性，行政服务意识不强，导致在政务网站出现了回复公众问题时间长、时效性差、公众的问题不能得到及时解决等问题。

（三）信息资源管理水平有待提升，信息资源尚未得到充分利用

大数据时代下的政务公开强调的是数据的完整性及价值挖掘，想要利用大数据挖掘出数据背后真正的价值就需要完备的数据。目前，我国部分政府的政务公开仍处于各自为政的状态，导致信息处于分散化、封闭化的状态，无法发挥出信息资源整合的优势。一方面，公开主体的不确定，导致信息管理相互推诿的现象严重。在政务公开过程中，一般采用"谁制作、谁公开、谁保存、谁公开"的原则，特定的信息需要特定的单位公开，其余单位没有发布的权限，也没有获取相关数据信息的权限，导致各部门主动公开的积极性不强。另一方面，政务公开的内容和质量与公众的需求也存在差异，政务公开往往避重就轻、质量不高，导致出现政务信息表面化现象严重，民众难以收集到自身想要的数据等。要想提高政务公开

的质量及数据资源管理水平，就要加强部门间的合作和不同级别政府间的数据资源共享。政府善于利用大数据等信息工具，在将获取的信息进行分析、整理的同时，针对公众的实际需求加强政务公开。

三、大数据时代下政务公开的推进路径

（一）进一步明确政务公开标准，完善政府政务公开法律法规体系

针对我国法律法规滞后的问题，首先，应进一步对《中华人民共和国政府信息公开条例》《保护国家秘密法》《个人信息保护法》等相关法律法规做出修订，积极推行"政务公开"，对不公开的例外事项，应制定出明确标准。其次，针对现在很多政府部门都是现有人员兼任政务公开工作的情况，可以专设政府政务公开机构，从而有利于进一步细化工作职能。最后，需要完善政务公开体系，主要包含以下三个方面：一是将公开的范围扩大，在大数据时代下，政府部门拥有大量全面的数据，所以需要适时扩大公开的范围，将以往零散式公开的方式转换为批量式公开方式。二是加快公开的时效性。《条例》第十条规定：属于主动公开范围的政府信息，公布期限为20个工作日内。然而，在当今高速发展的社会背景下，20个工作日过于漫长，所以可以将政府公开时限进行类化整理，把可能影响社会稳定、时效性需求强的信息列为紧急类，针对此类信息适当缩短政务公开要求时日。三是提升对政务公开的质量要求。内容完整、质量较高的政府数据是大数据计算的基础，《条例》应加强对公开内容的严格控制。

通过明确政务公开的标准，可以使政务公开工作流程清晰、有章可循。通过完善政府政务公开法律法规制度体系，可以有效解决政务公开范围偏小、时效性低、公开内容质量不高等问题；可以保证数据的完整性，有效满足数据的开发再使用的需求；还可以使政务公开的范围扩大，有效提升了政务公开的实际效果。

（二）完善政务公开考核评估体系，增强政府数据服务意识

针对政府部分工作人员数据服务意识较差的问题，可从以下两个方面入手：一方面，完善政务公开考核评估体系。传统政府的本能往往是保护数据，而在大数据时代，则需要政府进行数据公开，通过对政府部门数据的进一步开放促进改革，通过对数据的再利用，提升政府部门决策能力，提升社会的创新能力，有利于打造阳光型政府。要加大数据公开力度，就要增强政府数据服务意识，在政府评价指标体系中完善考核评估指标，将政务公开工作作为一项重要评价指标，并定期进行检查监督与工作总结，将考评的结果与工资薪酬及职称评审结合起来，对做得好的人员进行奖励，对做得差的人员做出惩罚，促使政府部门各级工作人员更加重视政务

数据公开工作。另一方面，政府部门可加强对工作人员的培训。由于政务公开工作一般都是由其他岗位的人员兼职完成，所以对技术差及服务意识不强的人员，可采用定期开展线上线下讲座、交流会、外出学习等方式进行培训。通过培训一方面可以加深工作人员对政务公开重要性的理解，另一方面也可以转变部分工作人员陈旧的思想观念。

（三）集中建设统一的政务服务平台，提升信息资源管理水平

政务网站、政务微信及政务微博不仅是政府政务公开的主要渠道，同时也是政府收集信息数据的主要来源。政务公开信息具有动态性、海量性、分散性等特点，所以应将正确的信息通过正确的方式，送到正确的地方，从而保证信息资源的集中性和便捷性优势得到体现。针对政府目前存在的"信息孤岛"现象，主要应从以下三个方面着手加以解决：一是提升政府部门信息获取、分析及利用水平，大数据时代的数据分析强调信息分析。只有利用好数据，在组织领导者的有效管理和协调下，共享信息资源，扩宽信息资源的应用范畴，才能实现政府信息资源的科学配置及合理运用。二是集中建设各级政府的统一政务服务平台，促进各部门间的数据互联互通，建成庞大的政务服务数据库，使其为政府改革和创新决策管理提供一定的参考。三是积极满足公众信息需求，增强公共参与合作意识。除政府间的信息沟通交流以外，政府应加强和企业、公众间的数据共享，从而有利于更加准确满足公众的需求，使政务公开资源信息发挥最大效用，保证政务公开资源信息在任何时间、任何地点都可被使用。

参考文献

崔露方，朱晓峰，赵柳榕，2017. 大数据时代的上下级政府信息公开行为研究 [J]. 图书馆（10）：6-12.

栗燕杰，2016. 大数据背景下的政府信息公开法律制度完善研究 [J]. 重庆邮电大学学报（社会科学版）（28）：38-43.

涂刊，2016. 政务微信中的法律问题研究 [D]. 武汉：华中科技大学.

王敬波，2017. 政府信息公开：国际视野与中国发展 [J]. 行政法学研究（1）：145.

徐双敏，2009. 电子政务概论 [M]. 武汉：武汉大学出版社.

赵正群，朱冬玲，2010. 政府信息公开报告制度在中国的生成与发展 [J]. 南开大学（哲学社会科学版）（2）：30-39.

BEN MIMOUN M S, GARNIER M, LADWEIN R, et al., 2014. Determinants of e-consumer productivity in product retrieval on a commercial website: An experimental approach [J]. Information & Management, 51（4）：375-390.

大数据背景下创新高校学生管理工作的
路径选择

孙晢茜①

摘要：随着大数据技术的发展，高校学生管理工作也应紧随步伐进行相应变革。大数据背景下，高校学生管理工作机遇与挑战并存。本文通过阐述大数据的背景及其对高校学生管理工作的影响，分析大数据背景下高校学生管理工作面临的四项主要挑战，即学生数据管理缺乏统一的管理平台、管理工作效率低下，资源配置不合理，管理人员技术水平跟不上大数据发展，盗取信息隐患大、难以辨别信息真伪，进而从依托大数据研究成果、构建统一的大数据管理平台，增加校企合作、加快大数据技术研发，对管理人员进行大数据技术培训、引进专业技术人员，保护隐私、加强对数据及平台的监管四个方面提出大数据背景下创新高校学生管理工作的路径选择，为有效促进学生发展和提升高校学生管理工作水平提供借鉴。

关键词：大数据 管理工作创新 路径选择

随着信息技术的飞速发展和互联网的广泛应用，社会的方方面面都发生了巨大变化，传统的数据处理技术已经不能满足我们的工作生活需要。我们对大数据的使用也越来越广泛，越来越熟练。近年来，全国各高校招生规模不断扩大，学校规模也不断增加，高校的分校区建设数量也逐年增加，所带来的最大问题就是管理人员、教学资源的短缺，导致很多办事流程更加烦琐。同时，高校的学生管理工作的复杂性与艰巨性也逐渐增加，传统的学生管理模式尤其是学生数据处理模式已经不能满足新时代的要求，因此，如何运用大数据创新学生管理工作就成了现阶段需要讨论探索的问题。本文通过分析大数据背景下高校学生管理工作面临的挑战，从而提出大数据背景下创新高校学生管理工作的路径选择，为有效促进学生发展和提升高校学生管理工作水平提供借鉴。

---

① 作者简介：孙晢茜，西南民族大学管理学院硕士研究生。

一、大数据的背景及其对学生管理工作的影响

关于大数据，国内外有很多种定义。大数据又称为巨量资料，指需要新处理模式才能具有更强的决策力、洞察力和流程优化能力的海量、高增长率和多样化的信息资产[1]。根据维克托·迈尔-舍恩伯格的定义，大数据是指所涉及的数据规模巨大到无法通过目前传统软件工具，在合理时间内达到撷取、管理、处理，并整理成为帮助企业经营决策更积极目的的信息[2]。宋鹏瑶认为大数据是人们在大规模数据的基础上可以做到的事情，而这些事情在小规模数据的基础上是无法完成的[3]。无论怎样定义，我们都可以看到大数据具有这样几个特征，也就是所谓的"5V"特征：volume（大量）、velocity（高速）、variety（多样）、value（低价值密度）、veracity（真实性）[4]。

大学生从入学到在校期间的学习、餐饮、图书馆借阅、财务缴费、浏览校园网络等，再到毕业实习、就业创业等各项行为活动在数据系统中都留下了大量的记录信息。而高校学生管理的大数据工作就是要在这些数据记录中发现学生各项活动之间的联系，从而提取出有效信息，以便更好地从事学生管理工作，提高学生管理精准化水平，并做出恰当的教学、管理决策[5]。相对于传统模式的学生管理工作，大数据背景下的学生管理可以有效地整合学生的信息资源，避免信息流通慢甚至信息阻塞，通过数据信息化，更容易了解学生的心理健康状态并做出合理的预测与分析，同时还能减少成本开支，有效地降低管理工作的行政成本[6]。

二、大数据背景下高校学生管理工作面临的挑战

（一）学生数据管理缺乏统一的管理平台，管理工作效率低下

在大数据的背景下，很多高校尤其是有几个校区且不同校区之间有工作任务重叠的高校，在一些学生管理问题的处理上效率是十分低的。如果有学生需要办理一份手续，可能需要来回几个部门跑几次，原因可能仅仅是学生的某一项信息这个部门没有，需要先到另外一个部门打印出该数据信息后再交回到这个部门。诸如此类事项还有很多，这样来回推拉、踢皮球，就浪费了大量的时间，很有可能错过了该同学手续提交的时限，对学生的工作生活产生影响，同时，也大大减低了学生管理工作的效率。

此外，由于很多高校的很多部门对于数据的分析使用是分割的，这也就导致了各个部门掌握的相关信息数据很有可能是矛盾混乱的。同时，学校没有确立起大数据管理职能部门，这种分散的信息处理与更新产生了大

量的重复劳动，从而导致了学生信息的混乱。数据信息缺乏一致性、及时性，影响了信息的准确性和完整性，给学生管理工作带来诸多不便，影响了大数据的使用效果。这也使得高校学生数据管理数据质量差，数据流通阻塞。

诚如上面所说，在信息化建设过程中，各部门对于信息数据的处理是分割的，同时各部门开发或购买了面向不同领域和功能、基于不同技术手段和应用模式的业务管理系统。这种分散的处理信息的模式和处理系统就导致了部门之间的数据交换流通性差，降低了部门之间的数据信息共享性，使得数据流通受阻，数据的利用率也很低。同时，在数据的录入、使用、交换过程中，缺乏对数据准确性、时效性等的监控，导致出现较多错误信息和过期信息，以致数据的质量较差，无法使用。

（二）资源配置不合理

现阶段，很多高校已经意识到了大数据的重要性，但这种意识更多停留在思想层面上，并没有付出实际行动，或者即使有实际行动，但却没有使大数据得到充分的利用。例如有些高校近年推出了学生上课考勤采取打卡考勤的方式，原本是一项可以节省教师上课点名时间和精力、高效便捷地记录学生考勤结果、提高教学质量的举措。但事实上，考勤系统故障频出，学生虽然打了卡却没有考勤记录甚至根本打不了卡等现象常常出现，导致系统上的考勤结果并不精确，还是需要教师上课点名。而学生上课打卡的意识也因此越来越薄弱，以致后来干脆不再打卡，打卡考勤成了一个摆设，不仅没有提高工作效率，还因此浪费了大量财力物力和人力资源。再比如有些高校在学生宿舍管理上设置一个系统，可以让学生在宿舍门禁锁后刷一卡通进行面部识别或指纹识别解开门禁进入宿舍。有些高校采用网上报修系统，但实际上也只是在系统上录入了电话号而没有网上预约功能，使系统成为一个"电子版的电话本"，报修还是一样需要打电话才能实现等，类似的例子还有很多。这些案例中，虽然这些高校意识到应将学生管理工作与大数据管理相结合应用，但由于对系统的研究不够，或其他原因，最后学校虽花费大量财力购买安装这些产品，却使这些产品成了一个装饰品，这对学校的人力物力财力等资源都是一种浪费。

（三）管理人员技术水平跟不上大数据发展

现如今虽然很多高校都有了大数据管理的思想意识，也进行了很多大数据信息处理软件的开发使用，但是由于很多学生管理工作人员还依然停留在传统的数据处理模式中，对于这种大数据处理技术及软件的使用技巧还不够熟练甚至掌握得还很不到位，对于这一方面的技术缺乏有效认知，尤其缺乏系统性、结构性的数据处理能力，不具备现代意义上的大数据处理水平，使数据分析技术的效用没有得到充分发挥，无法对高校的学生管理工作提供有效的支持。另外，很多高校也无法投入大量的人力物力财力进行数据化分析与培训，专业数据分析人才及技术人才十分欠缺。现有人员的技术水平跟不上大数据时代的发展，就使得高校学生管理中的大数据使用效率较低。

（四）盗取信息隐患大，难以辨别信息真伪

大数据时代给人们的工作、学习和生活都带来了非常大的便利，例如上网搜索的历史记录，输入法对于人们常输入的词语句子的记忆，登录某网站平台时对用户名和密码的记忆，浏览网页的浏览记录，以及线上购物时浏览某一商品后自动推送出的同款其他商品以方便比较购买，等等。在这一背景下，通过软件开发，如网易云音乐、超级课程表等，能够对这些数据进行收集与处理，从而上传到网络平台上，增加数据量。但同时，也为不法分子提供了便利，某些人通过不法手段潜入学校网站，盗取学生信息，从而从事不法活动等的现象时有发生。对于高校学生管理工作者来说，他们每天都能在信息网络中心获取学生使用各种信息设备的相关数据。但这些信息很多都是学生在使用时想让别人看到的信息，主观性很强，不一定是真实信息。如此一来，对于这些种类繁多而杂乱的数据进行处理就会变得非常困难，而真正从中提取到有效信息就显得更加困难。在巨大的数据量里面找出有价值的数据并能能够对其加以挖掘和利用，是现阶段高校学生管理工作者面临的巨大挑战。

三、政策建议

（一）依托大数据研究成果，构建统一的大数据管理平台

现阶段很多高校已经有了搭建大数据管理平台的意识，但由于部门设置和技术水平的限制，平台的搭建还处于初级阶段，所搭建的数据管理平台也只是限于部门内部使用，所以才会导致数据管理混乱，管理效率低。在这样的背景下，高校搭建一个统一的大数据管理平台就显得尤为重要。通过搭建整个学校各部门的一体化的大数据管理平台，可以使信息得到统一，信息的交互利用率也能够得到有效提高，实现信息的共享，提高信息的使用价值，从而使各部门可以及时有效地调整自己的管理方案。构建统一的大数据平台，要整合全校所有相关信息系统的数据，包括教务系统、学工系统、图书馆系统、后勤系统、资产系统等，以此实现各部门间信息的互联互通，使高校的学生管理信息变得流通畅无阻，提高管理工作的效率，"让信息多跑路，让群众少跑腿"。

（二）增加校企合作，加快大数据技术研发

通过增加校企合作，使企业为学校和学生提供更多的实习与就业机会和前沿技术，增强学生的实践能力；学校为企业提供更专业更优秀的青年人才等。校企合作可以实现优势互补、互惠互利，加快大数据技术的研发力度，培养更多的优秀的尖端技术人才，更好地为高校学生管理等工作服务，从而促进高校深化教育教学改革，提高人才培养质量，增加学生的就业竞争力。

（三）对管理人员进行大数据技术培训，引进专业技术人员

要想保证大数据在学生管理工作中的有效应用，不仅要有统一先进的大数据管理平台，还要求管理人员要会使用系统平台，要能够掌握相关的大数据信息处理技巧。一方面，学校可以对现有的相关管理人员进行大数据技术的培训，帮助管理人员提升信息化素养。通过宣传、培训、讲学，让管理人员了解大数据、学习大数据、使用大数据。强化学工队伍建设，使学生管理工作者能够根据大数据分析提出适合学生管理要求及学生发展的方案。让现有人员熟练掌握大数据的相关使用技巧，能够根据相关数据进行日常事务的处理。同时，也要将大数据管理技术培训作为新进管理人员培训的一项必修内容。另一方面，高校也应该组建自己的具有大数据处理分析能力的专业团队，引进专业技术人才，对大数据进行持续跟进与研发，以掌握更为先进的大数据处理和使用技术。

（四）保护隐私，加强对数据及平台的监管

在高校大数据信息管理与使用的过程中，隐私保护是尤为重要的。校园系统中，学生的数据是全面且范围广泛的，包括学生的基本信息、家庭情况、消费情况、兴趣爱好、团队活动、行动轨迹等各方面的信息。大量的数据信息聚集，增加了信息暴露的危险性。因此，高校要加强内部管理，增加数据管理使用的规范性。研发或引进先进的数据管理与维护技术，建立信息防火墙，防止外来者对高校校园网络的非法入侵与数据盗取。同时加强对数据库的监管，及时监测有危险的访问或病毒软件，最大限度避免非法入侵和师生信息泄露。

四、结语

总之，大数据时代的学生管理工作模式对于传统的学生管理工作有一定的冲击，大数据时代给高校学生管理带来更大的发展空间的同时，也带来了一定的挑战。在面对巨量的数据信息的时候，传统的数据处理模式已经满足不了学生管理的新要求。这需要管理者不断学习大数据管理技术，

通过大数据技术对高校学生进行合理的管理。在对大数据技术的应用的同时，高校的相关人员必须结合实际情况搭建大数据平台，促使大数据在学生管理工作中充分发挥作用，从而提高学生管理工作的有效性，为学生的发展提供有利条件。

参考文献

陈怡君，黄琼丹，2018. 大数据背景下高校学生数据资源服务平台理论模型构建与实践应用研究 [J]. 知识经济（9）：11-12.

程时星，2015. 基于云平台的大数据分析与高校图书馆服务研究 [J]. 科技情报开发与经济（14）：38-39.

付新，包伟，王耕，2015. 大数据在高校学生管理与服务中的应用研究 [J]. 广西青年干部学院学报（4）：19-22.

帕姆·贝克，2016. 大数据策略：如何成功使用大数据与 10 个行业案例分享 [M]. 于楠，译. 北京：清华大学出版社.

宋鹏瑶，2018. 大数据时代高校辅导员提升工作精准化水平的路径探究 [J]. 长江丛刊（15）：212-213.

先晓兵，陈凤，王继元，等，2015. 基于大数据的高校学生管理工作研究与实践 [J]. 中国教育信息化（10）：6-10.

大数据背景下高校图书馆的微服务建设①

宋小蓉　曹满云②

摘要：随着社会经济的快速发展，人们的生活节奏也不断加快。信息的传播和交流主要通过移动互联网，如微博、微信等社交软件来实现。高校图书馆传统的单一服务已经不能满足广大读者的需求。高校图书馆可以利用大数据技术分析读者对数据资料的个性化需求，通过微服务平台将内容以准确、精炼的形式推送给用户，从而满足用户的需求。但由于我国的微服务起步较晚，图书馆的电子信息服务功能尚不够完善，很多服务功能只存在于表面。国内只有几所大学的服务系统比较完善。本文针对高校图书馆的微服务内容单一、微服务平台利用不充分、微服务队伍不够专业等问题，提出相应的解决思路，旨在让大数据时代高校图书馆的微服务建设更加完善。

关键词：大数据　高校图书馆　微服务

一、引言

大数据时代，用户的信息需求越来越个性化、多样化，只有将海量的数据精简，并通过相关设备传递信息，才可能最大程度满足用户的需求。高校图书馆是大学的重要组成部分，是大学改革发展与建设的三大支柱之一，担负着为教学、科研服务的重要任务。结合移动互联网技术，充分利用微博、微信等微互动平台，有效利用微服务的便捷化、多元化、个性化和碎片化的特点，使其与高校图书馆的发展有效地结合起来，从而为广大读者提供个性化推送服务。

---

① 基金项目：此文为西南民族大学 2019 年研究生创新型科研项目资助硕士一般项目（项目名称："大数据背景下高校图书馆的微服务建设"，项目编号：CX2019SP113）的研究成果。
② 作者简介：宋小蓉，西南民族大学管理学院硕士研究生；曹满云，西南民族大学教师，研究方向为公共管理。

二、高校图书馆微服务概述

（一）高校图书馆微服务的概念

随着大数据时代的到来，高校图书馆与大数据的联系越来越紧密。图书馆微服务是指利用大数据技术对信息资源进行整合分析，再借助微服务平台，将信息资源以推送或者发布公告的形式提供给用户的一种服务形式[1]。

（二）高校图书馆微服务的特点

1. 便捷化

随着时代的发展，电子设备层出不穷，现在高校里每一位师生基本人手一部移动设备。无论是在宿舍、教室、图书馆、地铁、公交车上，或者走在路上，师生们都会随身携带手机，手机几乎成为人们的生活必需品。移动互联网行业的快速发展为师生提供了随时随地进行信息交流和服务的方式。既然信息随着人的移动而流动，那么高校图书馆也应当充分利用移动设备这一随身性的特点，让师生无论在何时、何地都能通过微服务这一一站式的服务平台准确、快速地查找到自己需要的信息。这样就会给高校师生在繁忙的工作和学习中节省很多的查找时间。

2. 多元化

第一，服务环境的多元化。大数据时代，师生们获取信息不仅仅局限于图书馆这一狭小的实物空间，只要是有移动设备和网络，都可以随时随地地享用图书馆服务，并且能方便地阅读[2]。

第二，数据类型的多样化。随着大数据时代的到来，师生不再局限于从纸质的文献和电子文献中获取有用信息，他们还可以通过各种形式，包括音频、视频、图片、网络日志等形式了解到相关的内容。

3. 个性化

在以前，传统的图书馆副本量少，如果借阅副本数不足的话，用户就只能等别的用户归还图书之后才能借阅[3]。而在大数据时代，图书馆微服务运用数据存储技术将用户的大量借阅信息和预约信息进行分析整合，通过一站式服务系统，在借阅图书归还时，成功将目标锁定到下一位用户身上。同时，高校图书馆微服务平台通过大数据分析技术对用户的借阅记录进行分析、研究，找出用户的喜好，据此向用户推送相关书籍和信息。

4. 碎片化

碎片化是指高校图书馆提供的服务时间的碎片化和内容的碎片化。在大数据时代，高校图书馆能够在用户的零碎时间里通过微服务平台，根据用户的喜好，为其推送符合用户需求的信息。

（三）高校图书馆微服务的内容

1. 个性化推送

高校图书馆是数据生产和储存的重要基地，拥有大量数据资源。大数据时代，随着生活节奏的加快，有效率地检索图书信息是师生们所关注的[4]。通过大数据技术，高校图书馆可以根据用户的检索行为和借阅记录分析其个性化需求，再利用大数据相关技术，挑选出适合用户的学习资源，再以内容的形式推送给用户，为用户提供有针对性的个性化服务，从而提高用户的学习效率。

2. 微互动

随着移动互联网的发展，高校图书馆的微服务形式已经不再是单一地通过聊天形式来传播信息。高校图书馆可以利用微博、微信优于传统的移动终端的特点，如信息速度快、传播对象广泛、传播形式多样化等，为用户建造一个互动交流的空间。

3. 微课堂

微课堂的特点在于时长短、灵活性高、针对性强。高校图书馆开设微课堂，主要是通过对学生在微课堂的学习数据和在传统课堂的学习数据进行分析，了解用户的需求，从而有针对性地提供微课堂服务。

三、大数据时代高校图书馆微服务面临的机遇与挑战

（一）大数据时代高校图书馆微服务面临的机遇

随着大数据时代的来临，信息资源的获取变得越来越便捷，而高校图书馆的信息资源和数据是非常庞大的。目前，我国新媒体已经进入"微"时代，微信、微博已经成为人们日常沟通中必不可少的工具。大学生是微信等微服务的主要用户。因此高校图书馆借助微服务公众平台为用户提供信息资源的模式是很容易得到推广的。

（二）大数据时代高校图书馆微服务面临的挑战

在大数据时代，图书馆微服务应找准自己的发展方向。首先，要不断加强信息资源建设，要尽量让读者采集到更多、更丰富有趣的信息资源。其次，要充分利用大数据的分析技术，以真正了解用户的个性化需求，以及他们的潜在需求。最后，要不断完善自身的微服务系统，要真正做到为用户提供便捷、高效的服务。

图书馆微服务的发展要求图书馆的工作人员能够加强专业技能培训。一方面，技术人员必须要保证微服务平台系统是可以供用户正常使用的；另一方面，微服务平台的相关工作人员在与用户进行互动的时候能够及时、准确地解答用户的疑问。

四、大数据时代高校图书馆微服务的发展现状和问题

（一）我国高校图书馆微服务的发展现状

在我国，高校图书馆的微服务主要是通过微信和微博实现的。它们在图书馆微服务中起着不可替代的作用。

1. 微信在微服务中的使用

随着大数据和移动互联网技术的发展，我国高校图书馆的微信服务也得到迅速发展。个别高校图书馆微信服务的发展具有自身的特色，如在微信平台构建"人图"一站式服务平台，该平台具有互通性能、社交性能以及数据存储性能。

2. 微博在微服务中的使用

随着互联网技术和移动设备的发展，微博在社交软件中的使用率越来越高，用户以大学生为主。他们喜欢通过微博了解学校附近的生活，通过微博了解热点新闻，并且分享自己身边的奇闻逸事。所以，在高校图书馆微服务中，微博才是大学生群体最喜欢使用的。并且，我国很多高校现在也已经开通了学校的微博公众号，以为用户提供便捷、高效的微服务。

（二）我国高校图书馆微服务存在的问题

1. 微服务内容单一

大数据时代，传统的高校图书馆服务模式已经不能适应广大师生的需求。目前，我国大部分高校的图书馆微服务主要借助社交平台实现，服务内容只是简单的公告发布、链接转发、信息检索、借阅和续借等服务项目。

2. 社交平台利用不充分

目前，我国高校图书馆在对微博、微信的使用上不够充分，一般就只是通过微博、微信发布通知公告，分享相关信息链接。

一方面，微信的使用不够充分。调查显示，我国很多高校图书馆每年通过微信发布的消息少之又少，对微信的应用还处于初级阶段。这主要是由于我国微信服务起步较晚，很多服务功能只停留于表面，以资源查找、借阅和续借等项目为主要服务内容。图书馆的电子信息服务功能不够完善，没有深化技术方面的研究。在国内只有几所大学的服务系统比较完善，一般的高校图书馆对于微信的使用只限于通过微信公众号发布公告，不会和微信用户进行实时的互动[5]。

另一方面，微博的使用也不够充分。其实，微直播是微博的特色之一，很多大学生都喜欢浏览微博上的热门视频。另外，微博的互动功能也很少被高校图书馆使用。用户们可以通过在微博的评论区互相评论、发表

自己的观点，进行交流，还可以给高校图书馆的微服务工作人员发送私信，了解更多的学术资源方面的信息。

3. 微服务工作人员不够专业化

国外大部分高校图书馆都有一支专业的微服务团队，不管是微服务系统的哪一方面存在问题，都能及时、准确地为用户答疑解惑，让用户能放心使用。但在我国，目前还没有在高校的图书馆管理人员中专门组建一支微服务的工作队伍。大多数工作人员并没有经过专业的技能培训，所以服务理念仍然停留在传统的图书馆管理模式上，甚至有人对微博的使用都不熟练[6]。一旦用户在使用的过程中遇到了问题，就不能获得很好的解决方案。

五、针对我国高校图书馆微服务存在的问题提出完善的策略

（一）微服务内容的建设

1. 完善个性化推送服务

在大数据时代，高校图书馆数据信息呈现海量化的特征，用户需要在如此多的信息中快速得到自己想要的信息。这就需要高校图书馆微服务平台充分利用大数据，对信息进行分门别类的整理，分析用户的个性需求，然后通过微博、微信等社交平台传达到用户的眼前。

2. 完善微课堂的设计

首先，学校需要开辟微课堂模块，以便老师创设微课目录、上传相应的教学视频和配套练习，进行相应的组织管理。其次，为了提供更好的学习服务，学校还可以开辟专用的微课教室，配备较好的教学、录制、编辑设备，方便各位老师制作更精良的教学视频。最后，学生在自主学习微视频后，可以在互动版块留言或提问，加强师生之间的交流。

（二）打造微互动空间

高校图书馆应充分利用大数据的特点，基于用户的使用兴趣、专业特点、研究方向来收集用户行为信息，通过微互动空间的构建，打造一个虚拟学习环境，营造浓厚的高效学习氛围。一方面，充分利用微博、微信传播信息即时、传播对象广泛的特点，让用户更多地使用社交平台来获取资源；另一方面，引导用户在社交软件上发表自己的观点，并及时给予回复[7]。此外，可以上传更多丰富的数据资源，吸引用户在这样一个虚拟的学习空间里自由、高效地学习。

（三）使微服务人员专业化

大数据时代对人的知识水平要求越来越高，图书馆工作人员必须具备一定的知识储备，才能顺应时代的发展变化。传统的图书馆工作人员只需

要会识字、会整理书籍、熟练掌握借阅的相关程序，就能胜任图书馆的工作。但由于高校图书馆与大数据的联系越来越紧密，图书馆的工作人员也必须进行全新的变革，组建一支专业的微服务团队[8]。

首先，工作人员必须保证定期更新图书馆的推送消息，不能几个月或者半年才更新一次。工作人员要保证通过微服务平台发布的公告准确、及时，并且有较强的关注度，不能让高校图书馆微服务平台形同虚设。其次，对微服务工作人员的工作进行具体的分工。把每个人的具体工作细化，采用问责制的管理形式，这样会有利于提高工作人员的办事效率。最后，对工作人员进行定期的专业知识和技能的培训，使微服务系统高效运作，使工作人员高效率地完成工作，而不是遇到问题后束手无策。

六、结语

当今社会，大数据已经深入我们生活的各个方面，给我们的生活既带来了便利也带来了挑战，高校图书馆建设正面临机遇与挑战。只有努力完善高校图书馆的微服务，通过大数据分析技术，为广大读者提供个性化需求，提高获取信息的效率，才能更好地建设高校图书馆，使其资源得到充分利用。

参考文献

[1] 黄春英. 探究大数据时代下图书馆的服务创新与发展 [J]. 才智，2014 (6)：290.

[2] 陈俊华. IT环境下的高校图书馆转型期建设 [J]. 图书情报工作，2001 (2)：70-72.

[3] 程聪聪. 大数据时代高校图书馆微服务研究 [D]. 福州：福建师范大学，2017.

[4] 杜辉，刘晓，袁百成. 基于微信公众平台的高校图书馆学科服务创新 [J]. 图书情报工作，2015 (6)：41-45.

[5] 马燕. 高校图书馆微信公众服务平台服务发展现状及对策 [J]. 知识文库，2016 (7)：45.

[6] 李玲. 试论大数据时代图书馆的服务创新与发展 [C].《图书馆杂志》社：全国中小型公共图书馆联合会，2018.

[7] 孙继林. 图书馆改革要重视人力资源管理 [J]. 图书馆论坛，2002 (5)：133-135.

[8] 崔晓红. 大数据时代高校图书馆信息服务创新研究与发展策略 [J]. 发明与创新（大科技），2018 (6)：62-63.

［9］陈哲. 大数据时代下高职图书馆新媒体服务的发展［J］. 清远职业技术学院学报，2017，10（1）：73-76.

［10］叶军. 高校图书馆数字化建设若干问题的探析［J］. 科技情报开发与经济，2005（18）：60-61.

［11］王佩. 地方高校图书馆数字化建设若干问题的探析［J］. 图书馆，2002（1）：63-65.

浅析大数据背景下的教育管理工作

王凡 周静①

摘要： 大数据理念和技术在影响和重塑社会思维与行为的同时，推动着教育管理工作的革新。基于实践的探索中，高校教育管理者逐渐构建了大数据时代下高校教育管理的新框架和新特色，但同时也凸显了一系列新问题。实践教学、教学管理水平以及个性化教学等方面仍呈现出大数据信息技术融合不足等问题，存在较大的优化空间。这就要求管理者立足于大数据技术的具体应用，重视大数据对教育管理的影响并考虑采取相应的措施，以实现教育管理理念、模式、技术及应用实践的创新，与时俱进地运用大数据技术推动现代高校教育管理的发展。

关键词： 大数据 教育管理 改革 个性化

大数据时代下的信息风暴席卷各行各业，高校教学管理工作也不例外。大数据驱动着我国高校教育管理实现现代化转型，教育决策从经验走向数据、教学管理从宏观群体走向微观个体、资产和能源管理从人管电控走向智能调节、舆情监控从被动响应走向提前预防、学生事务管理从粗放型走向精细化[1]。然而，在转型中也面临着一系列与之俱来的挑战，如数据爆炸式增长与管理水平不匹配的矛盾、基础性数据平台不完善和数据安全保障不成熟等。所以如何抓住大数据发展带来的契机进行教育管理工作的革新，需要我们对教育管理大数据进行洞察和探索，对教育管理的实践进行把握。

一、大数据与高校教育管理大数据

（一）大数据及其特征

大数据不仅是现有数据的扩展，而且还用于描述数据的增长与可利用

---

① 作者简介：王凡，西南民族大学管理学院会计学硕士研究生；周静，西南民族大学管理学院副教授，研究生导师，研究方向为财务管理理论与实务。

性。部分学者对"大数据"从两个方面进行解读：①从内涵要义来看，大数据具有"4V"特征：爆炸式的数据量（volume）、实时迅捷的交换速度（velocity）、多元异质的数据形式（variety）、强大的数据洞察力（value）[2]。"V"既是对大数据特征的描述，也预示着大数据将要带来的变革与挑战。②从投入与产出效率来看，我们应关注大数据技术的实效性与影响力。大数据技术集多元共享的信息特性和理性革新的技术属性于一体，影响着人们思维和实践，是信息传递与获取的重要载体。

（二）高校教育管理与大数据

将大数据应用于教育管理是各个高校顺应信息技术时代发展的表现。近年来，《国家中长期教育改革和发展规划纲要（2010—2020年）》等文件明确提出要将大数据应用于教育领域。教育管理大数据主要指整个教育过程中产生的各种行为数据和综合性数据，以及与教育相关联的其他领域的运用于教学管理的数据和技术。教育管理大数据既包括静态描述数据，如奖助学金覆盖面、就业信息等；也包括动态过程数据，如选课信息、学术实践活动、师生互动等；还包括教育管理系统的综合数据等。从数据类型看，教育管理大数据包含结构化数据，如学生档案、校友档案、导师信息等，这类数据多存储在数据库里；也包括各种非结构化数据，如学生个人的表现、师生交流情况等通过文本、图像、视频、超媒体等呈现的数据。教育管理大数据依赖于大数据技术对其进行发掘、整理与共享，以实现数据的整合性与可延展性，形成"高校数据生态系统"。

（三）高校教育管理大数据的特点

科学分析。教师的教学数据、科研数据，学生的成绩、图书借阅记录、上网习惯，管理部门的制度、运行机制等都有着较为密切的联系和一定的规律。利用大数据技术对其进行分析有助于科学决策和满足各方需求，实现教育管理的科学有效性。

资源整合。我国地区发展不平衡，教学水平也各有高低。因此实现大到区域间、小到高校间的资源整合具有重要意义，这不仅可以实现资源利用价值最大化，还可以在一定程度上促进教育公平。

精准教育。教育管理对象具有差异性，因此因材施教、个性化管理和多样化人才培养是教育的追求。大数据技术能够使兴趣不同、能力各异的学生最大限度地享有教育资源，满足自身需求。

双向互动。大数据教学平台为师生提供更便捷有效的互动交流渠道，信息的及时互通使"教"与"学"真正融为一体。

风险防范。临界点与容忍度的设置有助于异常信息的预警和处理，以及时发现和纠正教学管理中的违规行为。

二、大数据带来的教育管理新变革

（一）助力教学改革

依托大数据，可以跟踪了解教学体系的各个维度与教学参与者的实时动态，包括教师的教学情况、教学资源的使用情况，学生的学习、生活和心理状况等。高校可以利用这些数据精准跟踪师生最新发展动态，把握各方真实诉求，提供有效指导和对症服务；同时也可利用相关数据去评估现有的教学手段和成果，达到预警或及时调整改进的效果，提高教学体制运行效率。

改变传统教学管理中决策者仅是教育链中单一一环、与实际教学环节脱离的现象。大数据背景下决策者可以利用各种技术去进行教学数据的收集、整理、存储、分析和使用，充分了解数据背后的丰富信息，并将获得的有效信息运用到实际的教学管理工作中去，促使决策者科学决策、理性决策、最优化决策[3]。

大数据背景下各种技术的融合使用，使教育管理相关的各种理论和技术有机结合，相互助力，使得教学评估不论是评价角度、评估标准还是评价技术都得以优化创新。多维度、多层次、全方位的信息采集与更客观、更理性的评估过程相结合，最终提供高质量的评估结果，使评估结果变得更具有说服力。

（二）冲击传统教学管理

大数据弱化了信息单向传输的垄断性与校方的绝对权威性。大数据时代的到来改变了信息传播的单向性，信息具有多元化与实时共享性，不再垄断存在于教师与学校各个网站中，而是借助于不同平台迅速传播。学生获取知识和信息的渠道日益丰富，从而使得学生的民主平等意识和创新思维日益成长，不再绝对遵从于校方单一的信息导向，因而校方的话语权与对学生的教育和管理受到一定程度的挑战。

迫切的民主意识、参与意识促使教育管理权限下放。网络与电子通信产品的迅速普及，不仅给常规的管理工作带来了新的变化，个人想法和情感也获得了极大的发布和宣泄空间，人们的思维方式与生活习惯也发生了巨大改变[4]。在虚拟化的网络空间，各种声音都得以发声和被倾听，这种看似虚拟的平等使网络参与者的参与意识、民主意识和自我意识愈来愈明显。网络生活的主受众群体——大学生也不例外，必然敢于对学校的教育管理提出要求、质疑、建议，促使教育发展进步。

（三）人才培养方式的优化

大数据时代需要趋于个性化的教育管理。高校需要充分运用大数据思维和技术，做好学生信息的采集与整理，并将教师有限的精力释放到个性不同的学生的教育中去，通过对所有学生的学习情况（如相关教学资源的使用进程、考试的得分与考勤的分析汇总等）以数据形式进行实时记录，进而根据学生的综合学习情况对不同的学生进行有针对性的指导和监督。因材施教，提升教学管理的准确性，使教育管理愈加呈现多元化与个性化特点，优化人才的培养模式。

教学资源与内容流程的革新。在"互联网+"、云计算、物联网、大数据等现代信息技术的支持下，教学资源有序开放共享，实现高效管理和科学分配；课程教学结构流程再造，实现智能化、数字化和便捷化。大数据资源丰富多样、内容共享进化、反馈评价即时、学习轨迹全过程记录和互动交流协作有效等信息化和智能化的特征，可以满足各类学习者多元化与个性化的学习需求。

三、当前实践中存在的问题

对数据信息、技术的利用不足以支持实践教学。通过对实践教学各个环节的观察，以及当前教育转型改革实际情况的考察，我们可以看到大数据时代实践教学面临一系列问题。当前的实践教学主要依附于理论课程教学，且部分实践教学流于形式，很难真正让学生上手操作或实地调研，以至于呈现出"重理论、轻实践"的不均衡状态。然而这种状态并没有随着大数据时代的到来而有所改变，学生的培养依旧无法真正实现与社会专业领域人才需求接轨。

大数据的汇集和共享对教育管理提出挑战，教学管理水平有待提升。一方面，微博、微信、QQ这些平台被认为是非正式的沟通渠道，没有获得足够的重视，日常管理中缺乏具体的细则与约束机制，对群主之类的管理者没有进一步规范，对非正常事项的发生缺乏应急处理方案；另一方面，社团组织现有的发展已经较为成熟，但是仍有进步空间，尤其是结合大数据时代学生管理的新要求，可以发现社团组织与学生的互动沟通仍局限于拘于形式流程的个别项目活动，对学生的吸引力和影响力明显不足。

个性化的教学改革任重道远。首先，跟踪挖掘学生的学习轨迹、学习偏好、认知水平等个体学习状况特征的大数据信息仍有空白；其次，尚未形成客观、有效的教师课程质量评价体系，评价结果未能直观有效地反映在教学管理中，如何使教学评估反映学生真实诉求和推动教学发展仍是高校今后努力的方向；最后，虽然图书馆资源面向全校师生开放，但是教学资源零散分布，缺乏系统的整合与共享渠道，推广不足导致利用不足，同时一些支撑科研发展的主流的大数据库尚未配备。因此，目前难以实现个性化学习和精准化指导。

四、在高校教育管理中应用大数据的有效对策

（一）实现数据开放，构建保密的数据开放平台

实现教育数据开放。随着《教育信息化"十三五"规划》《教育管理信息化建设与应用指南》等政策对教育数据开放工作的规范与指导，结合高校教育管理的实际情况，教育数据开放政策应涵盖管理规划、机构问责、内容范围、标准规范、人才培养五方面内容，并适时调整，不断修改完善。做好教育数据开放的顶层设计，制订教育数据开放计划和开放组织架构，协调高校内现有的部门机构，明确责任；厘清数据开放的范围和数据标准、发布流程、存储格式等；高校需要配置相应的高素质的专业人才，促进教育数据开放工作顺利开展[5]。

建立规范的教育数据开放平台以供师生获取和利用相关信息。做好数据管理、应用服务和管理运行三个方面的工作。平台提供数据检索和数据下载等服务，以及用户的注册登录、订阅、反馈等服务。高校还应在基础设施、管理机制以及管理维护技术等方面做好平台的安全防护。

（二）提升高校教育管理团队的管理水平

数据信息处理专业化。建立专门的部门配备专业的人员，划定信息资料的需求标准，避免杂乱无序而导致的信息无效与资源浪费；做好信息的收集与整理，建立规范的教育管理信息资料库，保证信息的全面有效，进而实现信息的共享；不断地对数据信息处理的步骤进行规范和优化，对数据信息的价值进行探索，最大限度利用数据信息价值；要将信息安全落到实处，对数据信息进行严格保密，降低风险。

充分利用大数据时代的技术便利进行教学管理，提升高校教育管理团队的管理水平。数据管理涉及数据来源、数据质量和数据安全三个方面。数据来源要全面广泛，准确而有价值，可涵盖校内外纵向横向的多种信息渠道；数据质量必须达到完整、准确、可靠、时效要求；数据安全要求管理者要保障数据安全，使用户隐私不受侵犯[6]。此外，还应善于利用社交软件没有时空限制的特点，发挥其积极功能，用于教学和日常事务管理，比如及时发布通知与管理信息，使信息系统化，学生查有所获；也要真正重视其互动反馈功能，使之成为有效的渠道去获取和掌握学生的学习、心理状态，听到学生的"声音"。高校如果能秉持创新观念去组建正式的组织管理系统，拥有一个能够运用大数据的专业技术团队，将更为先进的理念和技术运用到教学管理中去，挖掘数据信息的价值，那么将真正分享教学管理的话语权，将在学生中产生巨大影响与公信力。

（三）充分发挥学生会的作用

完善学生会制度建设。建立明确的规章制度有利于高效有序办事，明确权责。建立绩效评估制度，以数据支持综合评估，满足个人和集体要求；设计有效的考评体系，规范奖惩措施；建立监督制度，以监督反馈来保障组织的健康发展。在制度实施过程中，不断检查其合理性与必要性，对其及时纠正与完善。

强化沟通反馈机制。在学生会内部，应当使纵向沟通更加流畅，横向沟通更加丰富，各级的沟通应当在正式的垂直结构下有序进行，而部门之间和成员之间的沟通了解当前更为迫切，必须建立默契才能促成合作。在学生会与同学的沟通中，应当展示学生会的行动力和亲和力，及时传递信息，反馈意见建议，提升服务水平，助力教学管理。在与校内外的其他学生会或社团的沟通中，要积极展示学生会的自身魅力，也要敢于并善于去主动学习借鉴经验，取长补短完善自身，建立良好的合作机制。

注重学生会文化建设。文化是被组织成员共同接受的价值观念、工作作风、行为准则等。学生会应当在发展中形成具有自身特色的、有机的、有持续发展能力的文化，并使之不断传承发扬，自上而下地激励一届又一届的学生。使新生能快速融入学生会这个群体中，使老生更有归属感和荣誉感。学生会文化的建设不仅能服务于全体学生，也使参与者受到学生会精神的熏陶与激励。

（四）发掘大数据资源进行实践教学

管理是以数据资源为基础，数据分析为支撑，决策运用为目的。应当根据大数据的规模特征和互联网的信息共享特征，重视网络资源的开发和利用，加强实践教学与实习教学。

增加校内实践。校内专业实践教学是学生获得知识和掌握基本技能的重要环节，必须与时俱进。首先，由于管理类学科与社会结合紧密且发展迅速，但主干课程变化较小，所以必须避免"一个案例讲多年"的固化现象，最大可能地去丰富教学内容和教学模式[7]；其次，改变"实践教学是理论课程的论证环节或者补充"现状，鼓励教师将教学与科研相结合，教师在科研中带动实践教学，学生在实践学习中推动科研，实现两者联动，培养市场所需的专业人才。

加强学院与当地实习实践单位的线下联系，形成良好的产、学、研互动，形成实质性的合作效应，提高学生的实际操作能力。同时，也可以与全国的企业进行远程线上合作，利用社会资源对学生进行在线培训，获取学生接触真实项目的机会，开展在线实践教学活动，培养学生参与能力与创新意识。

五、结语

近年来，大数据信息技术与教学管理的深度融合，呈现出教育管理理念创新、技术优化的趋势。但是在大数据发展的巨大浪潮下，教学管理依旧有不完善的地方。实现数据开放，构建保密的数据开放平台，利用新手段提升高校教育管理团队的管理水平，发生学生会的作用，充分利用网络资源进行实践教学等都有待进一步的探索。如何"让数据反映事实，借数据科学管理，靠数据拓展创新"，如何有效地提升教学管理水平、培养人才是当前面临的新课题。

参考文献

[1] 邹太龙. 大数据时代高校教育管理的可能走向及实现路径 [J]. 高教探索，2017 (11)：10-16.

[2] 张凌云，陈龙. 大数据时代高校研究生教育管理的变革：基于发达国家实践的考察 [J]. 学位与研究生教育，2018 (6)：33-37.

[3] 刘东旭. 大数据对教育教学的影响 [J]. 信息与电脑，2018 (16)：229-230.

[4] 刘霞珏. "微时代"下高校学生教育管理分析 [J]. 当代教育实践与教学研究，2018 (1)：23-24.

[5] 杨现民，周宝，郭利明，等. 教育信息化 2.0 时代教育数据开放的战略价值与实施路径 [J]. 现代远程教育研究，2018 (5).

[6] 石建威，谢承炎. 试析大数据在高校教育管理中的应用 [J]. 科技风，2018 (29)：57.

[7] 施海柳. 大数据时代信息管理专业实践教学创新研究 [J]. 海峡科学，2018 (1)：90-92.

大数据背景下对我国企业人才管理的思考

王晶晶　张为波①

摘要：大数据时代背景下，要从发展创新的角度看待企业人才管理，深入思考大数据融入企业人才管理产生的问题。本文从解析人才管理的概念出发，深度理解人才管理，在此基础上，以新时代人才管理观的政策理论为指导，结合大数据技术，分析人才管理的新趋势，进一步探究大数据人才管理。本文从人才配置、人才培养、人才激励三方面构建完善的人才管理体系，创新人才管理机制，崇尚人本观念，建立人才管理的价值考评体系和量化的指标体系。企业应本着公平公正的原则，以人才价值为核心，搭建大数据时代人才管理体系。

关键词：大数据　企业人才管理　趋势

大数据技术已经渗透到各个行业，应用范围广泛，能够充分发挥信息、数据的价值，为未来的经济社会发展提供创新性的路径指引。各行各业十分重视规模化数据的分析和使用，同时，企业也愈发明白数据的应用价值。电信、金融等行业发展进入"分析好数据就能抓住业务"的阶段；运用新兴数据的行业如社交媒体、电子商务、云计算、物联网等的兴起从侧面说明，价值链单个环节的数据分析已不能满足企业的价值需求。如此一来，企业对人才的需求也会跟随数据时代的发展有所变化。党的十九大报告指出，我们正处于互联网发展带来的信息化经济快速发展时期，知识经济与共享经济融合，人才紧缺是时代发展带来的急需处理的问题。美国企业与高等教育论坛（BHEF）和普华永道（PWC）发布报告称，2018年约23%的毕业生掌握了数据科学与数据分析技能，69%的雇主希望求职者具备数据分析技能。因此，处于大数据时代，研究人才管理十分必要。

---

① 作者简介：王晶晶，西南民族大学管理学院在读硕士研究生，研究方向为行政管理；张为波，教授，西南民族大学硕士生导师，研究方向为公共政策分析。

一、人才管理

对于人才管理的定义和研究，国内外学者有着很多的解释与思考。国外学者对人才管理的定义如下[1]：Stainton（2005）指出人才管理是在合适的环境下，合适的角色上有合适的人员，在合适的管理者领导下达到最佳绩效；Knez 等（2004）将人才管理定义为一个外部招聘、筛选和内部发展与保留的连续过程；Duttagupta（2005）提出人才管理是为保证战略经营目标的实现，将合适的人、合适的工作、合适的时间连接起来的人才供应链。

进入快速发展的创新时代，我国学者对人才管理的研究有：张喜荣、秦晓微（2008）提出个性化管理观点，由于多元化因素的存在，建议企业拒绝用以往固定方式来管理知识型员工，应采取灵活办法；罗兴鹏（2013）对知识型人才的不确定性进行了研究，提出知识型人才的不确定性会削弱人才竞争力，对企业或组织发展产生消极影响，应采取措施减小或排除人才不确定性。

综合以上研究，对具有创新性的知识型人才应通过有效的技术和管理手段，去招募、识别、发展、管理和留任，保证企业创新发展，以此来帮助企业和个人最大化地发挥长远优势，持续为组织提供人才支持，缓解人才需求等的急迫问题。

二、新时代人才管理观

习近平总书记强调要坚持"党管人才"的人才管理原则[2]。择天下英才而用之，关键是要坚持党管人才原则，遵循社会主义市场经济规律和人才成长规律，着力破除束缚人才发展的思想观念，推进体制机制改革和政策创新，充分激发各类人才的创造活力，在全社会大兴识才、爱才、敬才、用才之风，开创人人皆可成才、人人尽展其才的生动局面。我国从"党管人才"的原则入手，实施对人才工作的制度保证和政治保障。集中发展人才，创新人才的发展方式，大力开展人才工作，将人才的管理划入党的建设和运行工作中，促进党和国家的事业蓬勃发展，挖掘人才价值，发挥人才价值作用，把人才用于祖国的建设发展事业，实现人才利用最大化。关于科技人才管理，习近平总书记进一步指出，要建立更为灵活的人才管理机制，强化分配激励，让科技人员和创新人才得到合理回报，通过科技创新创造价值，实现财富和事业双丰收。灵活的特性是现在人才管理机制所应具备的，周围环境发展快、发展周期短，尤其伴随大数据由新兴到成熟，对人才的数据分析处理方面的能力要求也相应提升。与此同时，还可以降低人才流动率，减少人才流动所带来的损失，促进人才最大限度发挥创新创业的积极性，让一切创造社会财富的源泉充分涌流。

三、大数据时代企业人才管理趋势

（一）人才竞争具有广泛性

在大数据背景下，出现了很多新兴产业，企业的经营范围更加广泛，同时竞争主体大量增加，企业需要人才来壮大企业发展的规模，占领新发展行业的制高点。同时，人才的专业优势需求凸显，创新型技术人才得到重视，成为企业竞争的专业人才。由于大数据涵盖范围广泛，擅长数据处理分析的人才可就任于不同行业的企业中，起到的是获取企业业务数据的作用，能发挥数据的高效价值。对于部分行业，大数据技术还处于渗透阶段，人才短时间不能满足大数据时代的需求，就使得对高端人才的争夺更加激烈，人才竞争已成为新常态，各个企业都加入人才竞争[3]，使得人才竞争更全面。

（二）人才能力全面化，部门边界弱化

随着企业业务多样化和对创新的提倡，企业对个人的能力素质要求也变得严格，趋向于聘请擅长多个领域业务的专业人才，这样做出的战略决策角度更新颖，对企业形成新的创新技术和创新战略有很大的帮助，有利于企业发展壮大。因此，企业人才培养的方向是培养综合能力强的复合型人才。在此基础上的企业发展会打破传统的人才管理建立的管理结构，部门边界会随着全面化而消失，大数据对企业人才管理带来的是巨变性的创新发展。传统的人才管理为了提高执行效率，突出专业化，保证战略的传承，考虑管理层次、管理幅度、分工形式、集权程度、人员结构、权变因素等组织因素，建立管理结构，说明层次分化，明确部门边界。但伴随大数据技术的兴起，企业组织形态向着网络化、虚拟化、平台化发展，这要求企业丢弃原有的分层关系，与人才建立新型合作关系，最大限度整合资源和简化组织管理结构[4]。大数据条件下，人才能力更趋全面化，能够最大化发挥数据的价值，发挥企业各个职能部门的作用。企业对人才的管理可以利用网络技术、移动通信技术、社交网络等，实施扁平化的开放式管理，使得人才成为企业发展的主动参与者，利用网络技术直接参与决策管理，产生更多的交互性数据，弱化部门边界。企业内部各部门协调发展，促进企业快速成长，提高工作效率。

（三）人才激励多样化，实现人才资本化

企业留住人才也是一门艺术。当外界诱惑越来越多，人才在利益面前更容易选择离开企业，并且大多数企业不能具体量化人才对企业产生的价值，把人才作为一种成本的支出，侧重对人才的投入、控制。现有企业大多采用短期激励方式，较易失去人才，加速人才流失，导致人才频繁跳槽，给企业带来一定的损失，甚至影响我国经济的健康发展，所以要求人才激励的方式多、力度大。在新形势下，利用大数据广泛收集人才信息，设计合理的算法来对这些数据信息处理挖掘，将人才的能力、特质、行为量化，用数据进行衡量和描述。企业可根据需要的指标选择适合的人才，减少成本的支出，同时根据人才在企业工作期间产生的数据，分析人均创造价值比、核心人才流失率、人均成本与回报率等，对人才采取相应的行为措施，由此来实现人才资本化[5]。根据这些数据，企业可适当将股权等长期激励手段加入激励机制中，使得以往采用的短期激励慢慢向长期激励发展，创新多种激励手段，以此来实现利益激励，为留住人才做出努力，使激励机制越发完善，达到国际先进水平。

（四）人才管理体系化

面对层出不穷的问题，人才管理者会想出相应的对策应对，久而久之，形成一套较完善、灵活并且能够应对突发情况的流程体系，系统漏洞也将逐渐被弥补。在大数据出现之前，人才管理依靠个人主观判断和解决问题过程中积累的经验，这样对人才缺乏全面、系统的评价，主观因素也严重影响人才管理，难以形成科学、合理的人才管理体系。现阶段，企业人才管理采用大数据技术，连接广泛的数据接口，收集那些与人才对接或交互而产生的各种结构化、半结构化以及非结构化的行为数据，如人才的绩效、培训与开发、薪酬成本、敬业与否、进步空间、潜力、离职概率等方面的信息数据资源，编写有效的算法和创建科学的模型，通过大数据分析，高效率地整合收集到的巨大数据信息，实现科学系统管理[6]。同一时间，积极引入信息化的管理手段，引入 ERP、CRM 等信息化管理工具进行人才管理，用当代突出的互联网技术研究人才管理发展，选拔、招聘优秀人才，构建趋于体系化的人才管理，提高企业人才管理效率，促进对人才管理的科学化，将大数据技术融入人才管理。

四、大数据背景下企业人才管理探究

（一）构建完善的人才管理体系

完善人才管理体系要从多方面入手，应着重分析人才配置、人才培养、人才激励中大数据的有利作用。

1. 利用大数据实现人才配置科学化

在前期一系列的准备中，都可通过相关数据的收集、分析来获得符合企业需求的人才信息，实现人才引进、培养、留任的精准化，实现人才工作规划与实际完成的完整契合，使之更具科学化。首先，企业能够基于大数据技术，对自身发展方向做一个预测，综合考虑竞争环境、发展战略、产品生产、服务开展、技术革新等变化情况，精准匹配企业的具体人才需求，从而规划人才发展战略，确定招聘计划[7]。其次，在人才筛选中，大数据已有关于人才的全面信息，可将具体的人才需求与人才简历相匹配，把人才需求反映在毕业院校、专业、技能、工作经历、工作状态等条件上，依据这些条件信息，搜索、选择符合要求的人才，进入招聘环节。最后，在招聘环节，企业要做的就是将选择的人才与岗位完美对应，这样就要利用大数据，先综合分析建立人才的潜质、绩效等的基本特质模型，然后建立企业工作岗位的对应模型，在两者的基准上，创建人才特质模型和工作岗位匹配模型的配对程序，尽可能将人才安排在与之相符合的工作岗位上。大数据在指导人才的招聘与筛选上发挥重要作用，通过目标明确、科学的员工招聘流程，实现价值的最大化。

2. 利用大数据实现人才培养合理化

完成招聘之后，需要注重人才培养，把培训提升到企业发展的重要地位，设立培训中心，突出终身学习的观念，不仅为提供企业需要的人才，也为未来人才管理奠定基础。通过对个人的绩效数据、潜力提升空间或发展性数据的有效性分析，获得企业员工在某些方面技能欠缺数据，对此着重加强培训，进一步对员工个体制定、规划独具个性的培训计划。根据计划，循序渐进地完成员工个人能力的提升，实现培训的合理化。人才培养可从多角度、多方位进行，以政策为指向，加强员工从业资格、学历、业务管理能力等方面的培训，培养高素质、全面性、能够为企业做贡献的员工。在培训中也要注意员工的职业发展规划，帮助员工规划职业发展生涯，把握宏观方向，树立终身学习的理念，贡献自己的价值，促进企业的战略发展。员工上岗前也应该进行职业培训，这样有利于提升员工对环境的适应能力，熟悉企业的工作流程和步骤，更好地发挥个人潜力，有利于工作的高效完成[8]。之后的工作中，也应突出培训的重要性，结合与之配套的人力资源管理体系和人才发展体系，实现人才配置科学化，全面构建人才管理体系。

3. 利用大数据实现人才激励个性化

只有调动人才在工作中的积极性，科学的人才激励管理才能发挥作用。前期要密切关注员工的各种表现，尤其是离职前的异常行为，收集这类数据并进行分析，得出员工离职前的一般规律。根据这些规律，当员工在工作中表现出这类行为时，系统向管理者做出提醒，管理者可对该员工重点激励，如若没有显著效果，管理者可适当制定保留方案或继任者方案。除此，企业可通过数据深入分析、发现员工获得满足感的各类因素，相对准确掌握企业人才的价值诉求与物质期望，探究员工在物质、生理、心理、精神、价值观等多层面的特质偏向，规划专属某员工的个性化福利激励方案，更有针对性地制定激励方案和分配奖惩制度，从而增加员工的忠诚度。

岗位价值体系、薪酬激励体系、绩效管理体系的搭建也是必不可少的。企业要向战略化转型，就要从高层决策者开始，形成一致的思想行动，重新对岗位进行组合，使其符合战略发展目标。可适当以标杆企业的做法为参考，寻找、重构适合自己企业发展的岗位价值体系。利用大数据系统分析，建立薪酬激励体系，通过较为全面准确的薪酬数据和行为产生数据库，创新相应的薪酬策略，采取激励措施，在保有企业竞争力的同时，对人才实施更加准确的薪酬对标服务。这样可以让企业在留住人才方面有所侧重，对未来企业战略发展贡献突出成果。企业建立市场化绩效管理体系，有效地对员工实现绩效管理，激发员工的工作热情，形成公平、公正的企业文化。

（二）创新人才管理机制

人才管理机制在大数据时代下会有所创新，增加符合大数据时代的内容，适应时代的快速发展，使得机制具有敏锐性，适应技术的革新。全球正致力大数据开发与研究，我国可以在一定程度上学习、借鉴世界顶尖的优秀人才管理机制，并且考虑发展的现状，创新适合中国企业的人才管理机制。大数据时代是一个开放、共享、互动的时代，企业员工的社交和情感交流形式更加多元化、丰富化、快捷化。企业员工可以通过微信、视频通话等各种技术与管理层交流意见，增进情感，促进新型开放企业文化的产生。企业应将员工作为企业的核心构成，遵循人本思想，崇尚平等的价值观念，关注员工的情感沟通和价值互通，注重引导、增强员工与管理层的沟通，采取利于日常社交的形式，逐渐塑造企业的发展形象，培养员工归属感，形成创新开放的人才管理机制[9]。

在不断创新、深化改革人才管理机制的同时，对正在执行的机制决策实时进行跟踪监督，及时与员工沟通说明，了解实行过程中出现的问题和缺陷，处理问题并且持续优化现有机制。与此同时要制定相关制度规章，采取有效的市场化管理体系与方法，系统地优化人才管理机制，给企业带来高效的业绩，激励员工最大限度发挥其潜能，相互促进，共同赢得回报。

（三）建立人才管理的价值考评体系

价值考评体系的最终目的就是使人才的潜能有机会被挖掘出来，或最大化激发出员工具备的潜能，让员工的价值最大限度发挥、展现出来。融入大数据技术的人才管理价值考评体系，不仅利于个人价值的实现，也利于企业和国家人才管理的发展，为人才管理提供创新思路。

构建科学合理的价值考评体系是充分发挥人才价值的有效途径。价值考评体系存在很多主观因素，在考评过程中常存在不合理现象。采用先进的数据技术将价值量化，使得所有员工的个人价值数据在同一个算法中进行，减少不公平、不公正因素的产生。同时，员工可根据自己的兴趣、所具备的技能和自己近阶段想要实现的价值编写程序与职位信息对应来选择职位，在量化的价值数据上，结合自身年龄、对职位晋升的期望、想要获取的福利待遇等因素，发现并得出自己的理想职位匹配模式。企业应激励、引导员工，使他们可以根据自己的阶段需求，努力实现自己的价值，满足个人的期望，创造自己追求生活的方式，让现实接近理想，更有利于营造一个员工能自由选择的环境。

五、结语

大数据背景下，结合新兴技术，挖掘数据背后的价值，发展创新人才管理机制。大数据在人才管理上的应用还有很大的发展空间，人才的引进、培养、使用和管理，是一项综合、复杂的工作，大数据的加入，将人才管理量化，细化出统一的指标评价，有利于维护平等，让人才管理制度化、合理化、程序化，具有可预测性。人才管理还要注重员工潜力的挖掘和价值的实现，把员工作为企业的核心构成，支持员工拥有主动权，将大数据技术应用于人才管理的各个方面，一切以实现人才价值最大化为目的，调动人才的积极性，增加人才对企业的归属感，使其全心全意为企业服务。

参考文献

[1] 加里·德斯勒. 工商管理经典译丛：人力资源管理 [M]. 12 版. 刘昕，译. 北京：中国人民大学出版社，2012.

[2] 刘钒，彭虎. 习近平新时代中国特色社会主义人才思想探析 [J]. 科协论坛，2018（3）：4-8.

[3] 李彦军，段宣珍. 企业人力资源管理中存在的问题及优化措施 [J]. 中国高新技术企业，2014（9）：183-184.

[4] 李晋，刘洪，刘善堂. "互联网+"时代的电子化人力资源管理：理论演化与

建构方向 [J]. 江海学刊, 2015 (6): 102-107.

[5] 全宏定. 互联网时代人力资源管理新思维探析 [J]. 企业改革与管理, 2018 (2): 76, 83.

[6] 王春红. 企业发展与人才管理对策探讨 [J]. 企业改革与管理, 2019 (1): 80, 82.

[7] 徐祥. 基于SWOT分析的企业人才管理对策 [J]. 江汉石油职工大学学报, 2018, 31 (4): 94-96.

[8] 付丽敏. 大数据时代企业人力资源管理变革的思考 [J]. 中国国际财经 (中英文), 2017 (24): 154.

[9] 王元元. 大数据时代互联网企业人力资源管理研究 [D]. 北京: 中央民族大学, 2017.

大数据时代下会计信息披露问题及其应对探析①

王　靖　刘秀兰②

摘要： 大量且多样的信息被迅速地处理和传播，广泛应用到各个领域，预示着大数据时代的到来。这对经济社会的发展产生了深入影响，会计信息披露工作也要随之发生改变。本文首先介绍了大数据的概念及其特征，并简要指出大数据对国内各领域的影响；其次，分析了会计信息披露难以满足大数据时代互联网产业资产等会计要素信息需求、披露数据难以具有预测的作用、披露手段技术性不强三个问题；最后，就上述三个问题提出建议，希望在新的环境下，会计信息披露能结合大数据时代要求，提供可靠和有效的信息质量保证。

关键词： 大数据时代　会计信息披露　信息质量　会计信息质量要求

近年来，大数据的影响体现在各行各业。美团点评联合创始人穆荣均在首届中国国际智能产业博览会上提出这样一个问题："一个简单的外卖，如果在车手部署、天气、交通状况等因素实时变化的情况下，如何保证它在30分钟内交付？"回答是：在这复杂调度的背后是一个极大规模的数据处理系统，它能够在0.05秒内计算出97%的最优配送路线，实现订单的智能规划。这就是大数据时代下的信息处理。面对大量信息被处理得如此迅速的现实，定期发布财务报表的披露方法显示出了不足。但同时，在大数据推动下信息技术也在飞速发展，财务信息披露也将面临技术革新。

---

①　基金项目：本项目得到西南民族大学研究生创新型科研项目资助，项目名称：大数据时代下会计信息披露问题及其应对探析，项目编号：CX2019ZS003。
②　作者简介：王靖，目前就读于西南民族大学管理学院，会计硕士，研究方向为财务会计；刘秀兰，教授，西南民族大学管理学院教师，研究方向为财务会计。

一、大数据的特征及其影响

(一) 大数据的定义

大数据实际是一种大容量的、高增进型的、形式繁多的信息资产。面对大数据,必须使用新的处理模型来处理超出正常处理范围的数据集,迫使用户采用非常规处理方法。这样才能拥有更强的决策能力,便于洞察和优化整体程序①。

当前的大数据不仅仅指数据本身的大小,而是收集数据的工具、平台和数据分析系统的总合。

(二) 大数据的特点

与过去的大规模数据不同,大数据的特征可归纳为"4V":

1. 数据体量大 (volume)。大数据通常指的是高于 10TB (1TB = 1 024GB) 的数据量,并且当前跳转到 PB (1PB = 1 024TB) 级别②。不仅存储量大,计算量也大。

2. 数据类型多 (variety)。除数字数据外,还有文本、声音、视频等数据,包括网络日志、地理位置信息和其他类型的格式。

3. 价值密度低 (value)。以视频为例,寻找有价值的信息就像寻找沙子里的黄金,但它的价值是宝贵的。

4. 实时处理速度快 (velocity)。这与传统的数据挖掘技术有着根本的不同。

(三) 大数据时代到来对于我国的影响

1. 政策方面。"十三五"规划提出"实施国家大数据战略",提升数据的开放共享性。国务院还发布了《促进大数据发展行动纲要》和《大数据产业发展规划 (2016—2020 年)》等指导性文件。大数据的开发和应用处于上升阶段。

2. 科技方面。在大数据的推动下,中国的人工智能 (AI) 产业在深度

---

① 大数据的特点是什么,大数据与 Hadoop 有什么关系? [EB/OL]. (2018-10-19) [2021-03-25]. 中国 IDC (大数据) http://bigdata.idcquan.com.

② GB (吉字节)、TB (太字节)、PB (拍字节)、EB (艾字节)、ZB (泽字节)

1KB (Kilobyte 千字节) = 1 024B,

1MB (Megabyte 兆字节 简称"兆") = 1 024KB,

1GB (Gigabyte 吉字节 又称"千兆") = 1 024MB,

1TB (Trillionbyte 万亿字节 太字节) = 1 024GB, 其中 1 024 = 2^10 (2 的 10 次方),

1PB (Petabyte 千万亿字节 拍字节) = 1 024TB,

1EB (Exabyte 百亿亿字节 艾字节) = 1 024PB,

1ZB (Zettabyte 十万亿亿字节 泽字节) = 1 024 EB。

学习、自动驾驶和语音图像识别领域取得了重大进展，以期在全球智能化浪潮之后，引发新一代基于数据的人工智能应用的快速发展。在首届中国国际进口博览会上，超过 50 家世界 500 强企业和行业龙头企业亮相，强有力地推动了中国人工智能技术的国内研发和国际交流。

3. 经济方面。大数据通过数据流引导技术流、资金流、人才流和物流，深刻影响社会分工的组织模式。在工业行业，大数据通过大数据技术优化价值链业务，实现产品优化，供应链优化，建立智能制造系统、用户管理平台系统和精准营销系统。大数据技术使金融业资源配置效率提高，风险管理和控制能力得到加强，金融服务创新发展得到有效推进。

4. 教育方面。大数据的发展不仅有政策的支持，而且政策已落到实处。大数据已成为一些高校的招生专业，截至 2018 年年底，获准开设该专业的高校数量达到 283 所。随着大数据人才培养方式的多样化和培训能力与培训水平的不断提高，中国大数据人才供给的质量将大大提高，数量将大大增加。

二、目前会计信息披露存在的问题

（一）会计信息披露难以满足大数据时代下互联网产业资产等会计要素信息的需求

目前，我国仍以财务报表为主进行财务信息披露，若干项目的披露必须符合会计要素界定。这就导致大数据时代下催生的一些新兴的经济业务无法得到充分适当的反映。例如，资产负债表上报告的项目必须符合资产要素的定义（由过去的交易或事件形成的资产，由公司拥有或控制，预计会带来经济利益，使用历史成本或公允价值计量），且必须是货币量化的数字信息。但对于一些公司而言，数据是公司最具经济价值的资产，也是公司的一种新的商业模式，即获取数据、处理数据然后进行销售。例如，对于腾讯科技（深圳）有限公司而言，社交工具（微信、QQ 软件）的用户数量、使用频率和用户之间的关系被认为是最重要的数据资产，也是其大部分利润的来源。根据当前会计准则，上述数据资产以及类似的资产想纳入公司的资产负债表是没有法律法规依据的。首先，数据资产由企业自己收集，所有权或控制权很难界定。其次，在大数据时代，数据不一定带来经济效益，数据的分析和使用可以产生价值。最后，数据既不满足实物资产的规定也不是无形资产，因此数据资产采用何种分类又是一个难题。即使公司在资产负债表中包含了数据资产，如何使用货币对其计量也是一个棘手的问题。

（二）财务会计披露的数据多为历史数据，难以具有预测作用

企业的资产以历史成本在报表上反映，利润表也只反映收入、费用中已实现和已发生的历史信息。根据现行标准，上市公司必须在年度报告中披露盈利预测。但是，对其他企业均未要求其在年报中披露未来发展情况预测信息。但在数据实时更新、商机转瞬即逝的数据时代，信息使用者需要预测性的信息，使其在投资、信贷和经营决策时降低不确定性风险，利用数据分析模型增大决策获利的概率，预测信息就显得尤为重要。

面对以日为时间点，以亿为计量单位的信息，会计年度财务报表如果依旧在会计年度终了四个月内编制报出，物流企业将无法预测季节性峰值和库存水平。例如每年11月份大规模增加的物流业务导致成本费用剧增，可能使企业资金短缺、商品供应不足、市场定位不准，造成无法满足客户需求，形成经济利益损失。对于运用报表数据的外部用户，财务披露会影响他们对股票价格的预测。今天，金融业继续使用诺贝尔奖获得者罗伯特·席勒设计的投资模型，该模型主要参考三个变量：投资项目计划的现金流量、公司资本的估计成本以及股票市场对投资的反应（市场情绪）。会计利用大数据对企业的成本效益和消费者的需求信息进行持续性跟踪监测，并进行阶段性披露，才能实时为决策者提供有用的信息。

（三）披露手段技术性不强

大数据时代背景下，面对信息无限流转的网络环境，企业在建设网上会计信息披露平台时没有足够的投入。网络财务信息需要满足大量、高速、多样性等要求，目前企业因为技术投资不足、配套专业设备供给缺乏以及相关技术员专业素质有待提升等问题，披露的会计信息无法达到该要求。

问题具体表现为：首先，我国现有的计算机宽带服务无法支撑新型的广域会计信息披露系统，并且在速度上，虽然有月报、季报、半年报但这样的披露速度依旧无法适应信息网络化流转的速度。其次，大范围甚至跨国的交易，在财务信息披露时存在安全隐患。网络系统投入不足，就会给竞争对手恶意操作、黑客植入病毒留下可乘之机，严重威胁信息的真实性和安全性。

三、利用大数据功能提高会计信息披露质量的建议

（一）推进法律法规的修订，重视数据资产

在目前法律法规的规定下，企业所得到的会计数据资产没有专门的法律对其进行保护和界定。因此，为了更好地促进大数据时代下会计信息披露质量的不断提高，中国应该逐步形成一套关于互联网产业资产的法律法

规体系。在建立该体系时，有必要学习一些成熟的理论和经验。据此，笔者从两个方面提出建议：①法律法规。法律法规属于最高层级的规定，立法部门要针对网络经济环境、新形势下的会计法规和准则对其进行相应修订，包括重新定义企业的资产和负债，既要保护所有者的权益又不能忽略负债的新形式。②相关准则。行业协会要对会计信息披露制定明确、有针对性的准则内容和统一标准，有明确的指标进行评判。

我国发布了《中华人民共和国电子商务法》，目的在于从信息的角度保护消费者合法权益，但我国还没有形成完整的针对信息披露的法律体系，所以，法律制度建设还有很长的道路要走。

（二）引进 XBRL（可扩展商业报告语言）

财务信息一般是在事件发生以后收集和汇总的历史数据，只能反映前一时期企业的经营状况。XBRL 优化了财务信息的开发、交换和分析，为财务信息实时传导、互换提供了便捷的通道，为财务信息的可预测性提供了时间支持。

基于改善财务信息披露时效性，XBRL 财务报告利用 XML 语言将会计假设和会计标准转换为统一的数据标准，同时使用计算机技术加快数据传输速度，并且把企业各个财务指标转换成图表等直观、动态的表现形式，有助于管理者做出相关的预测和决策。

（三）提高企业信息化水平，增加安全防范，重视数据专业人才培养

大数据时代不仅带来了海量资源，而且为企业获得新的信息、资金和技术资源，以及如何使用大数据进行财务管理提供了更多的渠道和指导。如何利用好这些有利条件，笔者认为企业首先要有建立财务管理信息系统和强大安全防火墙的决心，长期坚持计算机网络和财务软件相匹配原则并结合不断更新的杀毒软件，严格规范各种财务数据的收集和生成渠道，对机密信息进行加密处理。在数据生成源处严格设立机构卡，以提高新环境中财务信息的质量。在建立严格制度体系的基础上如何收集原始数据，如何从海量原始数据中提取少量有价值的信息已成为亟待解决的问题。关注数据资产管理人员的培训，不仅要对其培训专业技能还要培训信息安全的知识，只有这样才能使企业会计信息在大数据时代成为更有用的信息。

此外，企业往往需要建立一个大数据平台。一是可以进行必要的企业综合信息收集工作，以便为管理层提供及时可靠的信息。二是保存与客户的交易记录和销货验收单，然后通过获取实时的消费者需求信息，准确地将企业库存与客户需求匹配。

（四）促进财务会计与战略管理会计的融合

受大数据的影响，经济形势加速变化，产业变革的周期呈现缩短态势，企业的中短期战略调整越来越频繁，长期战略有时会面临被颠覆的可

能。企业在"管理入手、战略响应"上的要求亟待满足，而财务会计"事后分析"、只着眼于企业内部信息、报出大量的财务指标而不涉及非财务指标的方法已落后于新的时代要求。战略管理会计处于战略高度，摆脱了企业狭隘的内部空间，更加关注企业外部竞争环境的变化，在较长时间内提供和分析有关公司产品市场和竞争对手成本结构的财务信息，追求企业持久优势的取得和保持。这才能使企业适应大数据时代下不断更新的社会需求、更多的竞争对手和快速更新换代的技术。

此外，与财务会计相比，战略管理会计具有更广阔的视野。战略管理会计着眼于抓住战略层面的潜在机会，避免可能的风险，不断提高盈利能力和公司价值。面对大数据，战略管理会计的引入变得尤为重要。

以战略管理会计在高校财务管理中的应用为例。

1. 预算管理。中国高校财务预算编制模式长期以历史数据为基础，历史数据是预算编制的重要依据。预算编制仅关注下年度高校获取财政收入后的资源配置问题，使得预算的结果与高校的战略缺乏关联性。大数据时代已经到来，高校的发展必须依赖于大数据环境。战略管理会计就是站在高校需要适应大数据背景下全球性竞争、争夺优质生源、追求长远价值目标的战略角度，编制中长期预算，预测竞争对手的行为，从而改进日常预算管理（记录、计划和报告模式），使高校能够合理配置人力、财力和物质等资源，增强竞争力。

2. 投资管理。当前，我国高校在扩大自身办学规模方面投入了大量资源，并且以"智力投资"为主，为紧跟大数据潮流就要在科技开发、人力资源等方面投入资金。但对投资方案的评价不能局限于财务指标，非财务指标尤其是人的能动性和新技术所带来的"未来收益"也尤为重要，这正是战略管理会计所能提供的。另外，战略管理会计还会对高校外部影响决策的因素加以考虑，如宏观和微观政策、社会中劳动者的积极性以及所在地区的文化因素。大数据时代具有大量数据交叉发挥作用、互相影响的特征。如果战略管理会计有效发挥作用，那么巨大的数据网所产生的信息就会对高校的发展产生更大的价值。

3. 人力资源管理。大数据为我们提供了大量获取信息的平台，高校的人力资源管理要体现出"山不在高，有仙则名"的人本理念。过去，高校财务会计忽视了对人力资源识别、衡量和控制的重要性。当引入战略管理会计后，在大数据的帮助下高校可以对老师的年龄结构、素质水平、工作能力等进行成本和价值分析，结合财务和非财务指标进行综合评价和计量，发挥人力资源的最大效用，实现高校长远发展的战略目标，使得高校在大数据时代的技术和知识竞争中占据更有利的位置。

由此可见，在大数据时代带来的更加开放和共享的经济环境下，数据具有的高价值、无限复制、可流动等特性使得会计信息披露享受着互联网、云计算、AI（人工智能）带来的便利。还须关注的是，会计信息披露仍旧存在许多如本文所述的不足之处，想要应对新形势对会计披露方法的挑战，有必要转换思想，采取新的措施，以适应互联网时代，以满足新的要求。因此，必须不断完善和深化会计信息的披露，并与大数据相结合。

参考文献

何雪梅，2014. 大数据时代企业集团财务管理转型研究［J］. 法制与经济（15）：75-76.

李国杰，陈学旗，2012. 大数据研究：未来科技及经济社会发展的重大战略领域：大数据的研究现状与科学思考［J］. 中国科学院院刊（6）：647-657.

李学龙，龚海刚，2015. 大数系统综述［J］. 中国科学：信息科学（1）：1-44.

上海国家会计学院，2011. 价值管理［M］. 北京：经济科学出版社.

中华人民共和国财政部，2017. 管理会计应用指引［M］. 北京：经济科学出版社.

大数据时代下高校学生管理
工作问题及应对探讨

王　郡　刘秀兰①

摘要：在世界经济高速发展、社会形态不断变化的今天，我们所处的时代与先前的工业化时代已截然不同。由于新兴技术的不断革新，各种高科技技术及数据化程序应运而生，数据规模以及数据模式也逐渐复杂化。网络化的大数据时代对于学校、企业、政府等各类机构都产生了不可忽视的影响，冲击着高校的学生管理工作，对现行各高校的学生管理工作予以信息化改革已到了急不可待的地步。本文基于大数据的背景，对当下高校学生管理工作现状进行分析，找出其中存在的问题，并由此提出改进建议，从而促使高校大学生管理更加顺畅，学校得到更好的发展。

关键词：大数据时代　信息化　高校学生管理

随着人类进入数字化时代，科学技术日新月异，尤其是互联网的发展正在深刻地影响着人们生活的方方面面。大数据时代的迅猛发展对社会各领域都产生了巨大的冲击。医疗、金融等多个领域的管理者都不再依靠直觉和经验来进行各项决策，而是依靠更加精确、更加可靠的数据分析结果，所做的各项决策更加趋于理性化、精确化。与此同时，在高校学生管理工作中，工作的方式、理念等也应该与大数据对接，使管理工作与大数据相融合。研究如何在大数据背景下有效地增强大学生管理工作的科学性、针对性和灵活性，是当前高等教育管理实践研究的重点。

一、大数据的特点及其对高校学生管理的作用

（一）大数据的概念

现下学术界对大数据的定义始终没有形成统一的意见，维基百科将其

---

①　作者简介：王郡，西南民族大学管理学院会计学硕士研究生，研究方向为财务会计理论与实务；刘秀兰，教授，西南民族大学管理学院教师，研究方向为财务会计理论与实务。

定义为所涉及的数据量规模巨大到无法通过人工在合理时间内达到截取、管理、处理，并整理成为人们所能解读的信息的目的；麦肯锡全球研究院将大数据定义为无法在一定时间内使用传统数据库软件工具对其内容进行获取、管理和处理的数据集合[1]。据此我们可以将大数据总结为是一种海量、种类多样的非结构化数据。

（二）大数据的特点

1. 速度快，时效性强

大数据区别于传统数据的最显著的特征就是其速度快，时效性强。大数据之"快"主要表现在两个方面：一是数据产生速度快，随着各种智能手机、移动互联网的快速普及，网络已然成为人们生活中的必需品，每个人每分钟都在创造着多种多样的数据，数据产生速度是以前无法想象的；二是数据处理速度快，大数据技术可以对同一时间产生的各类数据同时进行收集和处理，可以快速获取所需要的信息，大大缩短了数据分析的时间，提高了数据使用的时效性。

2. 种类多

各项技术的飞速发展使得数据的格式变得愈来愈复杂化、多样化，我们不再局限于对结构化数据进行分析，更拓展至对种类繁多的非结构化数据进行分析。非结构化数据中所蕴含的海量信息是无法估量的，它包括的范围十分广泛，如文本、图片、视频、音频等各种各样的数据类型，大数据时代下数据的类型更加五花八门[2]。

3. 真实性强

数据的价值在于人们可以通过对收集到的数据进行分析，从中筛选出有用的信息。数据中包含着宝贵的信息，各机构的决策者可以通过对特定数据进行收集，再利用各种信息技术挖掘隐藏在数据之后的价值，利用对数据分析得到的结果，预测未来的发展趋势，从而做出有助于自身发展的决策。大数据之所以能够如此迅猛地发展，正是由于数据所隐含的高质量的真实信息。

（三）大数据对高校学生管理工作的作用

1. 提高高校学生管理工作的时效性

在高校学生管理工作中，由于大数据具有时效性强的特点，可以运用大数据技术对各个部门工作状态以及各阶段培养计划进行实时分析，快速找出现行管理工作以及培养过程中存在的不足，及时优化各部门的工作方式以及培养模式，使得学生管理工作更加合理、高效、有效。

2. 为学生提供个性化服务

现下许多高校学生管理工作者对于学生真实需求的了解还有所欠缺，导致所做的一些工作并未真正满足学生的需求。高校可以利用大数据技术进行全样本分析，及时全面地了解学生的各项需求，掌握学生的思想动态，将这些数据加以整合，从而为学生提供更加个性化的服务。

3. 提升管理工作的精准性

以往的管理模式为自上而下的单向管理模式，而在大数据时代，这种单项的管理模式将会影响学生管理工作的效率。大数据技术可以通过各种信息技术手段对数据进行分析，最终得出有助于预测未来发展趋势的决策信息，为高校管理工作提供真实性强和高质量的数据依据。

二、大数据时代下高校学生管理工作存在的问题

（一）就业工作的信息化管理能力不足

毕业生的就业情况对于高校的发展起着尤为重要的作用，因此对历年毕业生就业数据的采集及分析至关重要。然而，现下许多高校在收集毕业生就业数据时仍采用较为耗时及烦琐的程序。例如一些高校在毕业生上交就业材料时并没有对其进行很好的分类统计，不清楚哪些学生未上交材料、哪些学生重复上交材料，最后只能通过对就业库中整个年级几千个学生的信息逐一与收到的就业材料进行比较，找出其中未上交材料、材料上交有误的学生的名单，这期间需要耗费大量的时间以及精力，不利于就业工作的有效开展。许多高校采用的就业网站系统未随着时代的发展而更新，未将一些方便、快捷的信息化程序加入系统中，对于各个学院的就业情况只能靠人工筛选信息的方式进行逐一汇总，耗费大量的时间才能对各学院就业情况进行较为粗浅的把握。很多高校就业部门的数据分析仅停留在比例的统计上，缺乏相关性研究以及对毕业生的职业生涯路径跟踪等。由于许多高校都存在着就业信息处理能力、分析能力以及利用能力不足等问题，对就业工作的有效开展产生一定的阻碍，如何加强就业部门信息化管理能力已成为各高校信息化建设中不可忽视的问题。

（二）各部门学生管理数据融合困难

现下许多学校的在校学生除了就业系统外，教务系统、校园卡中心系统、奖助贷系统、招生系统等也都存储了大量与学生个人信息有关的数据资源，虽然大部分学校已对学生数据采取了信息化的管理手段，但是这些信息之间的链接较少，利用率较低，缺乏大平台进行数据整合，还未形成一个完整的体系。除此之外，不同的应用系统之间缺乏连接性，各应用系统之间的信息无法关联，导致学生各项数据信息纵横交错，分布在不同的数据系统中，使得老师及学生在使用的过程中需要登录各种不同的系统才能达到自己的使用目的。例如大部分学校的教务系统为正方管理系统，而学生处的管理系统为奥蓝管理系统，评选助学金时辅导员需要分别在教务

系统查询学生的成绩排名，在学生处的系统中查询是否为贫困生才能最终筛选出资助学生名单，部门数据难以融合导致工作量增大而时效性减弱。又比如大多数毕业生在找工作的时候，公司都要求其提供就业推荐表这样的资料，就业推荐表需要学生所在学院以及学校就业部门盖章才有效。对于那些有分校区的高校的毕业生来说，他们有时急需要这样的表而学院的章又不在自己所在校区时，就业部门由于系统上无法查到其奖惩情况和成绩状况而无法帮其盖章，最后学生为了这个章两头跑，还有可能错过上班时间盖不上章而无法向单位及时提交必要的材料，严重时可能会失去这份工作。由此看来学校各个系统无法关联、相关数据无法融合，给学生带来很大的麻烦。

（三）学生个人信息安全管理不完善

随着各个高校的学生人数不断增加，学校成了一个大型的数据容纳所，所收集到的学生数据也越来越多，面对如此多的数据，隐私保护以及数据安全管理成了现下许多高校大数据应用发展的桎梏。当下许多学校的数据系统尚未完善，学生数据大量泄漏，给不法分子提供了机会。曾经某高校就出现过学校学工网系统的安全性不高而导致学生的信息全部泄露，不法分子通过获取到的信息打电话给家长。不法分子不仅可准确无误地说出家长的名字，而且家长手机上也显示的是学生的电话号码，该事件发生的时间正值学生返校期间，使得很多家长都信以为真并即刻转钱过去，损失了大量的财物。校园贷引发的惨案不断发生，主要是由于大多数高校数据安全管理不到位，学生的各项重要信息被不法分子获取，不法分子通过各式各样的方式不断骚扰学生，给学生不断灌输"钱不用你还""刷单好处费"等思想，大学生在骗子的蛊惑下，对这样的致富方式心存侥幸或抱有幻想，直到在陆续收到催收短信时，才知上当受骗，自己不仅"被借贷"，还"被负债"，但此时需要偿还的款项已然变成了一个巨大的雪球，导致部分家庭为了偿还巨款而破裂、借款学生自杀等恶性事件的发生。

现阶段各高校应该重视对学生的隐私保护和数据安全保护，认识到信息管理不完善可能带来的严重后果，要划分清楚学生信息公开和保密的界限。

三、大数据时代下学生管理工作问题应对策略

（一）强化就业工作的信息化能力

为了加强各高校就业数据的收集、分析及整合能力，高校就业管理部门应该顺应大数据时代的发展，将大数据技术与就业管理工作更好地融合在一起。一方面，要引进方便快捷的机器设备，例如利用扫描仪将毕业生

的就业相关纸质资料扫入电脑中存档，分学院、分就业类型保存，可以即时显示收到各种类型材料的份数，也便于进行查找，也可以节约材料保存的空间，还可以防止由于突发性意外事件带来的文件毁损或丢失。学校还应该搭建更加智能化的就业系统，将各学院学生的就业情况输入到就业系统中，系统可直接对各个学院的就业情况进行打分，并能自动对各个学院就业工作中存在的问题以及就业情况进行分析等，及时找出问题并予以纠正，节省就业部门的工作时间。另一方面，高校要加强信息化人才的培养和队伍建设，要不断加强师资培训，通过专题讲座、举办主题培训班等形式提升就业工作者信息化专业水平和综合素质，使就业工作人员能有效利用信息化手段处理就业相关问题。也可招聘计算机专业、数据分析专业的人员从事就业工作，提高就业工作人员的专业素养，使其能快速融入自身的工作中，以满足大数据时代下"快速分析"的需要。

（二）尽快搭建数据融合系统，引入大数据分析专门人才

信息泛滥是大数据时代一个较为显著的特征，各高校需要思考如何才能快速地在众多信息中找到自己所需要的信息。一方面，高校要尽快构建一个大型的数据系统，可以通过与大数据相关领域的公司进行合作，向公司提出具体要求，让公司为学校设计一款量身定做的系统，克服使用不同系统所带来的数据融合问题，建立一个可以综合学生所有信息的大系统，使得学生的信息可以得到充分利用。另一方面，要引入大数据分析的专门人才，对所获取的庞大信息加以分析，从中提取出有助于高校更好地服务学生的信息。例如在教务处设置专门的数据分析专员，利用信息化手段综合分析学生的学习情况，建立学生课程需求板块，收集学生对学校老师所开设课程的课程内容、授课方式等的一些建议，使得老师在讲授课程时予以借鉴，利用信息技术对学生进行定制化的教育，更好地促进学生与老师的互动，增强学生学习的积极性。除此之外，每个高校的图书馆中都有大量的文献资料、学术资料，学生通过学号登录到图书馆系统进行搜索，高校可以借助于大数据技术来分析学生的这些搜索记录以及借阅记录等，向学生推荐图书馆中其他同类型的书籍文献或新采购的图书，使得学生能够更快捷、更方便地学到更多自己感兴趣的知识。

（三）加强学生数据安全管理

大数据在给我们带来便利的同时也带来了一些不容忽视的问题，尤其是数据安全问题。学校掌握着众多数据，一旦出现学生信息泄露将产生不可估量的后果，因此学校对数据的安全防控尤为重要。基于此，对学校的数据安全管理提出以下建议：第一，要加强学校工作人员对学生信息的保密意识，通过对其进行培训以及制定相关制度去规范工作人员的行为，例如对泄露信息人员予以一定的惩罚，以防止出现因个人谋取私利而将学生

信息泄露给其他机构的现象。第二，对载有学生信息的电脑加强密码保护，且该电脑不具有上网功能，移动硬盘、U盘未经检测不可用于该电脑且不可随意将信息拷贝给科室外的人员。同时高校办公用的电脑均应使用正版软件且配有防火墙保护。很多高校都忽略了这个问题，认为是否是正版软件无所谓，只要能够正常使用即可，但这恰恰给黑客们带来了机会。第三，应用最新的信息技术手段来完善校园网络的安保等级，时时关注电脑是否存在异常情况；与此同时对学校使用的系统以及电脑进行定期维护，打好各种软件的补丁，确保计算机安全运行，避免出现黑客入侵盗取信息等事件。

四、结语

大数据时代的悄然而至使得各高校的学生管理工作发生了重大变革。现阶段各高校应该重视大数据对学生管理工作的作用，加大信息化管理建设，使得学生管理工作朝更加统一化、安全化、快速化的方向发展，为学生提供更加高效的服务。文中所提出优化信息化功能及加强数据安全管理等建议虽然能解决许多管理方面的问题，但依然有许多的不足，而且也需要一个漫长的时间来探索。提出这样的构想，目的是让读者更深刻地认识到学生管理信息化是一项实践性很强的系统工程，从而在学生管理方面引起更多关注，使高校学生管理信息化朝更为科学和系统的方向发展。

参考文献

[1] 尤慧，徐卿. 大数据理论在高校学生工作管理创新中的应用 [A] //决策论坛：系统科学在工程决策中的应用学术研讨会论文集（上）. 中国武汉决策信息研究开发中心、决策与信息杂志社、北京大学经济管理学院，2015：37-38.

[2] 陈振峰. 大数据背景下高校毕业生就业工作路径初探 [J]. 中国成人教育，2017（9）：75-78.

[3] 胥文勋. 大数据时代高校学生管理工作信息化建设现状与对策 [J]. 绵阳师范学院学报，2016（1）：53-56.

[4] 王婧. 大数据时代高校学生管理工作的挑战与对策分析 [J]. 思想政治教育研究，2014（2）：128-130.

[5] 潘婷. 大数据时代背景下的高校学生管理工作探究 [J]. 中国成人教育，2016（6）：62-65.

[6] 于乐，杨直凡. 大数据与高校学生工作的实践创新 [J]. 中华文化论坛，2016（9）：148-152.

[7] 杜大鹏. 大数据时代高校学生管理工作的挑战与对策分析 [J]. 科技展望，2016（16）：334-335.

［8］卢名正，聂森. 大数据对高校学生管理带来挑战与对策分析［J］. 领导科学论坛，2018（1）：84-85.

［9］单耀军. 大数据背景下高校学生管理信息化研究［J］. 教育与职业，2014（23）：27-29.

［10］刘建荣，吕瑶. 利用"大数据"等新技术实现高校学生管理与服务的创新与突破［J］. 河北工程技术学院教学与研究，2018（1）：33-37.

浅析大数据背景下"互联网+政务服务"

王 艳①

摘要：现代社会，互联网的发展突飞猛进，而"互联网+政务服务"也凭借独有的优势与特点成功吸引了人们的注意。《关于加快推进"互联网+政务服务"工作的指导意见》的颁布，为"互联网+政务服务"在政策层面做出了明确的概述与细致的部署。本文主要围绕问题的提出、现状分析、存在的主要问题、原因等展开研究，旨在对"互联网+政务服务"有更加透彻的理解，并提出完善制度保障、全面实现政务信息共享，让线上和线下高效融合起来，以此推进"互联网+政务服务"工作的对策建议。

关键词：大数据 "互联网+政务服务"

一、问题的提出

首先，随着大数据的快速发展，各行各业借助互联网实现转型成为一种现实需要，"互联网+"的概念也应势而生。我们的社会生活也因此发生了较大的变化，在各行各业相继出现了"互联网+农业""互联网+教育""互联网+慈善"等。其次，近年来我国政府在积极实现自身职能的转变，为了适应现代化发展要求而进行治理体系改革。在大数据时代到来之际，政府长期存在的数据散乱、资料碎片化问题逐渐明显，信息在各个部门不能顺利流通、各项合作难以达成，这都使得政府效率低下，公共资源被极大浪费。随着"放管服"改革的逐步推进，对新技术的要求也日益强烈。而"互联网+政务服务"则可以很好地解决这些问题，对政府流程进行再造，逐步提升政府工作效率，突出政府的服务型功能。

在"互联网+"逐步盛行的今天，人们也在关注"互联网+政务服务"的发展情况。2016年，国务院正式颁布了《关于加快推进"互联网+政务服务"工作的指导意见》，这也为后续的工作开展指明了方向。其主要内

---

① 作者简介：王艳，西南民族大学管理学院硕士研究生。

容包括：①凡是能够在网上获取的资料，就不需要组织或个人再行提交；②凡是在网络上可以核验的信息，就不需要组织或个人提供；③凡是能够在网上办妥的工作，就不必现场处理。这些只是"互联网+政务服务"的表现形式。从本质上讲，"互联网+政务服务"可以高效解决政务问题，同时也能提供一种新型治理理念，从而提升资源的利用效率，实现人民与政府的积极融合与良性互动。

二、"互联网+政务服务"现状分析

根据统计，我国不论是网民数量、手机用户数还是网络交易额在全世界都是毫无疑问的第一名，这就为"互联网+政务服务"的发展打下了良好的基础。我国地域辽阔，不同的省份有着不同的特点，所以在政务服务目标上也各有指向，不过大的方向还是一致的，就是要向社会提供一站式服务，不让群众多走冤枉路。比如，可以在全省建立一个数据库，将公民的身份证信息、照片等都输入其中，这样公民在就医、上学、买房、缴税等时可以从系统获取相关资料，而不需要公民一次又一次地提交类似的资料；通过数据共享平台将多个部门服务窗口整合为一个综合性服务窗口，多部门协同办理避免人们来回跑。

（一）政策体系

随着党的十八大的召开，党中央提出要推进国家治理体系建设上，提出要大力推动电子政务发展，建立完善的网络服务平台，实现政府职能转变，以人民的需要为前提在新的历史时期建设服务型政府。在随后的时间里，政府陆续出台了多项政策，这都为"互联网+政务服务"的开展做好了准备。

1. 2015年，国务院印发了《促进大数据发展行动纲要》，突出了大数据的作用。

2. 2016年，《关于加快推进"互联网+政务服务"工作的指导意见》正式出台，预计到2020年12月，在全国建立完善而协调的"互联网+政务服务"体系，实现整体联动、一网办理。该意见填补了我国政府在"互联网+政务服务"工作中的政策空白。

3. 2018年，国务院出台了《进一步深化"互联网+政务服务"推进政务服务"一网、一门、一次"改革实施方案》，明确提出"数据多跑路"的发展理念，要求决策者对当前的服务流程进行优化，大力发挥技术手段的作用，实现"一网办理""只跑一次"。

（二）平台与技术支持

1. 平台支持。这里说的平台主要是指网络政务服务平台和移动政务平台。目前绝大多数省份已经建成全省网络政务服务一体化平台，从国家层面来说，正在加速建设政务一体化平台，这是当前提高政务服务质量的保证。而移动政务平台包括网站平台移动端和"两微一端"等。

2. 技术支持。现阶段，政府投入了大量的人力物力进行政务平台的开发，而且已经达到了一定的技术水平高度。国务院印发的《"互联网+政务服务"技术体系建设指南》提出以技术手段为支撑打造四个重要体系，致力于技术开发和平台建设工作。我国在大数据技术开发方面做出了很多努力，也启动了多项产业化工程，旨在推进研发进程，提升大数据服务质量。

（三）服务内容

1. 业务流程。网上政务服务业务流程可以分为三部分：一是政务服务门户。这是进行信息传递与业务办理的界面，用户在这里只要完成注册后，就可以进行业务预约，或是查询相关事宜。二是数据共享平台。相比于前者，这是一个后台处理程序，根据用户提出的要求或申请进行反馈、给出处理意见、完成审批等。三是业务办理系统。在这里用户可以获得自己所需要的信息，下载各种申请表格等。

2. 服务内容。网上政务平台具体服务内容涉及群众生活的各个层面。对个人来说，政府服务的内容有劳动保障、职业资格、设立变更、婚姻登记、出入境等。对企业来说，政府服务包括各种证照办理、获得资质证明、进行司法公证等。

（四）现实成效

目前来看，虽然政务办理效率有了提高，但仍然有许多业务仅在网上提供了办事指南，实际具体流程不能实现"一网通办"，还需要办理人到大厅现场办理。另外，许多移动政务 App 过于分散，没有将诸项政务服务集中到一个 App 上，这不利于提升业务办理效率，群众的体验感也不好。虽然"互联网+政务服务"在政策制定、平台搭建、技术开发等多个方面都取得进展，但是从现实情况来看，很多重点难点问题如果只依靠网上政务服务途径还是无法解决，也满足不了人们的实际需要。再有，针对政务数据的二次开发利用也跟不上，大量数据没有被充分利用起来，网上政务服务不够精细，覆盖范围也不够广。

三、大数据时代下"互联网+政务服务"存在的突出问题

（一）对"互联网+政务服务"的认知问题

"互联网+政务服务"本质上仍然是服务，不过是借助互联网提供更便捷的服务，互联网是方式，服务是本质。不能出现重心偏移，要始终围绕

"互联网+"这个重心来开展工作，采用的各种先进技术也都是为提升政务服务质量。这就使得在具体的操作环节上，政府将主要精力放在发挥技术作用、搭建政务平台上，但是忘了之所以要搭建这样的平台还是为了更好地为人民服务。如果"互联网+"只是停留在政策和技术层面，而没有真实应用到实践当中，那么政府的工作重点就会出现方向性的偏差。

（二）缺乏政务大数据的共享与开发

数据是资源，数据是资本，数据更是服务。政府要让数据为决策服务，更要让数据为民众办事服务。很多部门在数据共享方面态度较为敷衍，之所以会出现这样的情况主要原因包括出于数据安全性考虑和纯粹的自私狭隘观念。从当前的情况来看，数据开发方面的问题并不少。如何发挥平台的作用对信息和数据进行收集，怎样高效对海量数据进行系统整合，如何实现数据共享和开放，目前尚未形成可以推而广之的方案。

（三）线上线下服务渠道需加强整合

网上政务服务平台与线下政务服务大厅未能有效衔接，造成网上平台与线下服务窗口脱节。当前各省正在打造和完善省级一体化政务服务平台，希望能够早日实现"一网通"。对原有的多个地区、多个部门的服务平台进行系统整合，让群众办事时有更方便快捷的服务体验。在正常的服务窗口，可以为群众进行疑难问题现场咨询；在网上办理时，也可以设置专门的在线咨询服务，不过目前这方面的服务并不完善，咨询往往不能得到及时答复。相较于线下窗口服务，提供实时咨询服务是线上服务需要完善之处。

（四）移动政务服务需要进一步强化

在网络高速发展的今天，我国的智能手机用户数量一直位居全球首位，近年来，农村智能手机用户数量也开始迅速增长。近年来，手机网络费用开始逐步下调，这也为更多的农民接触互联网提供了较好的机会。和"互联网+政务服务"相比，移动互联网的实用性更强。因此，要想高效发展移动政务，使广大农民也享受到"互联网+政务服务"的便捷与效率，就要重视在农村发展移动政务，这样可以为农民提供更好的服务，也有利于加强政府与农民的良性互动。

特别是随着5G的到来，移动互联网将会显示出更为重要的作用。但目前移动终端的政务App参差不齐，用户体验感不好，某些功能不完善需加强。而且各种政务App功能分散，无法统一到一个强大的平台共同提供政务服务。移动政务发展仍存在安全隐患、服务性不强、发展相对缓慢、应用动力机制不足等问题。

四、"互联网+政务服务"存在问题的原因

(一)互联网思维和服务意识欠缺

1. 互联网思维不足。要想在"互联网+"中寻求更好的发展,要具有互联网思维,互联网思维可以细分为跨界思维(不同行业之间跨界发展)、用户思维(以用户的需求为导向)和大数据思维(在管理中实际应用各种数据)。当前存在的主要问题就是在制定政策时,没有运用互联网思维对问题进行深入思考。

2. 服务意识缺失。不管是通过何种形式开展政务服务,都需要工作人员具有良好的服务意识,这是提升服务质量的关键。我们的政府是人民的政府,要从人民的需要出发开展工作,如果没有好的服务意识,就算应用了最为先进的技术设备,流程优化程度再高,社会公众在接受政务服务的时候仍然会有较差的体验感。

(二)政策法规滞后

目前,国家对"互联网+电子政务"只出台了相关政策,没有专门的法律。一方面由于制定法律本身比较烦琐,立法周期也比较长。目前涉及互联网的立法有很多,政务服务领域的政策也比较常见,而专门针对"互联网+政务服务"的立法规范尚不多。另一方面,互联网产业有着明显的特殊性,那就是更新速度极快,可能政策和法规尚未出台,互联网行业已经推陈出新,出现了新的情况与问题,这就使得在"互联网+"的背景下法律滞后性很强。

(三)社会和公众参与不足

政府推动、社会支持、公众广泛参与应该是推进"互联网+政务服务"的正常模式,但目前实际情况是政府推动,社会和公众参与不足的现象比较严重。行政命令是当前发展"互联网+政务服务"的主要手段。通常情况下国家在出台政策时会有一个试点和推广的过程,这样才能保证政府网上服务平台建设得更加完善,也对技术服务提出了很高的要求。因为当下信息不对称情况非常严重,企业要想参与到项目当中只能通过招标,在决策之初则无法参与进去。

(四)网络设施滞后

首先,要建立一个从中央到地方纵横相通的专门的政务外网,且各级部门的政务业务平台都需要和这个外网连接。现阶段,国家政务平台就是这样形式的一个外网,虽然已经覆盖了全国各省市,但仍需进一步完善。其次,"互联网+政务服务"的全覆盖需要互联网的广泛普及和快速发展。目前由于资费问题,还有一部分人群没有被纳入互联网政务的服务范围。

再次，政府数据中心较少。为了实现各部门信息共享和利用，各部门可以将数据存储到数据中心，再根据自己的权限与需要调取可用数据。

五、推动"互联网+政务服务"的对策建议

（一）深刻理解"互联网+政务服务"

首先，积极转变观念。在传统的治理理念当中，政府是工作的核心，而随着"互联网+"时代的到来，则要以办事群众为中心，采用现代信息技术就是为了更便捷地为群众服务。其次，逐步建立良好的互联网思维。现代社会各个行业相互交织，互联网已经深入其中。再次，不断增强网上服务意识。政府首先要对民众的需求有完整的了解，在此基础上再提供各种服务。这就要求工作人员要具备良好的服务意识，优化服务流程，提高服务能力和水平，创新服务方式，提供更多精准化、个性化服务。

（二）加强顶层设计，做好制度保障

对"互联网+政务服务"，政府要从制度上进行保障，实现整体安排和统筹推动。国家层面要出台关于"互联网+政务服务"的法律法规，实现信息共享、保障信息安全和进行开发利用等。国家部委要加快推进全国政务服务平台一体化建设，以实现数据资源的整合和共享。

（三）加快政务大数据共享和开发

要加快大数据管理中心的建设，在全国范围内建成统一的数据平台，并对公众开放，对大数据的处理和共享进行规范，从而使得政务大数据可以发挥更大的作用，降低技术限制。合理利用云计算等方式对政务大数据进行开发与分析，以数据分析为政府决策提供参考。通过对共享数据的分析，找出其中的规律，将大数据的作用更加充分地发挥出来。

（四）推动线上线下服务渠道整合

"互联网+政务服务"的实现需要将线上和线下服务有机联系起来，打造功能齐全的服务模式，运用人工智能技术及时解答在线咨询。进一步加强政务服务平台建设，在已经建成的省级一体化平台的基础上建设全国政务服务一体化平台，结合线下政务窗口的办事程序和"互联网+"的特点，提高平台办事效率。

参考文献

郝兆临，2019. 优化营商环境 为企业发展壮大提供更多的"阳光雨露"［N］. 中国企业报，05-14.

李震，2018. 大数据时代的"互联网+政务服务"研究［D］. 济南：山东师范大学.

翁列恩，2019. 深化"最多跑一次"改革 构建整体性政府服务模式［J］. 中国行政管理（6）：154-155.

杨慧，易兰丽，2018."互联网+政务服务"发展的困境及实现策略研究［J］. 现代管理科学（8）：12-14.

混合所有制改革中的公司治理研究

——以 ZJ 集团下属公司为例

王艺璇　袁　蕴①

摘要：在加快社会主义市场经济体制改革、深化国有企业改革的时代背景下，国家希望通过混合所有制改革激发大型国企的活力，并提升其竞争力。混合所有制改革的重点在于建立有效制衡、平等保护的公司治理结构。本文将以"四项改革"试点单位 ZJ 集团下属公司为例，通过回顾公司治理相关理论知识、梳理案例公司情况，对比混合所有制改革前后 6 年案例公司治理制度发生的变化并分析仍存在的不足，期望给予其他进行混合所有制改革的公司启示。

关键词：混合所有制改革　公司治理　ZJ 集团

一、混合所有制改革的背景与意义

党的十九大指出应加快完善社会主义市场经济体制改革，深化国有企业改革，发展混合所有制经济，培育具有全球竞争力的世界一流企业。中国经济进入新常态、深化改革进入深水区，在这一特殊历史时期，国家相关部门鼓励发展混合所有制。中国共产党第十九届四中全会明确指出："发展混合所有制经济，增强国有经济竞争力、创新力、控制力、影响力、抗风险能力，做强做优做大国有资本。"

通过图 1 国有企业、民营企业的资产回报率分析可知：2008 年金融危机后，民营企业与国有企业资产回报率的提升幅度出现了很大差异，其中民营企业回升至 10.59%，国有企业资产回报率下降至 2015 年的 2.87%；对比全国规模以上工业企业实现利润总额，国有企业利润总额在 2014 年、

---

①　作者简介：袁蕴，博士，教授，西南民族大学管理学院硕士研究生导师；王艺璇，西南民族大学管理学院硕士研究生，研究方向为财务会计。

2015 年连续下跌。以上变化趋势反映出在实体经济经历了全球经济萧条和国内生产经营成本剧增等不利因素产生的经济"萧条"的大背景下，国有企业产能过剩与急缺创新动力的问题。

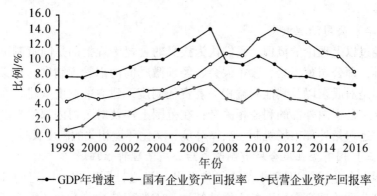

图 1　1998—2016 年我国国有企业和民营企业的资产回报率对比

为推动国资国企改革，2014 年 7 月 15 日国务院国资委在中央企业启动了"四项改革"试点。在此期间，改革试点之一的 ZJ 集团选定其子公司北新集团建材股份有限公司（以下简称"北新建材"）与中国巨石股份有限公司（以下简称"中国巨石"）作为发展混合所有制经济首批试点实施单位。

二、公司治理理论概述

（一）公司治理提出及公司治理概念的相关理论

1932 年，伯利（Berle）和米恩斯（Means）在《现代公司和私人产权》中指出：在现代公司所有权和控制权分离的情况下，相对分散的股权结构会导致控制权转移到管理者手中，导致管理层滥用自由裁量权，这一理论的提出被看作是公司治理理论研究的起点。

在代理问题的基础上，各个学者对于公司治理进行了不同的研究，对公司代理也有了更明确的定义。1976 年，詹森（Jensen）和麦柯里（Meckling）提出了"代理成本"的概念，指出公司治理就是为了协调所有者与经营者的利益，并将经营者"无可避免的自利行为"产生的总成本降到最低。1995 年，克林梅耶（Myer Colin）在《市场经济和过度经济的企业治理机制》提出将公司治理看成是一种为投资者利益的代表与服务的组织安排。钱颖一、林毅夫、费方域也都认为公司治理概念是一整套的制度安排。1997 年，Andrel Sheifer 和 Robert W. Vishny 在《公司治理评述》中指出：公司治理的核心是途径问题，资金的供给可以通过怎样的途径以获得投资回报。国际组织也对公司治理给出了定义，其中 OECD（世界经济合作与发展组织）的定义极具代表性，其在 2004 年提出公司治理是对目标公司的管理层、董事会、股东以及其他利益相关者的关系进行管理和控制的体系。

（二）公司治理概念

经过以上理论的梳理，我们认为狭义的公司治理指的是问责制下的制度安排，即公司董事会、股东大会、经理激励的内部管理制度。广义的公司治理是对股东以及其他利益相关者责任制度下建立的制度安排，在对象上包含了公司内外部的利益相关者；在范围上涉及对公司内部治理的制度安排，还包括外部市场机制、法律环境、文化环境相关的制度安排。

（三）国有企业混合所有制改革后公司治理特性描述

国有企业通常以政府或国家名义出资设立，同时担负一定的社会责任。其公司治理存在以下几方面的特性：①股权结构复杂化，混合所有制改革后不仅国有控股公司之间交叉持股，同时引入了民间资本、外国资本，涉及国有资产保值增值目标能否实现及中小股东利益是否会被损害的问题；②管理方复杂化，国有企业获取财政补贴的同时受国家相关部门领导监管，得到股东投资的同时受股东大会监管，除此之外还要接受市场以及中小股东的监督；③价值实现复杂化，混合所有制公司不仅要实现股东利益最大化、企业利益最大化，同时还要承担行政任务牺牲市场目标以实现社会价值最大化。

三、案例企业情况简介

ZJ 集团是经国务院国有资产监督管理委员会直接进行管理的经营综合性建筑材料的中央企业，资产总额达 5 500 亿元、员工人数达 25 万人、2019 年营业收入近 3 500 亿元，是我国规模最大的综合性建材产业集团。

中国建材股份有限公司（以下简称"中国建材"）是 ZJ 集团的核心企业，也是在 A 股上市的建材行业领军企业。中国巨石是中国建材的子公司，是玻璃纤维的专业制造商，是国家重点高新技术企业、亚洲玻璃纤维方向的明星企业。北新建材为中国建材的子公司，是 1979 年在邓小平同志的直接批示下，由国家投资建设的国内规模最大的新型建材产业基地。其中，中国巨石与北新建材为中国建材在 A 股上市的子公司。中国建材分别持有中国巨石、北新建材 26.97% 和 35.73% 的股份。其具体关系见图 2。

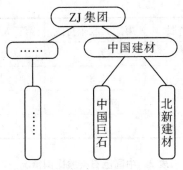

图 2　案例企业组织结构

四、ZJ 集团混改分析

（一）股权结构改革

股权结构决定了公司内部权力的归属，同时决定了公司利益的分配，因此在企业层面股权结构是公司治理问题的逻辑起点。国有企业在中国上市公司中占有相当的比重，国家绝对控股削弱了其他规定在法人治理结构安排上的权力，这与治理结构的市场性安排存在冲突，继而使公司在董事会、监事会及经理安排上容易受到行政干涉。

由表 1 和表 2 知，自 2015 年推行混合所有制改革后，北新建材和中国巨石股本结构更加丰富多元化。国有资本、集体资本、非公有资本等交叉持股、相互融合的混合所有制经济是基本经济制度的重要实现形式。因此，国有企业混合所有制改革的关键在于实现股权多元化、消除所有制的限制、解决国有企业"所有者缺位"的问题。改革推行后，北新建材与中国巨石的国家控股份额有了近 10% 的大幅下降。不同之处在于，改革前北新建材保持典型国有企业股权结构，即"一股独大"的状态；改革后第二、第三大流通股股东持股比例明显增加，国有资本持股比例也从 52.4% 的高位下降到了 35.73%。北新建材的总股本数由 2014 年的 70 699 万股增加到 2017 年的 178 857 万股，总股数的扩大说明市场参与度的增加。相对而言，中国巨石没有出现北新建材国有资本绝对控股的情况，且在 2015 年后股权进一步分散。

表 1　北新建材持股比例情况　　　　单位:%

年份	中国建材持股	第二大股东持股	第三大股东持股	剩余持股
2012	52.4	2.75	1.53	43.32
2013	52.4	3.3	1.43	42.87

表1（续）

年份	中国建材持股	第二大股东持股	第三大股东持股	剩余持股
2014	45.2	2.43	2.38	49.99
2015	45.2	1.85	1.3	51.65
2016	35.73	9.57	6.8	47.90
2017	35.73	9.57	6.8	47.90

表2　中国巨石持股比例情况　　　　　单位:%

年份	中国建材持股	第二大股东持股	第三大股东持股	剩余持股
2012	32.79	20.68	10.02	36.51
2013	32.79	20.68	10.02	36.51
2014	33.82	20.48	5.63	40.07
2015	34.17	19.76	5.32	40.75
2016	26.97	15.59	4.21	53.23
2017	26.97	15.59	2.11	55.33

同时仍需关注改革后的不足之处，即两家公司的持股者背景单一。北新建材、中国巨石的前10位股东中，后7位股东几乎都是债券基金类公司即机构投资者，极少有个人和民间资本。Chen指出，只有同时具备以下两个条件的股东才有监督公司的动机：①持有大量股票；②对公司发展问题具备长期视角。在本案例中，机构投资者既不是大股东，也没有长期视角。首先，在第一大股东持有接近1/3的公司股份的情况下，机构投资者所持有的股份数量并不足以支撑其参与公司治理。其次，共同基金的高换手率说明了中国机构投资者是买入卖出的投机者。在所有者缺位、大股东为机构投资者的情况下，股权结构能否得到根本改善，在现有基础上我们很难判断。

（二）董事会改革

董事会能否有效运行决定了公司治理能否有效。董事会对于企业所有者而言，是企业所有者的利益代表人、合法权益的保护者、股东意志的制度化体现；对企业而言，董事会在经营管理中肩负着制定企业战略的任务，同时负责选聘、评价、考核、激励管理人员，对企业经营管理进行有效的、战略性的监督，是企业运行的重要保证、是企业市场竞争力的制度基础。我国的国有控股公司董事按照来源分为内部董事、外部董事，起到防止经理层实现"内部人"控制、强化董事会安排的作用，国有控股公司建立了外部董事制度。外部董事制度的建立可以实现以下几个目标：分离企业的决策权与执行权；董事会集体决策；分离董事会监督层与管理层，以避免经理人员自己管理自己的情况。为了达到制衡的状态，同时防止"内部人"控制，以上三类董事的最佳比例为各占三分之一。北新建材和中国巨石董事会成员构成情况见表3。

表3　2012—2017 年董事会成员构成情况

	董事会成员人数	外部非独立董事人数	独立董事人数	独立董事学者人数	独立董事事务所背景人数
北新建材混改前	13	5	5	3	2
北新建材混改后	9	4	3	2	1
中国巨石混改前	9	4	3	1	0
中国巨石混改后	9	4	3	1	0

根据两家公司在混改前后董事会成员的信息可以得出以下结论：

（1）北新建材、中国巨石混改前后外部非独立董事成员均来自其直接控制公司或最终控制方——中国建材、ZJ 集团。混改没有改变董事会成员的组成，除最终控制方的前 10 大股东没有一家公司代表成为董事会成员。资源依赖理论认为，董事会是一种最小化公司对外界环境依赖或资源获取成本的机制，董事会的功能也由"咨询型董事会"向"监督型董事会"转变。北新建材、中国巨石都处在一个完全竞争的行业，但除控制方以外的外部董事会成员却没有加入新的董事会组织，可见混合所有制改革对这两家公司的影响并不包含对董事会成员的变革。

（2）北新建材的独立董事基本为学者及事务所人员，但在中国，独立董事并没有发挥监督作用。首先，从监督的声誉机制来看，独立董事不存在因声誉机制而进行监督管理的动机，并且独立董事不依赖管理层无法独立获得监督所需要的信息。其次，独立董事的任命可能受到现任管理层的影响，缺乏挑战现任管理层的动机。最后，虽然独立董事具有独立性，但由于精力、技能、发挥监督条件的限制，很难起到独立董事独立且完全监督的作用。

（三）监事会改革

监事会是由股东大会委派的监督机构，保护全体股东利益应为监事会的运行准则。国有独资企业监事会的职责相对特殊，除了监督管理者行为以防止"内部人"控制、大股东侵害小股东利益或部分股东为自身利益而损害大多数股东利益，还包括保护国家利益、提高国有资产的安全性。国有控股公司监事会的主要监督对象是董事会及公司管理层。兼职的监事会成员在担任一家公司兼职监事的同时不仅有可能担任另一家公司的兼职监事还可能身兼数职，限于时间、精力、专业背景，兼职监事的监督在实际中有很大操作困难。同时专职的内部监事的薪酬由董事会决定，相对而言独立性不高，所以不能起到很好的监督作用。北新建材和中国巨石的监事会成员构成情况见表4。

表4　监事会成员构成情况

	监事会人数	成员1兼任情况	成员2兼任情况	成员3兼任情况
北新建材混改前	3	2	1	1
北新建材混改后	3	2	1	1
中国巨石混改前	3	6	2	—
中国巨石混改后	5	8	2	—

在对北新建材及中国巨石2012—2017年两届监事会成员的任职情况进行分析后，我们可以得出以下结论：北新建材监事会两届成员相同，说明北新建材并未因混合所有制改革而产生其在监事会成员设置上的转变。并且1名成员来自北新建材内部，2名来自其控制方——中国建材，其中北新建材监事会主席同时担任中国建材执行董事、总裁。中国巨石原监事会成员1名为中国巨石内部高管、2名为中国建材外部高管，进行混合所有制改革后的中国巨石增加了2名内部监事，同时监事会主席还兼任中国建材副总裁、财务总监。两家公司的监事会监事主席都来自中国建材，主导着监事会的活动。同时结合监事会的组成情况，混合所有制改革前后的监事会并没有实质性的改变，很难保护全体股东的利益。

五、结论

北新建材和中国巨石两家试点企业进行的混合所有制改革备受关注。股权相较于以往做了较大改变，但前三位持股人中母公司中国建材持股数仍保持高位，第二、三位持股人中，北新建材引入了高管持股、民间资本持股，中国巨石引入了民间资本持股。总体而言北新建材、中国巨石相较之前实现了股权分散，打破了"一股独大"的局面。但还应关注，前10大股东中后7位股东经过分析几乎都是极具投机性的机构投资者，极少有个人和民间资本，对公司发展并不具备长期视角，对于公司的监管与治理很难产生较大的正向影响。同时结合中国巨石和北新建材混合私有制改革前后两届董事会和监事会成员数据可知，股权的改变并未体现在董事会和监事会的设置上。并且董事会和监事会的控制权极大程度归属于其直接控制方或最终控制方，由其主导着两家企业的董事会和监事会活动。我们认为北新建材和中国巨石公司治理机制中其他部分变化并不明显。

　　国有企业机构众多、体型庞大，混合所有制的推进是国有企业改革的绝佳机遇。其中推行公司治理是改革的最佳途径，在混合所有制改革的大背景之下，重新审视改革企业的公司治理方式，形成经营管理更高效率、更高效益、对市场反应更快的治理机制。明确公司治理各方的权力，保证现代公司法人治理机制能够高效运行。对民营资本股东和国有资本股东给予平等的权利以达成激发国企活力、实现混合所有制改革的目的。

参考文献

陈艳，2009. 股权结构与国有企业非效率投资行为治理：基于国有企业上市公司数据的实证分析 [J]. 经济与管理研究（5）：49-54，62.

杜莹，刘立国，2002. 股权结构与公司治理效率：中国上市公司的实证分析 [J]. 管理世界（11）：124-133.

姜付秀，肯尼思，王运通，2017. 公司治理：西方理论与中国实践 [J]. 中国城市金融（1）：80.

连燕玲，贺小刚，张远飞，等，2012. 危机冲击、大股东"管家角色"与企业绩效：基于中国上市公司的实证分析 [J]. 管理世界（9）：142-155.

林毅夫，李周，1998. 竞争、政策性负担和国有企业改革 [J]. 经济社会体制比较（5）：1-5.

石劲磊，2003. 上市公司股权结构与治理效率的实证分析 [J]. 经济评论（4）：33-38.

郑海航，吴冬梅，2006. 国有控股公司治理结构研究 [J]. 首都经济贸易大学学报（2）：5-10.

JESEN M C，MURPHY K J，1990. The Distribution of Power among Corporate Managers，Shareholders and directors [J]. Journal of Financial economics（20）：3-24.

大数据视域下西南民族大学贫困生
精准识别问题研究

吴　柱　黄俊秋①

摘要：在精准扶贫的大环境下，对高校贫困生进行精准识别与资助具有重要意义。在当前西南民族大学贫困生认定工作中，定性环节存在较多不确定性，定量标准又缺乏客观依据。随着西南民族大学信息化校园建设日臻完善，运用大数据技术开展贫困生精准识别已具备初步条件。学校可与政府相关部门通过数据对接、建立有效指标体系与识别标准、利用大数据进行网上监管与网下监管，及时做出反馈预警，实现对贫困生资助前、资助中、资助后的精准识别，从而实现精准资助。

关键词：大数据　精准识别　西南民族大学

2013年11月，习近平总书记在湖南湘西考察时首次提出精准扶贫概念。自此，我国扶贫进入精准扶贫阶段。随后，习近平同志在2015年中共中央政治局会议上提出"以数据目标诠释精准扶贫开发理念，充分发挥数据精准定位、开放共享的应用价值"的重要指示。同年，甘肃被国务院扶贫办列为全国精准扶贫大数据平台建设试点，开启大数据助力精准扶贫试点工作。高校贫困生资助是我国教育扶贫的重要组成部分，2015年时任教育部部长袁贵仁就曾指出要提高国家高校资助政策的精准度，把优惠政策真正落实到每一个需要帮扶的学生身上[1]。因此，高校贫困生资助应该做到"精准"。当前西南民族大学贫困生资助工作还存在不足，贫困生认定工作以定性为主，这难免会出现"伪贫困"等现象。因此，当前有必要利用大数据在"精准识别"方面的优越性提高西南民族大学贫困生资助的准确性，对于合理分配西南民族大学贫困生资助资源具有十分重要的意义。

---

①　作者简介：吴柱，西南民族大学管理学院2017级行政管理专业研究生，研究方向为公共政策分析；黄俊秋，西南民族大学管理学院2017级行政管理专业研究生，研究方向为公共服务研究。

一、文献回顾

大数据应用于高校精准识别是精准扶贫思想精髓在高校的实践与发展，对于提高高校资助贫困生的准确度有一定的实践意义。从党中央号召实施精准扶贫以来，对于高校精准资助的研究成果逐渐增多，在一定程度上丰富了该领域的研究。

当前，国内学者对高校资助的研究可分为三个方面：一是贫困认定研究。王秀民认为民族高校少数民族贫困生的认定工作中存在着资助对象群体界定不明确、认定程序不准确问题，原因在于缺少量化的认定标准、认定指标等[2]。但是，作者没有提出如何核准学生提供的家庭经济信息的准确性。毕鹤霞认为构建贫困度综合判别模型可提高高校贫困生认定的"精准度"，通过统计分析致贫因素、因素权重与底层因素隶属度等要素，运用模糊综合评判法与模糊层次分析法进行测算最后得出判别模型[3]。然而，她的计量依据的是学生家庭经济信息，实践中学生家庭经济信息不一定十分确切可靠。二是资助政策研究。刘晶等运用层次分析法与模糊综合评判法对其所调研高校的现行资助政策的执行效果进行分析，从而指出贫困生资助工作中的问题并给出建议[4]。甘剑锋认为当前高校的资助体系"奖、助、贷、补、勤、减、免、缓"虽在解决高校学生"上学难"问题上起到巨大作用，但也带来一些负面效应，应该综合权衡高校现行资助体系中存在的利弊，大胆改革资助方式[5]。这几位学者都是从完善贫困生资助制度方面进行研究，没有涉及实践中资助"精准度"的研究。三是资助模式研究。吴朝文等认为当前高校贫困生认定主要是定性与定量相结合，但两者都存在一定问题，他通过大数据技术对学生消费行为的特征进行分析并将分析结果应用于贫困生评估体系，从而实现对现行贫困生认定工作的完善[6]。罗丽琳认为大数据具有信息采集和分析优势，可在系统论思想指导下，从框架设计、制度保障、技术路径和联动机制四个方面对高校精准资助模式进行构建[7]。虽说这几位学者都从大数据视角提出了改善高校贫困生在资助"精准度"的对策建议，但没有涉及大数据技术对高校精准资助的意义、作用。

综上所述，当前大多数学者的研究集中在高校精准资助存在的问题及对策方面，研究多局限于现有的资助体系，将大数据技术与高校贫困生精准识别相结合的研究还比较少，而精准识别是实现精准资助的前提。所以，本文从大数据视角出发，利用大数据技术对西南民族大学贫困生资助前、资助中、资助后进行精准识别，以提高贫困生资助的"精准度"。

二、大数据时代实现西南民族大学贫困生精准识别的意义

1994 年我国正式接入国际互联网，随着社会发展和科技进步，互联网被广泛应用到社会的各个领域，管理信息化逐渐成为各社会组织、团体追求的目标。与此同时，全国各高校信息化建设在 20 世纪 80 年代出现高潮，这时期的建设主要以校园网络和分散独立的管理信息系统为主。进入 21 世纪，高校以数字化校园为主题的建设得到快速发展，使高校信息化整体水平得到了一个质的提高。近五年来，随着云计算、物联网、移动互联、移动智能终端等信息技术的普及，传统意义上的数字校园建设出现新的变化，建设"智慧"校园不再是理念口号，已经成为许多高校新的建设目标和行动指南，校园大数据环境已初步形成。以西南民族大学为例，以统一、多功能为特点的"校园一卡通"管理系统以及其他记录系统已遍布校园各个角落，可以说大学生的学习生活基本处在信息化、网络化的环境中，其个人家庭基本信息、校园消费明细、习惯爱好、学习成绩、奖助情况等都能被上述先进系统所收录、储存并数字化。这些海量数据真实、客观、全面地反映了大学生在校期间的行为轨迹，西南民族大学已具备运用大数据实施精准识别的基本条件。

当前大数据已被运用到了精准扶贫中，通过建构精准扶贫大数据平台，对贫困人口进行梳理分析，瞄准"真贫困"、实施"靶向治疗"，真正做到了"精准"识别，为每个贫困户定制切实可行的帮扶对策。而高校贫困生精准识别与精准扶贫具有异曲同工之处。当前西南民族大学资助工作基本上采用的是以大学生自行按照有关政策文件标准填写自身实际贫困信息来争取资助名额的方式。由于客观条件限制，学校很难对这些信息进行核实，更难以掌握资助对象经济状况的动态变化，资助"精准度"有待进一步提高。大数据时代下西南民族大学可通过构建大数据平台在自然状态下实时收集大学生的相关日常行为、经济活动等信息，通过数据提取、清洗、整合、关联等分析处理方法并运用海量运算技术和数据建模算法，从中寻找相关性以及其他有用信息，最后得出家庭经济困难学生行为的基本特征并与定性评判结合，从而提高贫困生资助识别的"精准度"。而且，拥有全部或几乎全部学生的数据，贫困生资助工作人员就可以从不同角度横向纵向观察比较学生数据的方方面面，全面动态实时监测资助对象的行为，精确分析和判断资助对象的异常行为，为学校调整资助对象提供有力参考。

三、西南民族大学贫困生认定程序的现状与问题

西南民族大学为全日制普通本科高校，是国家民族事务委员会直属综合性民族高校。2015 年，实现国家民族事务委员会和四川省人民政府、教育部共建。根据《西南民族大学家庭经济困难学生认定办法（2017 修订）》，家庭经济困难学生（我们通常讲的贫困生）是指学生本人及其家庭所能筹到的资金，难以支付其在校学习期间的学习和生活基本费用的学生。贫困生认定工作一般在每年 9 月进行，次年 3 月微调，具体程序可概括为申请、民主评议、初审、复审、复核五个步骤。笔者对参与过贫困生评选的学生及教师进行访谈，总结出该校贫困生资助工作中存在的不足。

（一）学生申请过程中存在弄虚作假

目前，西南民族大学学生申请贫困生资助时，首先要求学生填写《高等学校家庭经济困难学生认定申请表》和《高校学校及家庭情况调查表》，然后由学生到家庭所在地的民政部等相关部门盖章，而在这一过程中就存在弄虚作假。

案例 1：某学院一位少数民族贫困县本科生的讲述

该生家庭所在地民政部等相关部门对于凡是拿这类表格来申请家庭经济贫困情况证明的学生都持比较通融的态度，一般情况下都给盖章。原因是这些部门基本只根据户口本等资料对表格信息进行核实，如是不是单亲家庭、是不是低保户等，是不是真正贫困他们并没有实地查实。工作人员认为该县都被评为国家级贫困县了，为学生盖章证明也不为过吧。

尽管案例 1 不足以证明在申请过程中弄虚作假是普遍现象，但可以看出这种情况还是确实存在的。这就不可避免出现有些非贫困生抢占学校贫困生名额的现象，使得真正贫困的学生没有得到资助，与高校资助政策的精神背道而驰。

（二）民主评议环节存在不民主现象

学生拿到并上交盖章证明的贫困生表格后，贫困生资助申请就进入民主评议环节，这是贫困生认定程序的第二步。这个环节根据班级人数多少分为两种评选方法：一是由班级干部内部讨论决定贫困生人选，另一种情况是由参选学生上台讲述自身家庭贫困状况再由班级同学投票决定人选。贫困生认定标准的模糊以及每个班级固定的贫困生名额，使得这个环节可能出现不民主或暗箱操作现象。

案例 2：某学院一位少数民族贫困县在校研究生的讲述

这位学生的本科阶段和研究生阶段都在西南民族大学就读。他回忆本科阶段 4 年他所在班级贫困生资助申请人数总是多于资助名额，形成所谓

的"需大于供"。他所在班级采取的方法是班级干部内部讨论决定贫困生人选，由于"需大于供"就不得不评选出相对贫困的学生。他们的具体做法是，根据《西南民族大学家庭经济困难学生认定办法（2017修订）》第九条家庭经济困难学生认定依据第一点，"学生家庭是否五保户、是否低保户、是否单亲家庭等"，把确实属于这类情况的学生纳入贫困生人选，剩余的名额由参选的学生抽签决定，而不管他们到底符不符合认定办法中规定的家庭经济困难标准，因为大家对贫困标准也不清楚。此外，他还道出有些班级直接采取抽签方式以节省大家的时间和精力。

这种做法尽管把部分符合条件的学生纳入了贫困生人选，但是班干部只考虑了部分认定条件加上贫困标准模棱两可，这并不能表明这些入选贫困生名单的学生真正属于家庭经济困难的学生。此外，采用抽签的方式评选贫困生，显然把民主评议当作儿戏，违背评议环节的民主精神。

（三）初审环节审核不严谨

民主评议环节结束后，一般由班干部把贫困生入选名单递交给辅导员，认定程序便进入初审环节即贫困生认定程序第三步，该环节主要由辅导员负责。辅导员对贫困生名单信息审阅、核对、筛选并确认最终名单后，递交给领导签字，公示5个工作日后就可以把名单转交给学校学工部。

案例3：某学院一位年轻辅导员的讲述

我们学院每年9月都要评选贫困生，一般由四至五名辅导员负责学院三千多名在校学生的评选工作，这项工作对我们来说非常头疼。首先，工作量巨大，以教育部规定的贫困生申请比例可达30%为标准[8]，我们要审阅、逐一比对差不多九百名学生的贫困生认定资料表格并筛选出最终名单。其次，时间紧，除了上述工作外，每年开学我们还要完成生源地贷款、学籍注册、新生军训管理等工作，而这些工作都是有时间限制的，所以说我们的压力不小。

从这位辅导员的讲述中我们可以看出，由于工作量大和时间限制，他们不大可能对全部申请贫困生的学生家庭情况做全面详细的了解，加上辅导员身兼多职，于原本就复杂的学生管理工作之外，还要在规定时间内完成贫困生认定资料审核，难免会出现纰漏，导致贫困生资助款"扶假贫"现象的发生。

（四）复审、复核环节监督不力

贫困生资助认定程序第四、五步：复审、复核。复审环节主要由学校学工部负责，他们先将各学院递交上来的贫困生资料、名单等进行汇总，然后复核各学院的认定结果，接着报学校学生资助工作领导小组审核，最后将认定结果录入家庭经济困难学生数据库。复核则由学校每年不定期通过电话等方式调查复核学生的家庭经济情况。

案例4：一位学校学工部助理的讲述

这位学生在学校学工部当助理已有一年多的时间，也帮老师处理过一部分的复审和复核工作。虽然由各个学院递交上来的贫困生资料、名单等量很大，但是基本都是最终名单了，我们只需核实姓名、性别、银行卡号就可以了，接到举报我们才会深入核实，看是否符合相关条件，否则基本上全部报领导签字，最后录入家庭经济困难学生数据库。至于后续复核，我们一般随机抽选部分同学进行电话调查，一般情况下只是核实下家庭基本情况，如是否属于低保户等，至于他们提供的信息是否真实我们也无法从电话中证实。

从这位学生的讲述中可以看出，由于客观条件限制，贫困生认定还是主要依赖于前三个环节，最后两个环节并没有很好履行本环节的复核、监督职责，一旦前三个环节出现纰漏也就难以补救。复核环节，由于没有可靠方式对受资助学生的家庭实际情况进行查实，往往流于形式，监督无从下手。

四、大数据视域下西南民族大学贫困生精准识别的路径建构

精准识别是提高贫困生资助"精准度"的必要条件。在贫困生资助工作中，采取大数据技术以最客观、最全面的方式精准识别学生资助前、资助中、资助后最直接现实的生活状态，为贫困生认定提供量化指标，能提高资助的"精准度"，也是解决上述不足之处的关键。

（一）资助前，实现与政府相关部门数据对接

《国家中长期教育改革和发展规划纲要（2010—2020年)》中的学生资助中期评估报告指出，要继续完善学生资助信息化构建，加快构建全国学生资助管理系统，能涵盖学前教育至研究生教育阶段，以实现资助的信息化管理。此外，推进实现全国学生资助管理系统与各类社会保障部门的信息系统对接和共享，为全国学生资助工作提供技术便利，提高学生资助的"精准度"。这给西南民族大学贫困生资助工作采用大数据进行精准识别提供了政策保障。西南民族大学可对每个学生从进校开始就进行建档立卡，把不同学生户籍所在地、家庭状况、收入水平及其动态变化等录入大数据系统中。接着，西南民族大学可依托与四川省人民政府良好合作关系，与政府下属部门如民政、社保、扶贫办、学生所在街道或村委会等实现数据对接，以结构化或半结构化的形式得到学生数据，如街道办或村委会可直接上传某学生的家庭情况等信息至学校资助部门亦或由学校资助部门主动联系获取相关数据。这样，西南民族大学将第三方数据与申请贫困

生资助的学生所递交的指标数据进行比对，在很大程度上能防止案例 1 中的弄虚作假情况，有助于提高贫困生认定过程的精准和规范程度。

（二）资助中，建立科学有效的指标体系及识别标准

西南民族大学工作人员可根据往年贫困生数据，筛选出贫困生识别的主要指标，如生源地贷款、家庭经济收入、家庭人口数、校园消费明细、学习成绩、奖助情况、图书馆资料借阅次数和时间等。然后，根据这些数据的来源对其进行分类，把由学生自己提供的相关部门证明数据作为静态信息，如是否办理生源地贷款、是否为单亲家庭、是否为低保户、是否为残疾人口家庭等，这类信息在大学生就读期间一般不会变化；把由学生持有的校园一卡通以及相关记录系统所记录的较为分散的、非结构化的数据转化为动态信息，如校园消费明细、学习成绩、图书馆资料借阅次数、奖助情况等，这类信息在大学生就读期间一般随着其行为变化而变化。接着，运用大数据技术将贫困生各项数据划分为重要指标与普通指标，细化各项指标数据并以轻重程度予以赋值，建立全校贫困生识别指标体系。

接下来，西南民族大学在贫困生认定中可将学生自身提供的静态信息作为判断标准之一，结合动态信息，计算纵向和横向动态发展比重数据，增强识别标准的客观性和准确性。由于"校园一卡通"以及图书借阅记录系统、教学记录系统等收集的数据存在量大、杂乱的特点，其中学生持有的校园一卡通所记录的学生在校期间用餐信息具有非常高的参考价值，用餐信息反映的消费情况最能体现学生的生活水平的高低以及贫困程度。因此，可对资助学生的用餐数据进行数据建模，将消费行为设为关键值，通过分析消费频率、消费额度、消费结构实现对学生经济状况的排序，最终可实现对资助对象的精准识别。如成都市双流区、武侯区人均最低生活保障标准为 630 元/月，如果某学生连续三个月（且每月用餐次数超 60 次）消费额低于该标准，可初步纳入贫困生人选。然后利用大数据技术依据贫困生指标体系中重要指标与普通指标对该生打分，综合排序确定贫困级别，避免因贫困标准的模糊而出现的不民主或暗箱操作现象。

（三）资助后，利用大数据实现对贫困生认定工作的动态监督

在大数据技术支持下充分运用各种渠道，采用网上监管与网下监管两种手段，一方面发挥网下监管即师生、学校监督的作用，一旦发现弄虚作假现象，立刻取消该生受资助资格，记入学生失信档案，实现学生生涯全过程的动态监管。另一方面，在西南民族大学官方网站、微博、微信等开设贫困生资助举报信箱，通过网络平台接受第三方的监督、反馈。如果发现认定结果存在异议，学校可将资助金召回，降低或取消之前已认定的贫困等级。经由大数据统计，实现网上监管与网下监管的结合。对于部分非

贫困生因突发事件或偶发情况而转变为贫困生或是因为各种情况而产生的贫困程度的变化，可由系统及时做出反馈预警，为学校资助对象的调整提供有力的数据支持。

参考文献

［1］莫光辉. 大数据在精准扶贫过程中的应用及实践创新［J］. 求实，2016（10）：87-96.

［2］王秀民. 民族高校少数民族贫困生认定工作研究［J］. 学校党建与思想教育，2017（4）：40-41.

［3］毕鹤霞. 大数据下高校贫困生确认模型构建：基于"模糊综合评判法"与"模糊层次分析法"集成的实证研究［J］. 高教探索，2016（8）：105-114.

［4］刘晶，曲绍卫. 贫困生资助政策在高校执行效果的评价研究［J］. 思想教育研究，2012（7）：96-99.

［5］甘剑锋. 对高校贫困生资助政策的评价与思考［J］. 中州学刊，2011（2）：129-131.

［6］吴朝文，代劲，孙延楠. 大数据环境下高校贫困生精准资助模式初探［J］. 黑龙江高教研究，2016（12）：41-44.

［7］罗丽琳. 大数据视域下高校精准资助模式构建研究［J］. 重庆大学学报（社会科学版），2018，24（2）：197-204.

［8］刘洋睿. 试析大数据时代高校贫困生精准资助机制［J］. 呼伦贝尔学院学报，2017，25（4）：131-133，84.

大数据下成都市土地综合承载力评价

余海英　裘丽岚①

摘要：本文对成都市土地综合承载力进行评价分析。本文首先构建了23个影响土地综合承载力的指标，运用熵值法对23个指标进行标准化、计算权重，再计算出各指标从2007年至2016年的综合值。对时间动态上的综合值变化进行分析，发现土地综合承载力总体呈逐年上升势态，分析认为化肥施用量、农村用电量、人口密度是成都市土地综合承载力的主要限制因素，农村居民人均可支配收入、卫生机构床数和人均地区生产总值是"短板"因素。最后提出提高成都市土地综合承载力的对策建议。

关键词：土地承载力　熵值法　大数据　成都市

一、绪论

（一）研究背景

随着互联网和网络爬虫技术的发展，大数据的覆盖面也愈加广泛。大数据时代的到来为更好地满足国土部门精细化土地管理需求提供了重要机遇，使得国土部门能够深入挖掘和发现隐藏在海量国土数据背后的行业知识和管理规律，准确把握土地与社会经济各项活动的相互作用关系[1]。

土地数据具有以下几个特点：①数据类型多样性[2]。土地数据形式有表、图、音频、视频等，涵盖整治、规划、生态保护等内容。②数据实时性。可实现随时测量、捕获和传递信息。③数据衔接性。土地数据标准统一，便于整合衔接。④数据共享性。在大数据时代，土地信息公开程度正逐步提高，土地规划方式也更加透明开放。

（二）研究区概况

成都市位于中国西南片区，四川盆地西部，位于东经102°54′~104°53′

---

① 作者简介：余海英，西南民族大学硕士研究生，研究方向为城市与房地产管理；裘丽岚，副教授，西南民族大学教师，研究方向为土地资源管理、企业管理。

和北纬 30°05′~31°26′[3]。成都市是美丽宜居的文化名城、国际门户枢纽和国家中心城市。

成都市 2017 年地区生产总值为 13 889.39 亿元，比上年增长 8.1%，第一、二、三产业分别增长 3.9%、7.5%、8.9%。2017 年乡村振兴战略成效初显，实现农业总产值 878.9 亿元。农村用电量 36.7 亿千瓦·时，年末农业机械总动力 403.9 万千瓦。

成都市 2017 年建筑业增加值 849.5 亿元，竣工面积 5 837.9 万平方米。医院、卫生院床位数 12.7 万张，普通小学 569 所，在校学生 94.2 万人。

成都市 2017 年建成区绿化覆盖率 41.6%，人均公园绿地面积 13.7 平方米，空气质量达标天数 235 天，污水处理率 93.3%。

二、成都市土地综合承载力指标体系的构建

本文遵循指标选取的代表性、科学性、区域性、可操作性、平民化原则，参考相关研究成果，结合成都市的实际情况，选取比较具有代表性的23 项指标，从而构建成都市土地综合承载力评价指标体系（见表 1）。

表 1　成都市土地综合承载力评价体系

目标层	准则层及代码	指标层	指标代码	正逆向
土地综合承载力	农业用地承载力 A	人均耕地面积/（m²/人）	A_1	正
		人均粮食产量/（kg/人）	A_2	正
		农村居民人均可支配收入/元	A_3	正
		有效灌溉面积比例/%	A_4	正
		农林牧渔业总产值/亿元	A_5	正
		第一产业就业人数/万人	A_6	正
		主要农用机械总动力/万 kW	A_7	正
		化肥施用量/万 t	A_8	逆
		农村用电量/（kW·h）	A_9	逆
	建设用地承载力 C	第二产业产值/亿元	C_1	正
		第三产业产值/亿元	C_2	正
		人均城市道路面积/m²	C_3	正
		人均地区生产总值/元	C_4	正
		人口密度/（人/km²）	C_5	逆
		建筑业企业房屋竣工面积/万 m²	C_6	正
		普通小学在校学生数/万人	C_7	正
		卫生机构床数/张	C_8	正

表1（续）

目标层	准则层及代码	指标层	指标代码	正逆向
土地综合承载力	生态环境承载力 E	人均公园绿地面积/m²	E_1	正
		建成区绿化覆盖率/%	E_2	正
		污水处理率/%	E_3	正
		万元地区生产总值能耗/(t/万元)	E_4	逆
		年供水总量/万 m³	E_5	逆
		空气质量优良率/%	E_6	正

三、成都市土地综合承载力各指标权重确定

（一）数据标准化处理

由于各指标单位不同，不具可比性，要先进行数据标准化处理。本文采用极差标准化方法对成都市土地综合承载力各项指标进行处理，步骤如下：

正性指标：$Y_{ij} = [X_{ij} - \min(X_{ij})]/[\max(X_{ij}) - \min(X_{ij})]$ （式1）

逆向指标：$Y_{ij} = [\max(X_{ij}) - X_{ij}]/[\max(X_{ij}) - \min(X_{ij})]$ （式2）

式中，Y_{ij}表示第 i 年第 j 指标将其标准化后所产生的数值，X_{ij}表示第 i 年第 j 指标的原始值。

（二）熵值法确定权重

（1）计算第 i 年第 j 项指标的比重：$Z_{ij} = Y_{ij}/\sum_{i=1}^{m} Y_{ij}$ （式3）

（2）计算指标信息熵：$e_j = -k\sum_{i=1}^{m}(Z_{ij} \times \ln Z_{ij})$ （式4）

（3）计算信息熵冗余度：$d_j = 1 - e_j$ （式5）

（4）计算指标权重：$W_j = d_j/\sum_{j=1}^{n} d_j$ （式6）

式中，$k = 1/\ln(m)$，m 为评价年数，n 为指标数。

评价指标权重的结果见表2。

表2 成都市土地综合承载力评价各指标权重

表2 成都市土地综合承载力评价各指标权重

指标	指标层权重	准则层权重	排序
A_1	0.080 9		1
A_2	0.039 4		13
A_3	0.036 1		15
A_4	0.047 9		8
A_5	0.074 5	0.505 8	2
A_6	0.058 7		5
A_7	0.064 4		4
A_8	0.058 4		6
A_9	0.045 5		12
C_1	0.066 9		3
C_2	0.047 4		9
C_3	0.037 7		14
C_4	0.031 7		17
C_5	0.046 5	0.350 5	11
C_6	0.030 3		18
C_7	0.055 3		7
C_8	0.034 8		16
E_1	0.017 0		22
E_2	0.019 9		20
E_3	0.027 3		19
E_4	0.015 3	0.143 6	23
E_5	0.017 5		21
E_6	0.046 6		10

资料来源：2007—2016年《四川统计年鉴》、2007—2016年《成都市国民经济和社会发展统计公报》。

四、成都市土地综合承载力评价综合值计算

(一) 综合值计算

本文采用加权平均法对各项指标进行综合。具体公式为

$$E = \sum_{i=1}^{n} Y_{ij} \times W_i \qquad (式7)$$

式中，E 为综合指标值；Y_{ij} 表示第 i 指标标准化值；W_i 表示第 i 指标权重；n

表示指标个数。

分别求和得出成都市 2007—2016 年土地综合承载力评价综合值，见表3。

表3　成都市 2007—2016 年土地综合承载力评价综合值

年份	综合值			
	农业用地承载力	建设用地承载力	生态环境承载力	土地综合承载力
2007	0.194 7	0.074 5	0.068 8	0.383 5
2008	0.207 7	0.084 8	0.078 8	0.415 9
2009	0.217 1	0.106 8	0.090 1	0.454 4
2010	0.227 4	0.087 7	0.111 2	0.457 4
2011	0.224 9	0.126 5	0.113 0	0.495 4
2012	0.227 4	0.168 6	0.105 3	0.530 3
2013	0.226 4	0.200 8	0.072 6	0.525 5
2014	0.226 6	0.222 5	0.068 0	0.547 8
2015	0.269 6	0.233 0	0.080 0	0.610 2
2016	0.278 7	0.304 4	0.074 9	0.658 0

（二）综合指数分级

根据土地综合承载力综合指数值，评价土地综合承载力大小的标准见表4。

表4　土地综合承载力分级标准

E 值	<0.2	0.2~<0.4	0.4~<0.6	0.6~<0.8	≥0.8
等级	I	II	III	IV	V
承载力	弱承载力	低承载力	中级承载力	较高承载力	高承载力

五、成都市土地综合承载力评价结果与分析

（一）历年土地综合承载力评价结果

根据表3和表4，可得出 2007—2016 年成都市土地综合承载力，结果见表5。

表5　成都市 2007—2016 年土地综合承载力等级

年份	等级	承载力强度
2007	Ⅱ	低级
2008	Ⅲ	中级
2009	Ⅲ	中级
2010	Ⅲ	中级
2011	Ⅲ	中级
2012	Ⅲ	中级
2013	Ⅲ	中级
2014	Ⅲ	中级
2015	Ⅳ	较高
2016	Ⅳ	较高

（二）土地综合承载力评价结果分析

从土地综合承载力的三个准则层权重来看，对成都市土地综合承载力影响由大到小依次为农业用地承载力、建设用地承载力、生态环境承载力，其权重值依次为 50.58%、35.05%、14.36%。

以成都市 2007—2016 年土地综合承载力评价综合值（见表3）为基础绘制折线图表示成都市土地承载力综合变化趋势，见图1。

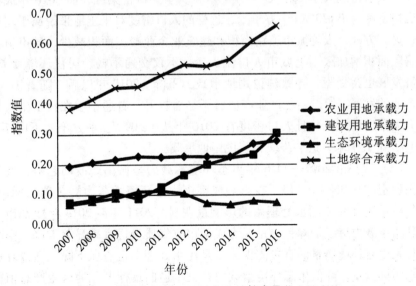

图1　成都市 2007—2016 年土地综合承载力综合值

由图1以及表5可知，成都市 2007—2016 年土地综合承载总体形势还算乐观，总体呈上升态势，但距高承载力还有一定距离。2009—2010 年成都市土地综合承载力增速减缓，此时段农业用地承载力和生态环境承载力都是上升状态，说明建设用地承载力下降的影响比其他两个承载力上升的影响更大。2010—2012年成都市土地综合承载力增速增大，说明这个时段建设用地承载力影响较大。2012年土地综合承载力稍有下降，主要是生态环境承载力下降造成的。2013—2016年土地综合承载力显著提升，主要是生态环境中空气质量优良率提高造成的。

（1）成都市2007—2016年农业用地承载力总体呈上升趋势。2007—2010年平稳上升之后的四年，农业用地承载力增长停滞甚至有所下降。一是因为农村耕地面积减少，粮食总产量降低，农村居民人均可支配收入持续减少；二是因为第一产人就业人数持续下降，2010年农村劳动力转移到非农产业就业人数新增13.0万人，农村劳务输出人数为221.0万人；三是因为化肥施用量持续增高，农业用地负担增加，可持续利用度降低。2014年之后，农业用地承载力增长明显，成都市2014年现代农业示范园区、标准化农产品生产示范基地分别增加了155个、263个，人均耕地面积增加，产值增加，农村居民可支配收入增加，可见，政府强农惠农政策增大成都市农业用地承载力效果明显。

（2）成都市2007—2016年建设用地承载力总体呈上升趋势。建设用地承载力在2010年有所下降，一方面是因为人口密度在2010年有了显著增加，人口密度大于100人/平方千米就属于人口密集区，而2010年成都市人口密度为1 173人/平方千米，这样的人口密度对于土地来说属于超负荷；另一方面，人均城市道路面积和建筑业企业竣工面积减少，城市道路和房屋面积增加跟不上城市人口流入量，不仅交通不畅、居住环境变差，经济发展也会受阻，导致建设用地承载力下降。2010年以后，随着第二、三产业的发展，第二、三产业产值有了显著提升，普通小学在校学生人数也有大幅度增加，并且人口密度在2016年从1 209人/平方千米下降至1 110人/平方千米，进一步缓解建设用地承载压力。

（3）成都市2007—2016年生态环境承载力呈振荡式波动趋势，变化范围稳定在0.068~0.113。在影响成都市生态环境承载力的各项指标中，空气质量优良率和污水处理率的影响最明显。2011年至2014年成都市生态环境承载力持续下降：一是因为成都市空气质量优良率显著下降，空气质量是生态环境质量的直接体现；二是污水处理率也有所下降，造成环境和水污染严重，降低生态环境承载力；三是逆向指标万元地区生产总值能耗逐年增大，能源利用效益减少，导致生态环境承载力降低。2015年，因人均公园绿地面积和建成区绿化覆盖率的提升，成都市生态环境承载力稍有回升。2016年，在万元地区生产总值能耗增加、人均公园绿地面积和污水处理率降低的影响下，成都市生态环境承载力又有所下降。因此，生态环境保护迫在眉睫。

六、提高成都市土地综合承载力的建议

通过运用熵值法对成都市土地综合承载力进行分析，可以发现要想提高土地综合承载力，需要使地区发展水平在土地综合承载力之下，构建两者之间的最佳关系。基于对成都市土地综合承载力的分析研究，本文提出以下建议：

（1）农业用地承载力方面。合理规划建设现代农业示范园区、标准化农产品生产示范基地，利用大数据发展智慧农业，保持或增加人均耕地面积，人均产值增加，使农村居民可支配收入增加，加大强农惠农政策力度。另外，要继续控制化肥施用量，减少农用地污染，实现可持续利用。

（2）建设用地承载力方面。合理规划第二及第三产业，尤其需要大力发展第三产业；增加医疗卫生机构保障居民健康；合理控制主城区人口密度缓解建设用地承载压力，利用大数据发展数字城市。

（3）生态环境承载力方面。合理规划建成区绿地、公园用地，控制建筑物容积率，提高能源利用率，优化排水排污系统，继续通过退耕还林等措施改善空气质量和生态环境。

总之，土地综合承载力是判定城市土地承载能力随时间变化的动态指标，需要在土地大数据的更新扩展中定期持续分析研究，才能更加符合研究区的发展规划。学界应以"农业用地—建设用地—生态环境"相协调的土地综合承载力体系为基础，根据成都市的实际情况，重视土地综合承载力的动态研究。大数据的意义不在于数据本身，而在于挖掘分析数据背后的信息，土地大数据为土地综合承载力研究提供了强有力的支撑，为土地利用优化带来新的机遇。

参考文献

胡焱，2007. 城市土地资源可持续承载力的评价与实证研究［D］. 重庆：重庆大学.

李蕾，郭文华，张迪，等，2010. 城市土地综合承载力评价：以深圳市为例［J］. 国土资源情报（11）：34-38.

廖婴露，2009. 成都市经济空间结构优化研究［D］. 成都：西南财经大学.

王映月，杜娜，2018. 大数据背景下的国土空间规划［J］. 资源环境（16）：35-36.

武椿江，2018. 不动产大数据体系研究［D］. 成都：四川师范大学.

网络谣言公共治理研究及国外经验借鉴

杨竣婷①

摘要： 在政府转型的关键时期，网络谣言已是社会治理中的一大典型问题，给政府提出了很多新的挑战。本文基于网络谣言存在的新背景和政府对谣言治理的探索，以胡钰学者的谣言定义与国外谣言治理经验为切入点，旨在找到谣言治理过程中存在的问题，寻找具有中国特色的解决对策。

关键词： 网络谣言　国外经验　公共治理

一、网络谣言新背景

马克·吐温曾说过，当真相还在穿鞋的时候，谣言就已经跑遍半个地球了。在全民发声的时代，谣言的传播好比病毒的繁殖，对社会的危害也成了转型时期的典型社会问题。如今，社交网络快速发展以及虚拟世界的复杂性和趋利性，使得许多看似普通的事情只要被包装和宣传都有可能形成社会舆论的焦点，一石激起千层浪[1]。"网络水军"、网络集群、网络围观、人肉搜索、晒黑等一系列新词反映了网络社会的利益链。较于事件的真实性，人们更关注其反常性和重要性，网络社会中很多人利用这一点传播谣言来到达自己的目的。这些谣言不仅在网络中大肆传播，而且深刻影响了人们的现实生活，成为社会不稳定的因素之一，也给政府治理带来了新的挑战[2]。

面对对社会产生越来越大影响的网络谣言，政府在治理过程中出现了"新办法不会用，老办法不管用，硬办法不敢用，软办法不顶用"的问题，治理能力与治理方式跟不上谣言发展的速度，没有行之有效的综合治理体系，使得政府治理的难度加大。另外，随着社会的不断进步和公民意识的提高，保护网络社会公民的隐私权和言论自由权的要求也越来越高。网民

---

① 作者简介：杨竣婷，西南民族大学管理学院研究生，研究方向为公共政策分析。

的政治参与意识加强，与政府在网络社会的管制存在一定程度的冲突[3]。

网络治理已成为政府治理改革不可或缺的一部分。党的十八大提出要"加强网络社会管理，推进网络依法规范有序运行"，党的十八届三中全会提出要"健全网络突发事件处理机制""加大依法管理网络力度"[2]。与此同时，网络谣言造成的危害也使国内外学者从不同领域对其展开研究。公共管理理论对推进政府治理网络社会、抑制谣言传播提出了很多建设性意见，但是对新时代背景下谣言的纵向解剖、对谣言背后利益性集团的打击的研究仍然不足。

二、网络谣言新定义

人们普遍认为，谣言是具有说服力的虚假信息，是传播者为了使信息受众相信其内容并达到其预期的目的而散布的虚假信息。但是在日常生活中，许多以往被定义为谣言的信息，最终却被证实为真实信息。虚假性并非谣言的必备条件。

普纳认为，谣言是为了让人们相信的深渊，它与当前的时事相关，在不经官方证实的渠道中广为流传。Grant 和 Suchitra 认为，谣言是传播者尚未或缺乏相关证据的信息。DiFonzo 和 Bordia[1] 将谣言定义为：未经证实的信息并且通常包含大众所关心的内容。打造谣言的目的是期望对混沌、暧昧、不明确的事件做出符合道理的解释。从不同学者所下的结论来看，谣言必备的内容应包括：①信息的模糊性。信息黑市是滋生谣言的沃土，人们总喜欢用他们所得的信息碎片拼凑事件。②事件的重要性。谣言起源于一件重要并且扑朔迷离的事件，此事件如果对大众越重要，其所受到的关注度就会更高。加之，由于人们对事件解读的方式与水平不一，信息因子碰撞就越多，谣言滋生的内容就越丰富。③目的性。谣言传播者的目的在于使对方信服，所以他们很少持中立的立场，谣言被披上虚假的外衣。但是在当今，谣言还有一个最重要的性质——利益性。谣言背后出现一个"灰色产业"——水军。传播者雇佣水军在网络造势，引领舆论，实现自己的目的[4]。

我国学者胡钰曾验证过一个谣言公式：谣言 =（事件的）关注度×（事件的）模糊度×（事件的）反常度[1]。只要三个变量中的一个变量变大，谣言发生的概率就更大，影响范围也更广。受到社会关注的事件，谣言对象往往上升到政府、国家，影响范围极广，如不及时妥当处理，政府形象极易受到损害。模糊度高的事件，谣言种类、数量较多，这是最好处理的一类谣言，要及时清理传播渠道。反常度高的事件要么是突发紧急事件，需要重视并妥当处理，要么来源于模糊度高的事件，在传播中使得事件歪曲反常。如今，人们并不关注网络事件的真实性，关注度、模糊度和反常度往往是引起舆论的重要因素，最初的传播者通过夸大歪曲事件，利用人们的好奇心和同理心来博得关注，使其成为传播者中的一员，导致谣言四起。同时，如果政府减小三个因素影响力，传播事件真实情况与内在正能量，也会有效抑制谣言。

三、政府谣言治理的现实探索及存在的问题

（一）政府对网络谣言的积极探索

从 2000 年开始，政府与研究人员就已经通过一些措施加强对虚拟社会的监督，并一直在积极探索。

1. 技术探索

2009 年，中国推出了"绿坝——花季护航"绿色过滤软件，以保障未成年人上网安全。这款软件利用对语言的剖析技术实施过滤并拦截不符合未成年人需求的信息，用技术方式帮助未成年人辨别网络信息，使得网络技术治理从此迈出了实质性的一步。同时，政府高度重视网络专家队伍的建设，要求专家技术精湛、政治素质过硬、工作作风正派。并大力支持对科学家、网络技术人才、优秀工程师等的培训[2]，通过技术和人才手段保障网络安全。

2. 法律探索

近年来有关互联网安全的法律规定等较多，部分法律文件或法条见表 1。

表 1　部分法律文件或法条

年份	法律文件或法条	备注
2000	《全国人民代表大会常务委员会关于维护互联网安全的决定》和《互联网信息服务管理办法》	用法律形式规范互联网环境
2012	《全国人民代表大会常务委员会关于加强网络信息保护的决定》	
2013	同一诽谤信息实际被点击、阅读量达到 5 000 次，包括转发次数达到 500 次，应当认定为《刑法》第 246 条第 1 款规定的"情节严重"	

年份	法律文件或法条	备注
2014	《最高人民法院关于审理利用信息网络侵害人身权益民事纠纷案件适用法律若干问题的规定》	我国首次划定个人信息保护的范围，明确规定了利用自媒体等平台转载网络信息行为的过错认定，规定了如何对"网络水军"进行规制
2014	国家互联网信息办公室有关业务局及北京市互联网信息办公室的负责人在2015年的2月和4月就具体事项分别约谈了网易与新浪的负责人	要求其根据《互联网新闻信息服务管理规定》和《互联网信息服务管理办法》进行整改，加强公司内部的自律与审核管理，严格依法开展新闻信息服务
2015	《互联网新闻信息服务单位的约谈工作规定》	明确规定国家或地方网信办要对有违法违规行为的信息服务单位负责人进行约谈，并明确规定了具体的约谈情形、约谈流程及处罚措施

从宏观维护措施细化到具体可实施的办法，具有非常大的进步，显示出了政府职能转变的决心和态度。但是，网络谣言治理仍有很多法律上的问题，还应继续探索。

3. 组织探索

2010年4月，国务院新闻办公室首次公开明确宣传和推广论坛、BBS等各类在线平台实行用户实名制。之后，国务院新闻办公室还颁布了《互联网用户账号名称管理规定》，实现网络用户名称在后台实名、前台自愿命名，全面推进了网络真实身份信息的管理。

2014年，中央网络安全和信息化领导小组成立。其目标和关键任务集中在国家网络安全和长期发展上，对于网络谣言、淫秽色情等垃圾进行全方位的"大扫除"。

4. 社会探索

2013年8月召开的"网络名人社会责任论坛"形成了关于网络行为的"七条底线"共同认识：法律法规底线、社会主义制度底线、国家利益底线、公民合法权益底线、社会公共秩序底线、道德风尚底线和信息真实性底线。这种共识使得网络管理由"阻塞"到"畅通"。2015年5月，中国人民大学刑法学研究中心、中国犯罪学会和腾讯学院犯罪中心共同创立了"网络安全与犯罪研究中心"，组织和动员了来自立法机关及高等院校的70多名代表参加"网络诈骗案件认定问题"的相关会议，对网络安全进行了学术研讨[3]。

（二）网络谣言治理中的现实问题

政府在应对网络谣言的过程中，总体策略与方向很清晰，但是谣言仍屡禁不止，主要问题是在治理过程中政策落实不够，问题繁多。习近平总书记在关于《中共中央关于全面深化改革若干重大问题的决定》的解释中提到，随着互联网技术的快速发展，现行监管体系仍存在诸多不足，如系统监管不力、职能重叠、权责不同、效率低下。与此同时，随着互联网的日益普及，网络媒体管理和工业管理远远落后于形势发展的需要。特别是面对传播速度快、影响力大、覆盖范围广、号召能力强的微博、微信等社交网络和即时通信工具用户的快速增长，怎样健全网络法制和引导人们正确筛选信息，保障网络信息有序传播和维护国家安全、维护社会秩序，已经成为放在我们面前的突出问题[5]。

笔者认为，除了政府现有管理体制的弊端之外，网络谣言屡禁不止背后还有一个非常严重的现实问题：谣言已经形成自己的产业链，传播的目的越来越利益化，传播的内容不再有对错之分，传播者为达到自己的目的往往利用受众的同理心博取认同，现在的谣言很难再止于智者。在谣言链上很重要的一环就是雇佣"水军"占领舆论领地。"水军"的雇佣方式简单，现在有专门从事"水军"职业的人和公司，他们拥有先进的技术，可以通过顾客的要求进行"机器人账号传播""真人账号传播"和"AI水军传播"。并且"水军"价格低廉，在"水军届"有一个"五毛党"的说法，即一个水军进行一次操作，人工成本五毛钱，如果需要大规模的传播，可以按照一单定量定价来支付。不到一天就能达到客户所要求的转发量，加之市场较为混乱，即使后面被揭露其雇佣"水军"，也不需承担任何后果。在2018年8月四川德阳出了一则新闻：小男孩在游泳池摸女医生屁股，不仅不道歉还吐口水，医生的丈夫打了小孩。派出所调解之后，医生的丈夫道歉，还没出结果之前，孩子家长雇佣"水军"，勾结媒体歪曲事实并带人去医生单位闹事，最终女医生不堪舆论压力自杀。这样的案例说明舆论压力已成为网络暴力，很容易在现实生活中给人带来影响。"水军"行业自我发展速度极快，即便政府的管理在法律上已面面俱到，但是由于落实力度不够，对"水军"打压的强度不够，无法抑制其发展。

四、国外网络谣言治理的经验借鉴

在网络的管理问题上，各国都遵循建章立制、依法治理的原则。很多国家把网络政治谣言作为整治谣言的重点进行打击，出台专门的法律、成立专门的机构，专项进行整治。各国在对管理问题的分类、打击的力度、惩罚的强度上都有值得借鉴之处。

1. 立法规制

到目前为止，美国共有《网络安全法 2009》《信息安全与互联网自由法》《反外国宣传和造谣法》等 120 多项法律法规监控网络传播内容。德国被称为"世界上对传播界最不友好的国家"，对网络进行最严格的监督，《刑典法》《民法典》《公共秩序法》等可以直接用于网络谣言治理。希腊刑法规定：以任何形式制造和传播对公共秩序和民事安全产生不利影响的谣言都将构成危害公共安全罪。韩国、新加坡和印度已制定特别法律或条款限制网络谣言传播。

2. 利用科学技术加强监控与过滤

英国是早期对网络安全进行探索的国家之一，政府组织十几个公司开发相关软件来过滤和拦截暴力、涉黄等不良信息。美国使用"网络巡逻"软件，澳大利亚使用"网络保姆"软件，法国使用"父母监控"青年在线保护软件，日本警察厅使用自动收集"网络犯罪通知"的软件来监控网络信息。各发达国家利用先进技术对网络不良信息进行打击，并且法国政府提请欧盟国家共同关注，将拦截软件语言系统连成整体，用切实的技术手段打造健康安全的网络环境。

3. 动员网络社会力量

发达国家政府几乎动员了所有可以动员起来管理网络谣言的力量，包括互联网服务提供商、网络行业协会、普通网民和各级学校。英国遵循的网络治理原则是"监督但不是监控"，1996 年，成立了网络观察基金会，该基金会与 50 个互联网服务提供商、城市警察署等合作，签署了行业自律基本文件《安全网络：分级、检举、责任协议》。法国建立了"互联网理事会""互联网监护会"和"互联网用户协会"。德国设立了"国际内容自律网络组织"。日本注重对互联网行业的严格监管，制定了"网络商业道德标准"。芬兰电信运营商为家长提供"家长网上监控"服务[5]。

五、政府网络谣言治理的措施建议

1. 源头治理

政府应从制度和技术结合的高度来把控谣言，对网络谣言的治理不能只是被动地解决问题，而应利用技术主动出击：建立一套谣言预警机制，感知是否会有规模性谣言发生，何时发生；建立数据库[6]，通过一定的技术预估谣言发生的规模有多大，以往这种规模的谣言是如何发生的；快速制定决策方案，尽早还原事情真相；并且还应从立法上重视网络谣言所带来的危害，颁布专门的法律进行监管，并辅以部门管理条例，完善对网络谣言的管理办法，尽量做到有法可依。对网络谣言要进行合理的分类，对产生较大社会危害的谣言传播者，要严加处罚，影响较小的，要批评教育。要把网络谣言与网络舆情相分离，尽量减少网络谣言的散布，正确引导网络舆情。在制定标准时，要尊重民众的言论自由权。

2. 透明治理

政府在发现网络谣言时，应给予重视，利用官媒发声，告诉网民政府要着手调查此事，平稳网民情绪，减少事件的模糊度。在调查过程中，尽可能告知事件解决的进度，并且加强与网民的互动，加深网民参与度，减少谣言传播的渠道。调查结果要第一时间为民众所知，缩小谣言传播范围。透明治理是政府线下"阳光治理"的延伸，现代社会在政治、经济、文化方面已经全面"网络化"，政府治理必须要适应互联网发展规律。

3. 加强政府官方网站建设

当前，几乎每一级政府都建有自己的官方网站，但数据显示，政府官方网站的信息占有率为80%，但是仅仅有57.3%的人时不时访问这些部门官方网站，有14.4%的民众访问一次之后便不再访问第二次。目前的政府门户网站信息不及时更新，内容单一，互动性不足。但是，政府的门户网站是政府形象在网络中的体现，是引导网络舆论的权威，应加强门户网站的建设，辅以官方新媒体，这是政府紧跟数据时代潮流的要求[7]。

4. 动员社会力量进行反谣言运动

网络谣言的产生与媒体行业对点击率和"眼球率"的追求、与互联网的技术水平及互联网的行业操守有关，所以网络谣言治理需要动员媒体行业和互联网行业的力量，加强对媒体主流思想的引导。此外，还要特别加强对学校和青少年的动员。学生是最大的上网群体，同时也是最容易受到网络影响的群体，对学生的思想道德教育十分重要。政府可以组织建立网民自治组织，动员网民自我净化网络社会，抵制谣言。

参考文献

[1] 喻修远. 网络舆情危机形成机理及其治理研究 [D]. 长沙：湘潭大学，2017.

[2] 李卉妍，王浩. 自媒体时代网络舆情危机事件的形成 [J]. 企业改革与管理，2017（8）：156-157.

[3] 陈晨. 大数据背景下网络舆情危机的应对策略 [J]. 人民论坛，2017（4）：56-57.

[4] 李礼. 网络舆情的生成机理与政府善治 [J]. 首都师范大学学报（社会科学版），2016（3）：75-80.

[5] 周萍. 公共理性：政府应对网络舆情危机的价值选择 [J]. 南京工程学院学报（社会科学版），2016，16（2）：13-16.

［6］丁先存，王芃. 国外网络谣言治理及启示［J］. 中国行政管理，2014（9）：119-123.

［7］兰月新，董希琳，苏国强，等. 公共危机事件网络谣言对网络舆情的影响研究［J］. 图书情报工作，2014，58（9）：78-84，90.

［8］张书琴. 网络谣言刑法治理的反思［J］. 学海，2014（2）：160-168.

［9］谢永江，黄方. 论网络谣言的法律规制［J］. 国家行政学院学报，2013（1）：85-89.

大数据背景下渝东南留守儿童
教育问题研究

杨　欣　张淑芳①

摘要：城镇化过程中，留守儿童由于缺乏父母的照顾，在学习上存在着不同程度的问题。随着科技的发展，大数据的出现为留守儿童教育质量提升提供了一个新的契机，大数据的一项重要的作用就是对相关问题进行趋势考察和预测。本文从大数据视角分析怎样提升渝东南留守儿童教育质量，以期解决留守儿童的教育问题，助推义务教育的均衡发展。用大数据迈出关爱留守儿童的脚步。

关键词：大数据　留守儿童　教育质量

一、引言

大数据出现后，不论是政府还是企业，都开始对大数据进行研究。我国对大数据在教育领域的运用也非常重视，有学者认为只有跟随时代进步，才能使教育得到更好的发展[1]。本文的研究意义主要在于为渝东南留守儿童教育质量的提升提供一种新方法和新思路。

（一）大数据概述

大数据是指数据规模大，特别是数据非结构化特征明显、形式多样性等导致处理、存储和挖掘异常困难的数据。大数据规模巨大；数据类型繁多，比如图像、视频和文本等；数据规模快速增长。大数据是无法用常规的软件处理的数据集合，是人类活动的产物，是生产和生活在网络空间的投影[2]。大数据最根本的特征就是数据量极大，数据流动快，需要依靠计算机技术进行分析，人工无法完成对它的统计，分析大数据能够得到更为客观的结论。

---

① 作者简介：杨欣，西南民族大学管理学院硕士研究生，研究方向为社会保障；张淑芳，教授，西南民族大学管理学院硕士生导师，研究方向为社会保障。

（二）大数据的特点

1. 数据容量巨大

一般来说，超大规模数据是指处在 GB（109）级的数据，海量数据是指 TB（1012）级的数据，而大数据则是指 PB（1015）级及以上的数据。可以想象，随着储存设备容量的扩大，存储数据量的增加，容量的指标是动态变化的，也就是说数据规模还会继续增大[2]。事物在不断地发展，需要把大量的数据收集起来才能够更加清晰地看到事物的发展趋势。

2. 数据的真实性

真实性是指大数据不是伪造的数据。不真实的数据需要集成与整合后才能够进行分析。换言之，获取到的数据不能保证完全的真实性，但是大数据分析需要真实的数据。因为我们分析出的结果，是通过大数据分析得出的，所以在收集数据时，一定要保证数据的真实性，只有真实的数据才能得出正确的结论。不论在什么时候，真实性都是数据最重要的特性。

3. 数据类型多样化

大数据的来源多样，包括了许多的行业，主要来源于互联网。随着互联网的快速发展，数据的类型也变得越来越多，例如各种文档格式、视频格式、图像格式、视频格式、音频格式、模拟信号格式等的数据。数据类型的多样性也提供了更多的可能性，数据的多样性也是大数据的价值所在，多样化的数据能够为我们提供更加具体与全面的数据分析依据[3]。

（三）国内外大数据应用于提升儿童教育质量的研究现状

1. 国内研究现状

随着大数据的发展，国内许多学者对大数据与教育的结合进行了一系列卓越有效的研究。比如，大数据是推进教育创新发展的科学力量，与传统的教育数据相比，教育大数据的收集更具有真实性、全面性、连贯性，大数据的分析处理过程更加多样化和复杂化，大数据的应用更加多元[4]。作为大数据时代的一个新的研究领域，教育数据挖掘及其在教学中的应用越来越普遍。大数据技术对教学产生的大量数据信息进行实时收集与分析，能够使老师、家长对学生的学习方式与学习效果等进行比较准确的了解与预测，进而提供有针对性的个性化教学[5]。随着教育信息化的快速发展，教育事业改革创新发展离不开信息技术的支持。2013 年起，大数据在教育领域的应用迅速发展起来，相信大数据很快就会深度融合于教育领域，这也是目前教育事业发展的必然趋势[6]。

2. 国外研究现状

在国外，从 2012 年起，大数据就成了很多领域的热门话题，在教育领域也不例外。美国研究机构 Brooking Institution 在报告中指出：大数据使探查学生学习信息变成可能，通过分析大数据，教师可以用更巧妙的方法研究学生的学习状况[7]。美国教育部发布的《通过教育数据挖掘和学习分析促进教与学》详细介绍了美国教育领域大数据应用的案例和面临的挑战，报告以自适应学习系统中的大数据应用作为案例进行了说明[8]。虽然大数据应用在国外发展得比较早，但是在儿童教育领域中的应用还不够深入，大数据应用仍处在起步阶段。

国内外关于大数据在教育领域应用的研究比较广泛，但是专门针对大数据与儿童教育融合的研究还比较少，相关的研究缺乏具体的实践支撑，还需要加大大数据在儿童教育应用方面的研究力度，所以本文从大数据的视角对渝东南地区的留守儿童教育质量提升问题进行具体的研究分析。

二、渝东南留守儿童教育现状分析

渝东南是以黔江为核心的地区，包括黔江区、彭水苗族土家族自治县、酉阳土家族苗族自治县、秀山土家族苗族自治县、石柱土家族自治县和武隆区所辖区域，其中黔江区是区域性中心城市和经济发展较好的区县。渝东南是重庆市唯一集中连片、也是全国为数不多的以土家族和苗族为主的少数民族聚居地。渝东南常住人口为 283.59 万人，占全市常住人口的 9.83%①。

渝东南是重庆市农村劳动力输出的重点地区，随着社会的快速发展，农村的许多劳动力选择外出务工，大量的外出务工人员使农村地区形成了农村留守儿童这一特殊的弱势群体。《2018 年中国留守儿童心灵状况白皮书》将"留守儿童"定义为："父母双方外出务工或一方外出务工另一方无监护能力，无法与父母正常共同生活的、不满 16 周岁的农村户籍未成年人。"本文中的留守儿童指的是父母双方均外出务工的儿童。据中国民政部 2018 年 8 月底发布的数据，2018 年在中国共有农村留守儿童 697 万余人，其中，96%的农村留守儿童由祖父母或者外祖父母照顾。

据统计，重庆市 2015 年在园幼儿和义务教育阶段的学生共有 391.57 万人，其中留守儿童 89.6 万人，比 2012 年减少了 17.81 万人，占在园幼儿和义务教育阶段学生人数的 22.88%，2015 年重庆市留守儿童按地区分布情况见表 1。

---

① 数据来源重庆市 2010 年第六次全国人口普查。

表1　2015年重庆市留守儿童按地区分布情况　　　单位：万人

地　区	人　数
渝东南地区	14.28
渝东北地区	41.53
城市发展新区	32.58
主城10区	1.21

2015年留守儿童按教育阶段统计情况见表2。

表2　2015年重庆市留守儿童按教育阶段分布情况

教育阶段	人数/万人	留守儿童占比/%
学前教育	16.68	18.61
小　学	47.86	53.42
初　中	25.06	27.97
合　计	89.60	100.00

渝东南有部分留守寄宿制学校，比如黔江区城西街道册山小学、秀山县隘口镇凉桥小学、酉阳县毛坝乡中心小学、武隆区土地乡中心小学、彭水县新田中心校。这些学校的学生百分之四十以上都是留守儿童，留守儿童和离家比较远的学生都寄宿在学校，一周回家一次。随着留守儿童工作在重庆的开展，这些学生们的学习条件和生活条件有了明显的改善。

三、大数据背景下渝东南留守儿童教育存在的问题及原因分析

（一）大数据背景下渝东南留守儿童教育存在的问题

1. 学习成绩较差

留守儿童学习成绩差的问题非常突出。在农村地区，社会经济条件较差，学校缺乏帮助他们提高学习成绩的资源。渝东南留守儿童的父母的受教育程度普遍偏低，主要从事建筑、纺织、采掘等劳动强度大、技术要求低、危险性大、就业门槛低的行业。父母不能陪在身边随时辅导他们，无法满足留守儿童教育教学的现实需求。有的留守儿童对学习失去了信心，出现厌学、逃学等现象，甚至参与了社会的不法行为，在这样的环境中，他们在学习方面所面临的困难非常巨大[9]。

2. 缺乏家庭教育

教育问题是农村留守儿童所面临的最大的问题，也是解决农村留守儿

童问题的核心。留守儿童父母在重庆市市内务工的很少，初中阶段留守儿童父母在外省务工的比例高达 90%，小学阶段这一比例相对要低一些，为77%；初中阶段留守儿童父母在重庆市市内务工的比例为 17%，小学阶段为 3%[10]。农村留守儿童的教育问题首先体现在学习成绩差。不同于从小与父母一同生活的城市儿童，农村留守儿童没有父母对他们学习进行及时辅导，也没有各种丰富多彩的课外补习班以及兴趣班。农村留守儿童在农村的监护人由于知识水平低，也未能对他们的学习进行正确的指导，导致农村留守儿童家庭教育的缺失。总体看来，渝东南地区留守儿童的父母大多数远离家门长期在外务工。

3. 心理健康失衡

对儿童来说，一定的精神需求的满足和细心的呵护与关心在他们成长道路上是至关重要的。农村留守儿童大多正处于成长的关键时期，在这个关键的成长期他们无法享受父母在思想上的引导，在感情上也缺少父母的关心，容易感到孤独，形成内向自卑的性格，严重时可能会造成心理障碍、心理扭曲等问题，甚至可能会走上犯罪的道路。良好的家庭生活环境会对儿童的健康成长产生重要的影响[11]。有学者对 270 名留守儿童进行调查，得出留守儿童存在心理健康问题的比例较高，其中 30.10% 的留守儿童具有轻度心理问题。抑郁、恐惧和焦虑是最突出的问题，而初中生的问题更为突出[12]。

4. 隔代抚养

同祖父母一起生活的农村留守儿童，祖父辈因为溺爱，很少对他们进行严格要求，注重物质满足，对其宽容与放任，而较少在精神上对留守儿童进行管教和教育，也很难在学习上对他们进行指导，祖父辈也很少与他们沟通以了解他们的内心变化，老人的教育和思想观念很难被留守儿童理解接受。在渝东南地区，隔代抚养的比例在小学阶段和初中阶段最大，小学阶段比例为 58.2%，初中阶段为 51.8%。同其他亲戚一起生活的农村留守儿童，因为亲戚通常对其采取宽松放任的管理方式，不会像父母一样对他们严格要求认真辅导，更多的是给予他们物质上的满足，而忽略他们的精神需求。

(二) 大数据背景下渝东南留守儿童教育存在问题的原因分析

1. 与父母的长期分离

农村留守儿童的家长在一年中回家的机会很少，通常是春节期间才会回家。父母回家频率半年一次的初中阶段留守儿童占比为 41%，小学阶段为 35%；父母回家频率一年一次的初中阶段留守儿童占比为 37%，小学阶段为 36%；父母回家频率数月一次的初中阶段留守儿童占比为 18%，小学阶段为 15%；有的父母在外务工多年后才回家一次或者都不回家[10]。农村留守儿童缺乏与父母沟通相处的时间，长此以往就容易造成一些心理问题。见面的机会少，会造成农村留守儿童与其父母的生疏感，以至于他们不愿意与父母说真心话。由于与父母的长期分离，农村留守儿童的感情需求得不到满足，有心理问题也得不到及时疏导。和父母缺少沟通，父母对农村留守儿童的真实想法也不了解。有的父母只注重在经济上对他们进行补偿，没有关注他们的成长变化与想法。

2. 学校基础设施差

在农村地区特别是边远的区县，经济条件较差，基础教育设施的落后也导致了学校教育对农村留守儿童学习的影响。学校的基础教育设施差，有学生喜欢钢琴等乐器，或者喜欢科技和美术等，但是农村的学校根本没有这些设施。留守儿童发挥不了自己的特长，也不能像城市孩子一样可以报兴趣班，教学设备相对缺乏，学生的学习环境恶劣，导致他们在学习方面面临的问题巨大[13]。

3. 教师资源匮乏，师资队伍老龄化

优秀教师资源流向城市，农村学校留不住好老师。除了农村学校的环境艰苦之外，农村教师的工资和福利待遇也不高。虽然近几年教师的收入有所增加，但是主要涉及的是城市教师，优秀年轻的老师都集中到了城市，不愿意去农村地区任教。渝东南留守儿童学校师资队伍的老龄化使得学校的办学思路陈旧，不易接受新鲜事物，教师工作积极性不高。这就使得农村留守儿童没有优秀老师教学，没有有利的引导环境。

四、大数据背景下留守儿童教育对策建议

（一）大数据为留守儿童提供学习平台

怎样有效合理地利用大数据来帮助留守儿童是一个非常重要的问题，我们可以利用大数据了解留守儿童的学习现状，得到结果后有针对性地去帮助留守儿童。比如，老师发现某个学生的学习成绩下降得很厉害，就可以通过分析学生的思想状态、生活情况、家庭背景、努力程度等相关的信息，判断出这位同学大概遇到了什么困难，是什么原因导致这位同学的学习成绩下滑；然后再有针对性地对他提供相应的帮助。在分析学生的情况时，教师可以把综合性的数据上传到互联网，通过云处理对渝东南留守儿童的学习情况进行分析，留守儿童的学习情况发生变化时，系统可以自动把相关的信息发送给老师和家长[7]。留守儿童也可以依据大数据对自己的学习情况进行分析与预测，及时发现问题，调整学习状态，制定适合自己的学习方法[14]。

（二）大数据为留守儿童学习资料共享提供新思路

大数据为资源共享提供了新思路，能够根据教师的教学需求和学生的学习痕迹，分别推送适合教师的教学资源和适合留守儿童的学习资料。大数据也可以有效地克服资源配置不均衡的弊端，满足不同的学校、老师和学生的个性化发展需求。大数据信息的挖掘和分析使资源配置由主观经验走向客观的数据分析，从而能更准确地把握渝东南留守儿童教育发展的趋势，促进渝东南教育的均衡发展[15]。大数据可以将各式各类的教学方法记录下来，使教师可以在这些数据中选取最能吸引学生的方式去教学，增加课堂的趣味性，整合教学资源，促进传统教学与互联网教学互相结合。

（三）大数据为实现优质教师资源共享提供新途径

由于社会经济的限制，渝东南地区优质教师的引入是一个难度相对较大的工作，渝东南地区的学校可以和优秀的市区学校合作，通过同步网络直播上课的方式来实现优质教师资源共享。开放课程、网络教育平台为老师的个性化发展提供了资源支持[16]。大数据的发展为教师资源的优化提供了新途径，从而提高教师的教学实践能力和实现教师的个性化教学，也是大数据在教育领域运用的重要体现。

（四）加强与家长的交流

大数据不仅为学校进行科学的管理和决策提供了丰富详细的资料，而且为家长全面了解学生的成长情况提供了数据参考。大数据为学校和家长之间的互动提供了新途径，有利于渝东南留守儿童的学习和学校的教学质量提升，以便学校更科学地进行教育与管理。

五、结语

想要进一步研究渝东南留守儿童的教育质量提升问题，就必须将渝东南留守儿童教育发展过程中的每一个阶段的数据全部收集起来，通过大量的数据来分析找出提升教育质量的途径。根据大数据的分析结果，我们可以了解留守儿童的基本情况，预测留守儿童的发展趋势，老师和家长可以及时发现他们存在的问题。同样也可以通过大数据来分析他们未来如何发展[17]。利用好大数据，可以很好地避免人才的浪费，只有积累了大量的数据，才能使大数据真正发挥作用。

参考文献

[1] 王金水. 留守儿童的社会与学术关注度研究：大数据方法 [J]. 湖北理工学院学报（人文社会科学版），2018，35（1）：69-75.

［2］陈明. 大数据概论［M］. 北京：科学出版社，2015.

［3］翟家祺. 基于大数据的教育平台的设想［J］. 电子世界，2018（14）：40-41.

［4］杨现民，王榴卉，唐斯斯. 教育大数据的应用模式与政策建议［J］. 电化教育研究，2015，36（9）：54-61，69.

［5］陈晨，杨成，王晓燕，等. 学习测量：大数据时代教育质量提升的新力量［J］. 现代教育技术，2017，27（2）：33-39.

［6］刘凤娟. 大数据的教育应用研究综述［J］. 现代教育技术，2014，24（8）：13-19.

［7］West, Darrell M. Big Data for Education：Data Mining, Data Analytics, and Web Dashboards. Governance Studies at Brookings［M］. Washington：Brookings Institution, 2012.

［8］Enhancing Teaching and Learning through Educational Data Mining and Learning Analytics［EB/OL］. http://www. ed. gov/edblogs/technology/files/2012/03/edm - la - brief.pdf.

［9］范先佐，郭清扬. 农村留守儿童教育问题的回顾与反思［J］. 中国农业大学学报（社会科学版），2015，32（1）：55-64.

［10］田小飞. 渝东南地区"农村留守儿童"学习和生活状况的调查研究［D］. 西宁：青海师范大学，2011.

［11］牛犇. 农村留守儿童现状分析及教育对策思考［J］. 科技视界，2013（28）：209，299.

［12］丁世强，赵可云. 大数据支持下的农村留守儿童学业成绩预警系统研究［J］. 终身教育研究，2017，28（4）：67-72.

［13］周宗奎，孙晓军，刘亚，等. 农村留守儿童心理发展与教育问题［J］. 北京师范大学学报（社会科学版），2005（1）：71-79.

［14］杨柳. 基于大数据分析关爱留守儿童［J］. 福建电脑，2016，32（6）：100.

［15］赵雪梅，赵可云. 基于大数据平台的留守儿童学校教育探究［J］. 现代教育技术，2018，28（7）：32-37.

［16］田润湖. 浅议当前大数据时代背景下如何提升继续教育质量［J］. 教育现代化，2018，5（4）：105-107.

［17］严思静. 大数据教育应用前景分析及对策［J］. 电脑与电信，2017（3）：19-21.

"互联网+" 社区居家养老服务研究

杨 垚 罗 霞 李秋怡①

摘要: 本文旨在将现代化的互联网与传统的养老服务结合起来,依托政府和社会的支持,有效提高养老服务质量,带动社区居家养老服务的发展。本文以温江区 FH 社区为研究对象,通过实地访谈,详细了解目前该社区的"互联网+"社区居家养老服务开展现状,对存在的问题以及成因进行研究,有针对性地提出对策建议,具体包括加强制度建设、健全法律法规,加大政府扶持力度,强化网络基础、创新智能产品,加强服务信息平台建设。

关键词: "互联网+" 社区居家养老 养老服务

一、问题的提出

改革开放以来,我国社会生产力极大提高,科学技术迅猛发展,包括我国在内的世界大多数国家的人口死亡率急剧降低,出生率却不断下降,人口老龄化的现象随之出现,许多国家已步入老龄化社会。国家统计局调查显示,近几年来,我国 65 岁以上的人口数量逐年上升,至 2015 年年末,约有 1.44 亿,占总人口 10.5%[1]。我国老年人比例已超出了联合国制定的老龄化社会标准,因此,我国正式迈入老龄化社会。我国老龄人口不断增多,但目前的养老服务还不够完善,如何为他们提供一个美好的老年生活环境成为全社会关注的问题。

"互联网+"主要是指将互联网与各种传统行业相结合,这个传统的行业可以是任何行业,通过互联网的大数据管理与信息通信方面的技术可以更好地为传统行业服务,促进行业的发展[2]。目前中国独生子女家庭成为

① 作者简介:杨垚,西南民族大学管理学院硕士研究生,研究方向为社会保障;罗霞,博士、副教授,西南民族大学管理学院教师,研究方向为劳动保障与人力资源管理;李秋怡,西南财经大学工商管理学院硕士生研究生,研究方向为人力资源管理。

主流，特有的"4-2-1"模式使中年人成为家庭的顶梁柱。年轻人白天工作，只剩老年人独自在家，这些老年人白天的生活起居无人照管，所以社区居家养老成为我国目前主要的养老方式之一。其特点是以家庭为基础，以社区为依托，以专业化服务为依靠，以政府和社会力量为支撑，使在家养老的老年人能够享受到生活照料、医疗护理以及精神慰藉等服务[3]。"互联网+"养老主要是通过先进的网络信息技术，为老年人的生活起居、医疗卫生、安全保障以及精神慰藉等提供更加便利的服务。本文采用文献梳理法和访谈法，通过对成都市温江区 FH 社区老人和社区工作人员进行访谈，探讨"互联网+"社区居家养老服务存在的问题及解决的对策，以期提高社区居家养老服务的效率和管理效益。

二、"互联网+"社区居家养老服务存在的问题及成因分析

（一）温江区"互联网+"社区居家养老服务开展的基本情况

1. 智慧养老综合服务平台初见成效

2017 年，成都市温江区被授予全国智慧养老应用试点示范基地，其中，柳城街办、万春镇、永宁镇被授予全国智慧健康养老应用示范街道（镇）[4]。全区深入推进智慧养老综合服务建设，共建共享养老配套服务，制定居家养老服务标准，规范开展养老服务活动，搭建智慧养老综合服务平台，探索标准化、流程化服务模式，实行"一台、一库、一标准、一卡、一档案"。通过智慧养老综合服务平台，温江区初步建立了温江关爱老人地图、社会组织机构库、后台管理等核心平台。居家养老信息化服务平台不仅可以收集服务对象需求，让服务者能快速响应服务对象的需求，还能解决监管难的问题。目前，温江区已在永宁、万春和柳城三个街道（镇）的日间照料中心试点开展线下服务，将养老服务送到家门口，为老年人提供基本日间照料，满足了服务对象基本的生活需求，但是对于更高层次的需求还未涉及。

2. 信息化工具普及范围不广

"互联网+"养老服务模式需要配合信息工具的普及，老年人群体中能熟练使用智能信息工具的比例不高，导致很多老年人无法通过智慧养老服务平台及时提出自己的诉求，从而使服务者无法及时响应这部分人群的需要，这对于"互联网+"养老服务模式的深入开展具有负面影响。

3. 专业服务人员供给不足

目前温江区日间照料中心的工作人员以志愿者为主，大部分都是抽空闲时间来日间照料中心义务服务的附近居民。虽然志愿者热心帮助别人，为大家提供帮助，但是毕竟存在专业性不足的短板。他们缺乏专业的照顾

老年人的知识与技能，对于有特殊照顾需求的老人可能会存在无法应对的问题。

4. 服务体系由社区监管

目前温江区日间照料中心均由所在社区进行统一管理，还未有完整规范的监督管理制度。新搭建的智慧养老服务平台也同样缺少评估监督制度，对于一些管理上存在的问题无法及时发现，这样不利于平台的持续运作。

（二）"互联网+"社区居家养老服务存在的问题

1. "互联网+"社区居家养老服务项目少，范围窄

目前温江区的"互联网+"社区居家养老服务大多处于建设与使用初期，信息化程度还未达到预期，多为后期的数据录入与模块搭建，并未真正地把互联网技术与社区居家养老服务结合起来。而且信息交流不通畅也会导致老年人的养老需求难以较好地表达出来，从而无法满足他们的诉求。笔者随机对FH社区的老人进行访谈了解到，该社区目前给老年人提供的服务主要是社区日间照料和上门服务。老人大多比较关注生活照料和医疗保健，但是在社区的云平台上可以看到，能够给老人们提供的服务十分有限，只有一些生活用品购买服务。同时，该社区几乎没有老年人精神慰藉方面的服务。

2. "互联网+"社区居家养老服务供需不匹配

为在家居住的老人提供专业性的上门服务是受到老人认可的，但是通过实地考察了解到，该社区目前提供的服务主要为上门服务、棋牌娱乐、剪发和助餐服务。但是老年人与服务中心信息沟通不畅，老年人如果有新的需求很难得到服务中心的及时响应，导致老年人需要的服务得不到满足。笔者在FH社区与26位老年人沟通，了解到他们对"互联网+"社区居家养老服务中心的态度各有不同，有21位老人认为此服务对他们的生活没有什么帮助，仅有5位老人认为还是有一定的帮助的。

3. "互联网+"社区居家养老服务专业人才短缺

我国几千年的孝文化使我国的养老一直以居家养老为主，很少有专业的从业人员服务于老年人。通过与FH社区的工作人员沟通了解到，该社区的居家养老服务从业人员多为退休人员或者有闲暇的女性，也会有一些志愿者义务提供帮助，但是他们的共同问题就是缺乏专业的知识。并且服务者总体来说年龄偏大，也有一些年龄偏小的工作人员，但这些年龄偏小的员工流失率较高，一般工作时间不超过半年。

案例："互联网+"社区居家养老服务中心按摩理疗师张女士，37岁，"我在这里工作快一年了，相对来说算是资历比较老的了，这里很多工作人员如果年轻，一般来了不到半年就要离职。我住在这附近，以前也在修

脚店工作过，当时这里在招人，所以我就来应聘了。我们这里收费很便宜，做一次艾灸只要 15 元，赚不了多少钱，工资也不高，我是考虑在这里工作可以照顾还在上高中的孩子，所以就一直在这里了。但是来我们这里的人也不多，虽说收费比较便宜，但很多人觉得我们不是那么专业。"

4. "互联网+"社区居家养老服务评估监督效果不佳

目前老年人可获得的"互联网+"社区居家养老服务主要为日间照料中心服务或者上门服务，但是这个过程相对比较烦琐，需要办理一定的手续服务才能开始，并且养老服务不是由社区直接提供的，而是由社工组织提供的。虽然目前有相关部门对这些服务提供者进行管理，但是缺乏相应的监督和评价机制。老年人对所获得的服务的评价只能反馈给社区工作人员，再由社区工作人员反馈给社工组织。

(三) "互联网+"社区居家养老服务问题的成因分析

1. 养老服务供给主体间缺乏有效沟通与协作

目前我国的社区居家养老供给方有政府、提供养老服务的企业组织、公益机构养老院、医疗机构、志愿者等，而社区居家养老服务所涉及的养老服务资源归属于不同的主体。但是这些主体之间利益取向不一致，社区之间的沟通也不通畅，导致这些养老服务资源很难流动，甚至造成一定程度上的浪费，不利于养老服务利用率的提高[5]。同时，不同的养老服务主体都在提供养老服务，各养老服务主体之间缺乏有效的沟通与协作，导致养老服务中的有些项目重复提供，而有的项目存在缺位的现象，重复提供的服务利用率不高，老年人需要的服务由于缺位难以满足。

2. 社区居家养老服务与互联网结合不到位

"互联网+"社区居家养老服务的目标是搭建一个养老服务信息化网络平台，促进"互联网+"养老服务产业的发展。但目前的养老服务信息化网络平台还处于初期发展阶段，老年人的健康数据仅提供给养老服务机构，并未与政府、医疗机构、养老院等养老服务供给主体共享，导致这些养老服务供给主体很难掌握老年人的整体情况。目前在社区居家养老服务中比较热门的服务是"一键通"，这是老年人与养老服务供应商的一个网络联系通道，但也只是老年人对供应商的单边联系，联系渠道单一，及时性和有效性难以保证。

3. 专业人才培养机制不健全

"互联网+"社区居家养老服务所涉及的资源包括人、财、物。人力资源是十分重要的服务资源，在养老服务中，如果缺少了人力资源，整个服务项目就无法推进。目前，四川省关于养老服务业的人才专业培养规划不健全，社会对这类职业认同度不高。

在温江区 FH 社区可以看到，提供养老服务的服务者年龄偏大。40 岁以上的从业者占多数，并且人员流失率较高，也可以看出社区缺乏完善的薪酬制度与激励机制。

三、发展"互联网+"社区居家养老服务的对策建议

（一）加强制度建设，健全法律法规

当下，相关政府部门出台了一些涉及社区居家养老服务的政策法规，但都存在片面化、针对性不足的问题，并且主要是由少数部门主导，各部门间协调度不高，使得社区居家养老服务缺乏统一的规范与标准。同时，仅存的少量规范只有概念性说明，缺乏具体的可操作性细节指导。各地区、各部门不同的政策文件规范标准不一不利于社区居家养老服务的全面铺开，所以，政府部门应高度重视、全面统筹，明确牵头部门及相关责任单位，在全面深入调研现状的情况下制定完善、具体、责任明确、分工合理的服务指导规范，使各地数据资源得以整合、共享。一是紧跟互联网大潮，在推进"互联网+"社区居家养老服务的过程中重视对互联网规则的运用，重视大数据运用中信息保护工作，从宏观层面加强对隐私保护、信息公开的引导规范力度，确保个体数据在收集、分析、整理和利用的过程中公开透明，安全规范。二是尽快建立社区养老网络服务平台智能终端设备及产品技术市场交易的参照规范，建立市场准入负面清单，明确政府、社区、企业职能，建立企业门户网站，政府服务受理系统，服务机构、服务人员、企业产品信息等方面的技术规范，消减行业壁垒，打通信息孤岛，畅通各环节信息交流。

（二）加大政府扶持力度

社区居家养老服务作为重要的政府公共服务，政府在承担主导角色的同时，需要充分激活服务市场，通过在财税、土地、人才等方面的优惠政策引导社会资本进入，促进服务创新，在公益服务的基础上给予企业生存发展的空间，运用市场调节机制，提升企业发展空间，促进养老服务水平提升。一是建立专项补贴资金，在财政投入、税收减免、土地审批等方面给予企业优惠待遇，重视对大数据管理机构、智能设备研发企业、志愿者服务机构的政策支持，降低企业运行成本，减轻企业发展创新压力，提升整个行业服务创新水平；二是充分调动市场的积极性，仅靠政府财政公益性支出难以满足日益增长的养老服务资金需求，加大服务产业培育力度，引导社会资本进入社区居家养老服务领域，在政府、企业、社区、家庭间形成合力，加大对大数据服务企业、智能穿戴设备研发企业、智慧服务企业补贴及引导，充分利用养老服务闲置资源，挖掘老年电子商务、老年网络教育市场增长点，培育一批在养老服务领域知名的企业，促进养老服务

平台、智能养老穿戴设备、日常照料网络预约服务智能化。

（三）强化网络基础，创新智能产品

网络基础设施水平影响"互联网+"社区养老服务的实施，大数据收集、智能穿戴设备研发、智能服务平台建设、智能终端使用都离不开高速便捷实惠的网络基础设施。近年来，我国网络基础建设工作取得较大成果，但在资费制度方面还有改进的空间，这也与国家不断强调的网络提速降费的目标契合。一是应加大对基层社区和城市偏远地区互联网基础设施的投资，升级通信技术，不断提升网络服务运营商管理水平，减少网络通信故障，降低使用成本。二是创新智能穿戴设备产品功能及使用方法，充分考虑老年人使用电子产品能力不足的现状，切合老年人生活习惯和使用习惯，灵活设计产品功能及操作方式，方便老年人快速上手。三是开发远程服务功能，服务企业可以实时监测老年人生理情况并实时控制设备，不在身边的子女也可以通过智能 App 实时了解老年人的身体状况、活动轨迹，遇到异常情况及时预警。

（四）加强服务信息平台建设

建立统一信息服务平台是"互联网+"社区居家养老服务的重要支撑，统一的信息平台可以整合政府、企业、社区、家庭各方信息资源，利用大数据分析后产生经济效益和社会效益。一是加强信息智能分析功能研发，挖掘有用信息，根据不同情况、不同老年人需求提供针对性服务，减少资源浪费，提升信息平台的整体管理效率与服务效率，降低运营成本。二是优化平台功能设计，贴合老年人使用习惯，尽量简化烦琐设计，完善功能，加强信息安全保护，推行标准化服务，各地区一致，不断适应新变化、新需求，讲求便捷性、实用性。

四、结语

随着老龄化社会的到来以及家庭小型化的趋势，家庭养老功能不断减弱，社会养老逐渐成为养老的主要形式。对于老龄化社会带来的社会养老需求，政府应当发挥好牵头作用，积极推广居家养老，完善居家养老服务功能，借助互联网时代信息化工具，通过新工具、新技术、新思路不断改善居家养老服务，满足老年人养老服务需求，改善供需不平衡的现状。通过相关制度规定推动"互联网+"居家养老服务模式正式化。以新模式促进传统行业发展，解决老年人的生活需求，年轻人可以在工作的时候全身心投入，不仅利于经济的发展，还有助于文明和谐社会的建设。

参考文献

[1] 中华人民共和国国家统计局 [EB/OL]. http://www.stats.gov.cn/tjsj/ndsj/2016/indexch.htm，2016.

[2] 马化腾."互联网+"激活更多信息能源 [N]. 光明日报，2015-05-09.

[3] 中华人民共和国民政局. 关于全面推进居家养老服务工作的意见 [EB/OL]. http://www.mca.gov.cn/article/zwgk/mzyw/200802/20080200011916.shtm1.

[4] 四川在线网 [EB/OL]. https://old.scol.com.cn/ystj/201806/56255831.html.

[5] 刘益梅. 社区居家养老服务模式的实现路径探讨 [J]. 新疆师范大学学报（哲学PH社会科学版），2014（2）：117-121.

[6] 冯婷，杜艳. 社区养老服务中的"三社联动"机制研究：以贵阳市乌当区为例 [J]. 中国集体经济，2019（16）：158-159.

[7] 赵悦汀. 社区托老服务推进路径分析：以大连周顺社区为例 [J]. 课程教育研究，2019（21）：7-8.

[8] 刘厚莲. 构建完善养老服务体系需处理好五种关系 [N]. 中国人口报，2019-05-24.

[9] 陈琳，李慧杰，朱越，等. 社区居家养老模式的实证研究：以南通市为例 [J]. 劳动保障世界，2019（15）：30.

[10] 彭青云. 多元主体视角下社区居家养老服务路径探索 [J]. 浙江工商大学学报，2019（3）：101-108.

[11] 张爽爽. 城市社区养老方式运行情况及政策建议：以扬州颐养社区建设样本为例 [J]. 江南论坛，2019（5）：45-47.

[12] 刘太刚，吴峥嵘. 我国社区居家养老服务中非营利组织的功能嵌入分析：以北京市 A 助老食堂与上海市 B 助餐点为例 [J]. 北京行政学院学报，2019（3）：1-9.

大数据时代高校学生管理与
教学工作创新研究①

张秉蕙　戚兴宇②

摘要：随着互联网技术的高速发展，大数据时代已悄然来临，在这样的背景下，大数据应用于高校学生管理与教学工作势在必行。将大数据应用于高校学生管理与教学工作，有利于完善信息管理，提高学生管理工作水平，有利于提高教育教学质量，促进管理决策的科学化。本文通过分析大数据在学生管理与教学工作中的应用优势，提出大数据时代学生管理与教学工作中面临的挑战，探讨大数据时代学生管理与教学工作的对策建议。

关键词：大数据　高校　学生管理与教学工作

一、引言

随着互联网信息技术的高速发展，人类进入信息爆炸性增长的大数据时代。大数据对政治、经济、文化、生活等方面产生重要影响，教育领域也不例外。高校作为培育社会精英的重要基地也应与时俱进，顺应时代潮流，紧跟大数据时代的节奏，将大数据应用于高校学生管理与教学工作中，改进管理服务方式，促进教育教学改革，提高教学质量，从而使高校学生管理与教学工作实现更高层次的目标。

那么，什么是大数据？对大数据的定义，目前众说纷纭。维基百科指出：大数据是指利用常用软件工具捕获、管理和处理数据所耗时间超过可容忍限制的数据集[1]。麦肯锡全球研究所认为：大数据是一种规模大到在

① 基金项目：本项目得到西南民族大学研究生创新型科研项目（项目名称：移动互联网环境下民族地区教育资源共享共建研究；项目编号：CX2019SP115）的资助。

② 作者简介：张秉蕙，西南民族大学管理学院研究生，研究方向为公共政策分析；戚兴宇，博士，副教授，西南民族大学管理学院硕士生导师，研究方向为公共政策分析。

获取、存储、管理、分析等方面极大超出了传统数据库软件工具能力范围的数据集合[2]。舍恩伯格认为：大数据是通过对海量数据进行分析，从而获得具有巨大价值的产品、服务或深刻见解[3]。可见大数据就是指多样化的、可利用的、有价值的巨量数据集合。

大数据的特点可以概括为"4V"：规模性（volume），指数据的数量非常多，海量的数据每天都在不断产生，并且其总量仍然在增加。多样性（variety），指数据的类型多种多样，如今的数据已不仅仅局限于文本、图片，其类型丰富多样，并来源于各种途径。低价值性（value）。指数据的含金量低，在海量的数据之中，可能仅有一小部分有价值，这就需要我们花费大量的时间和精力从中筛选出有价值的内容。高效性（velocity），数据对速度与时效有一定的要求，数据的价值会随着时间的流逝而逐渐降低，因此就需要高效的数据处理手段使其发挥最大的价值。

把大数据应用于高校学生管理与教学工作中，有利于促进教育工作者教育理念与思维的优化，有利于提高学生管理工作的针对性和有效性，有利于提高教育教学质量，因此，把大数据应用于高校学生管理与教学工作中必将对高校发展产生深远的影响。

二、大数据在高校学生管理与教学工作中的应用优势

大数据正在深刻地影响着人们生活的方方面面，使人们的思想观念、思维方式、认知方式、生活方式、社交方式发生了巨大的变化，把大数据应用于高校学生管理与教学工作有如下两方面的优势：

（一）完善信息管理，提高学生管理工作水平

学生管理工作是高校工作的重要组成部分，经过多年的探索与实践，学生管理工作取得了很大的成就。但是传统的管理模式也存在一定的局限性，如学生管理工作缺乏针对性、时效性，出现管理质量低下等问题，大数据的应用为改变高校学生管理落后现状提供了有利条件。高校学生工作中心、心理健康中心、学生资助管理中心、就业指导中心等与学生工作相关的职能部门可利用大数据的优势，为学生提供更优质的教育管理服务。

1. 完善信息管理，提高学生管理工作的针对性

教育工作者的工作琐碎繁杂且自身精力有限，很难全面深入地了解每一个学生，导致学生管理工作缺乏针对性。大数据为这一现状带来了转机，通过对数据的收集分析，教育工作者能全方位地了解学生，关注每一位学生。例如，在学生心理健康方面，心理健康中心可以应用大数据开展心理测评活动，建立评估体系，量化学生心理动态信息，通过对学生信息进行收集整理，对学生的心理状态进行评估分析，使教育工作者对学生的

思想变化与活动有更详细的了解，从而对学生进行有针对性的心理辅导。

2. 完善信息管理，提高学生管理工作的时效性

随着信息化时代的到来，信息传递和获取的速度更加快捷，方式更加多样，范围更加广阔，这些都给学生管理工作带来了挑战。目前，许多高校还未实现信息共享，这使得学生管理工作缺乏时效性。例如，在学生就业指导方面，以往教育工作者都是通过主观判断及自身经验为学生提供就业指导，但其难以及时掌握学生就业信息的动态变化，时效性低。将大数据应用其中，能让教育工作者及时掌握各方信息，为学生提供更好的帮助。就业指导中心可以应用大数据开展毕业生就业情况调查活动，收集当前的就业形势、行业特点、行业需求、用人单位的招聘要求、毕业生的就业趋势、就业前景、就业状况并对毕业生进行跟踪调查。通过对上述信息的收集分析，教育工作者可在第一时间为学生提供具有时效性的就业建议，帮助学生尽快找到合适的工作。同时，就业指导中心也可以根据数据分析对来年的招生指标进行调整，实现专业人才培养与社会行业需求的对接，从根本上提高学生管理工作的时效性。

3. 完善信息管理，提高学生管理工作的质量与效率

目前不少高校在处理学生工作的时候，仍然使用人工处理信息的方式，工作质量与效率难以提高。例如在资助贫困学生方面，以往的工作烦琐复杂。先由学生提交贫困学生资助申请，并提交家庭经济情况证明及助学贷款证明，再由辅导员整理相关资料，列出贫困学生申请名单，最后经过班级投票确定资助对象，整个过程耗时长，工作效率低。大数据能够帮助高校改变这一现状，在短时间内完成数据的收集与分析，提高学生管理工作的质量和效率。学生资助管理中心可应用大数据对学生家庭经济情况、勤工俭学情况、个人消费情况、助学贷款情况等进行收集分析，对困难学生进行分类管理，量化评定指标，划分困难等级，规范贫困学生认定流程，对贫困学生进行精准资助，从而减少贫困学生评定的主观因素，将资金集中、高效地用在真正需要帮助的学生身上。

（二）应用大数据提高教学质量

教育教学工作是高校学生工作的首要任务，但传统的单一化教育教学方式难以调动学生的积极性，甚至会使学生对这种单向的教育权威产生逆反心理。将大数据应用于教育教学工作中有利于改变这一现状，促进单一化教育教学向多元化转变，从而提高教学质量。

1. 大数据促进教育理念与思维发生变化

大数据时代的大学生已成为网络上的常客，通过使用互联网，他们的课外活动、兴趣爱好、知识结构等都发生了很大的改变，这使得他们往往具有张扬的个性，有丰富的思想活动，有表达自身想法的渴望，并追求参

与感与存在感，追求自我价值的实现。为了适应学生思维方式的变化，教育工作者也应当转变思想观念，认识到教师已不再是知识的占有者和权威代表，应由信息控制者向引导者转变，使自身具备多样性思维、开放性思维及关联性思维，不断更新知识结构，提高教学水平，满足学生不断扩大的对知识的需求。同时转变教育理念，让学生参与教育活动，在教学中与教育工作者互动，让学生能表达自己的想法，建立存在感。

2. 大数据有利于开展个性化教育

教育工作者随着工作量的增加和学生人数的增多，很难全面地了解每一位学生，更无法及时掌握每一位学生的情况，为学生解决问题，大数据能改变这一现状。在大数据时代，教育工作者不能再片面地通过随机抽样的方式来了解、关注学生情况，其关注的对象应调整为全体学生，并对全体学生的所有数据给予重视。传统的教育管理认为学生的行为、思想、情感、爱好等难以量化，大数据的出现改革了这一状况。通过对相关数据进行收集、分析，教育工作者可以量化地了解学生的详细信息，关注学生的共性与个性，对学生开展个性化教育。针对学生存在的共性问题，教育工作者应统筹协调、凝聚共识，对其个性化需求，应给予尊重，帮助其发挥闪光点，改正缺点。同时，教育工作者还应重视数据之间的相关性，通过对数据之间的关系进行分析来判断、决策和预测。

3. 大数据促进教学手段和教学方法多样化

传统的教学方法主要是教育工作者单方面讲授与学生被动吸收知识，形式较为单一。大数据的来临有利于促进教学方法由单一化向多样化转变。教育工作者可应用大数据建立网络课堂平台，为学生提供在线学习、讨论，从平台上产生的大量数据中分析个体学生的学习情况，以班级、年级为单位了解整体学习进度，并及时调整教学进度和教学方法。这种多样化的教学方式能为学生提供多种学习模式，增强学生学习的主动性与学习兴趣，有利于学生开展自主学习，提高自我管理能力。

4. 大数据促进教学评价体系发生变化

教学评价是检验教学效果的一种手段，通过教学评价，教育工作者可以及时了解学生的学习情况，获得教学效果的反馈，也可以从中分析自身教学的优缺点，从而调整教学方法。以往的教学评价是由教育工作者进行主观判断，采用"经验式"的评价方式。大数据时代的来临促进了教学评价体系由主观经验式向客观科学式转变。教育工作者可借助大数据对人才培养的各个环节进行监控和评价，将各方反馈信息进行汇集，发现学生学习中的问题，以便因材施教。通过对数据的整理分析，教育工作者还能客观地对自身教学进行反思，找出教学活动的规律，以便优化与改进教学方法。

随着信息技术的进一步发展，大数据在高校学生管理与教学工作中的应用会更加广泛与深入，有效利用大数据的优势能使高校的学生管理与教学工作更优质与精准。

三、大数据时代高校学生管理与教学工作面临的挑战

将大数据应用于高校学生管理与教学工作，能有效促进其发展，但目前还存在一些问题。

（一）传统的教育思维与方式未转变

大数据时代的来临要求教育工作者及时适应形势变化。目前，部分教育工作者在教育管理方面仍然采用传统的管理方式，未能与时俱进，例如，有些教育工作者了解学生主要还是采用与学生谈心的方式，缺乏时效性，难以及时发现学生的思想问题并进行引导。大数据时代下的高校大学生受互联网的影响，思想变化频繁，需要教育工作者借助科技手段来随时了解学生思想，及时进行调解与开导。2018 年世界卫生组织（WHO）的报告显示，中国有超过 5 400 万人患有抑郁症，占总人口的 4.2%，其中，大学生所占比例正在逐年递增，有四分之一的中国大学生承认有过抑郁症状。由此可见，教育工作者应转变传统教育思维，采用科学的方式及时关注学生思想动态，以便更好地实现教育目标。因此树立大数据意识是改善高校学生管理工作的必然选择。

（二）缺乏网络共享平台，信息闭塞

多数高校目前并未设置特定的职能部门或网络平台来收集、分析、储存相关信息，校内各部门之间也存在着"信息孤岛"，难以实现信息共享。例如在学生的就业工作方面，由于对学生与招聘单位的具体情况缺乏了解，教育工作者难以给出具有可行性的指导意见，只能根据其自身主观意识与经验来提供就业指导建议，但这种缺乏针对性的建议对学生的帮助甚微。

（三）信息处理技术水平低下

在数据爆炸的时代，学生在校园里进行的各项活动都会通过网络产生海量数据。但目前，信息技术处理方面的人才缺乏使得教育工作者难以为学生工作提供强有力的技术支持，难以快速地从海量数据中收集到有效信息并对其进行分析，从而导致大数据仍未完全应用于学生管理工作中。

（四）信息安全问题存在隐患

教育工作者在处理学生信息的过程中，制度不完善、管理不到位等问题可能会导致信息泄露情况的出现。在信息收集、处理、分析的过程中，若相关负责人员对此没有重视，一旦发生信息泄漏，则会对学生造成困扰

其至威胁其生命安全。2018年9月，江苏常州大学怀德学院发生了大规模的信息泄露事件，上千名学生信息疑似被企业用于偷逃税款，类似的信息安全事件随着互联网的普及其发生率逐年上升，这一问题应当引起各高校的注意。

大数据在应用过程中所出现的问题，高校应当引起重视并给予解决，以便更好地将大数据应用于学生管理与教学工作中。

四、大数据时代高校学生管理与教学工作创新的对策建议

在学生管理与教学工作中，应有效利用大数据的优势能促进传统工作模式的改善。大数据已逐渐在学生管理与教学工作中获得了多方面的应用，学生管理与教学工作也逐渐从传统的工作模式转变为大数据应用其中的新型工作模式，在应用的过程中，出现了许多亟待解决的问题。本文针对大数据时代学生管理与教学工作的创新发展提出以下几点对策：

（一）转变教育工作者的传统思维方式

部分教师还未能适应大数据时代的节奏与变化，在处理学生工作时依然保持着传统的管理观念。因此应转变教育工作者的传统思维方式与教育方式，树立大数据意识。在实际工作中应及时地收集数据、储存数据、分析数据，只有这样，才能有效利用大数据的优势，将传统工作模式转型为与大数据分析相结合的新型工作模式。

（二）创建网络交流平台，实现信息共享

高校可以整合校内各部门的信息数据，创建校内、各高校之间的网络交流平台，方便各高校的师生在平台上进行交流、讨论，获取更多的信息，有效解决信息闭塞的问题，实现信息共享。在就业指导方面，高校可以通过网络交流平台，收集分析学生的求职意向、性格、专业知识等方面的数据，再整理各招聘单位的信息，然后将学生与招聘单位进行岗位匹配，从而更好地帮助同学们认清就业形势，解答同学们在行业选择、就业地点以及岗位是否匹配等方面的问题，为学生提供更实用、更具针对性的就业指导。

（三）提高教育工作者在信息处理方面的技术水平

高校可制订信息处理方面的人才引进与培养计划，培养更多专业人才，使大数据的优势得以发挥。同时，还应对教育工作者进行各类技术培训，使其在掌握相关理论知识的基础上，提升计算机的使用技能，提高信息数据的处理、分析能力，使得教育工作者能够通过对数据的分析及时了解学生的学习状况，调整教学进度。

（四）加强信息的监管力度，保护学生信息安全

在大数据时代，信息量的增加会使信息泄露的风险增大。因此高校应切实加强工作中对数据的保护，注意防范风险，加强监管力度，推动相关制度、政策的制定，形成大数据使用的制度约束机制，坚持按规章制度合理使用数据，严防数据泄露。

参考文献

［1］彭宇，庞景月，刘大同，等. 大数据：内涵、技术体系与展望［J］. 电子测量与仪器学报，2015，29（4）：469-482.

［2］王芳. 大数据背景下高校学生管理工作实践模式创新研究［J］. 中国成人教育，2018（13）：48-51.

［3］陈文，蒲清平，邹放鸣. 大数据时代的高校学生教育管理模式转变与应对策略［J］. 江苏高教，2017（1）：67-69.

［4］李绥波. 大数据时代高校学生管理工作的挑战与对策［J］. 现代营销（下旬刊），2018（9）：168.

［5］孔欣欣. 基于大数据时代分析高校学生管理模式的创新［J］. 高教学刊，2017（10）：116-117.

［6］周扬. 大数据时代背景下高校学生管理工作转型的思考［J］. 高校后勤研究，2017（4）：71-73.

［7］李强，王尊博. 大数据时代高校学生管理工作的挑战与对策分析［J］. 江苏科技信息，2016（33）：20-21.

［8］魏伟华. 大数据时代高校学生教育管理工作个性化研究［J］. 中国成人教育，2016（20）：60-63.

［9］黄倩，王冬冬. 大数据时代高校学生工作创新研究［J］. 内蒙古教育（职教版），2016（8）：19.

［10］杜大鹏. 大数据时代高校学生管理工作的挑战与对策分析［J］. 科技展望，2016，26（16）：334.

［11］潘婷. 大数据时代背景下的高校学生管理工作探究［J］. 中国成人教育，2016（6）：62-65.

［12］胡晶君. 大数据时代高校学生工作创新探究［J］. 太原大学教育学院学报，2015，33（4）：1-4.

［13］刘晓燕. 大数据时代高校学生工作创新研究［J］. 管理观察，2015（33）：137-138.

［14］王婧. 大数据时代高校学生管理工作的挑战与对策分析［J］. 思想政治教育研究，2014，30（2）：128-130.

基于大数据的民族地区网络舆情管理研究

朱　琳　尔古打机[①]

摘要：大数据时代赋予网络舆情新的特点，网络舆论信息的体量、传播速度和影响范围等都发生了巨大变化，同时依托大数据的思维和方法对网络舆情进行分析已经成为国内外各领域的研究热点。本文通过分析目前民族地区网络舆情治理存在的问题以及面临的主要挑战，提出相应的对策与建议。

关键词：大数据　民族地区　网络舆情　对策建议

一、引言

根据中国互联网络信息中心（CNNIC）发布的第 42 次《中国互联网络发展状况统计报告》，截至 2018 年 6 月 30 日，我国网民数量已增长至 8.02 亿，互联网普及率达到 57.7%。以互联网为代表的信息技术与经济社会各领域的交汇融合，引发了全世界的信息数据呈几何级数增长，大数据时代应运而生。而微博、微信、豆瓣及知乎等新兴移动社交网络平台的兴起，为人们提供了一个能够随时随地进行意见表达、分享经验和知识、情感交流的平台，用户们在平台上交流互动，各抒己见，构成了一个全民参与的双向多元互动的信息传播网络[1]。网络舆情正是在这一背景下兴起的。

网络舆情是社会舆情在互联网空间的映射和直接反映，是指以互联网为载体，以公共事务、社会热点、网络话题为核心，广大网民情感、态度、意见、观点的表达、传播与互动，以及后续影响力的集合[2]。网络舆情具有即时突发性、隐蔽性、信息多源异构、网民情绪化与非理性、行为从众性、影响显著性等特点。大数据加快了网络舆情传播速度，扩大了网

---

① 作者简介：朱琳，西南民族大学管理学院硕士研究生，研究方向为数据挖掘、民族地区公共事务与危机管理；尔古打机，博士，教授，西南民族大学教师，研究方向为多目标决策、应急管理。

络舆情的影响范围，使网络舆情的形成、传播与演化过程变得更加错综复杂。

特别是在我国民族地区，受其相对落后的经济水平、地理位置、教育观念以及对舆情监测管理体系的建设不重视等因素的制约和影响，互联网上海量良莠不齐的信息导致政府及民众获得的信息不对称、立场和认识不共通，对"谣言"的辨别能力薄弱，加深了舆情危机度，加大了相关部门网络舆情监管的难度。尤其是涉及民族因素的网络舆情事件，在网络上几经发酵，会造成社会负面情绪激增，甚至会被境外敌对势力利用，煽动人心，进而爆发出重大群体性突发事件，严重影响社会的长治久安。

大数据一方面加速了网络舆情的形成、发展和演化，加大了对网络舆情的引导、监测和应对的难度；另一方面大数据相关技术及应用的不断成熟，为网络舆情的监测分析、预警和有效引导等科学决策，提供了有力的技术支撑。本文对大数据时代下民族地区网络舆情进行深入研究，分析其存在的问题以及所面临的主要挑战，提出如何利用大数据对其进行有效引导和监管的对策和建议，有助于相关部门进行网络舆情的分析、引导和监控，对加强互联网内容建设，营造清朗的网络空间，保障国家政治、经济和社会安全具有重要的理论意义和现实价值。

国内外学者针对网络舆情传播研究已取得一系列丰富成果。研究的重点从早期的舆情信息传播、舆情信息监督、舆情预警等几个方面发展到舆情数据挖掘研究，进而发展到对网民群体行为和心理研究、舆情演化规律研究。尤其是近年来引入复杂系统、人工智能、深度学习等方法和技术，对网络舆情传播及演化内在规律进行建模和仿真研究，成为众多专家和学者的研究重点。马存孝对涉及民族、宗教问题言论的网络舆情进行了深入分析并提出了建立引导机制来掌握舆情的主导权[3]。张春华从社会学的层面上分析涉及民族因素网络舆情，指出民族因素的被标签化、跨地域性、工具性以及意识形态化等特点，揭示了网络舆情传播过程中民族因素的主要运作模式，即"民族讯息强化模式""噪音干扰模式"等，并在道德话语下提出舆论引导力构建策略[4]。蒋知义等通过特定事件语料情感分类词典来构建情感倾向分析模型，揭示网络舆情情感演化的特征及规律，据此为政府相关部门有效监管、引导网络舆情情感演化提出了建议[5]。

二、大数据背景下民族地区网络舆情管理存在的问题

（一）基于大数据的网络舆情监管体系不完善

民族地区因其相对落后的经济发展水平，导致政府基于大数据的网络舆情监管体系不完善。主要有以下几点原因：①政府对健全网络舆情监测

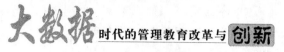

管理体系的重视程度不足，资金投入力度不大，危机公关意识不强；②面对海量多源异构的数据信息，民族地区缺乏大数据人才对数据进行有效分析，网络舆情监管技术相对落后，时效性不强，导致相关部门在网络舆情的形成、传播、演化过程中不能做到实时监测预警、有效引导以及快速响应，无法掌握舆情传播主导权。

（二）大数据背景下民族地区政府与民众沟通机制不健全

我国民族地区部分基层政府还未脱离"重权力归属，轻权力运作"这一传统观念，某些领导干部仍存在"一言堂""霸道式"的管理。而大数据背景下，各类真假难辨的舆情通过网络大肆传播，民众如果无法得到官方确切信息，政府无法及时准确掌握民意，对舆情回应不到位，难以满足公众应有的知情需求，很可能引发次生舆情风波，舆情处置陷入被动[2]。

（三）民族地区群众思想观念相对落后

我国民族地区是多元文化交织、多种宗教并存、信教人数众多且宗教信仰氛围浓厚的地区。民族地区民众普遍受教育程度不高，导致其思想观念相对落后。当前，国内外形势正在发生深刻而复杂的变化，各种矛盾和问题交织，比如一些不法之徒通过网络散布极端思想、民粹主义、"大民族主义"等负面言论。同时，国内外敌对势力利用网络歪曲我国民族、宗教政策，持续放大某些事件的负面影响，搞"民族对立"，严重破坏民族团结[3]。如果当地政府部门对党的政策宣传力度不大，与民众无法进行信息流通和共享，没有对错误言论进行及时监测和正确引导，会导致人们误信谣言，被有心人煽动利用，可能会引发大规模群体性突发事件，造成不可挽回的后果。

三、民族地区网络舆情监管大数据应用面临的挑战

大数据带给民族地区网络舆情管理的不仅有机遇还有严峻的挑战。

（一）人才匮乏

当前，数据已成为国家基础性战略资源，大数据有着广阔的应用前景，民族地区是"一带一路"建设的重要实施区，然而民族地区政府部门还未充分利用数据的价值，对已有的数据信息，缺乏大数据的手段、方法与工具进行充分的挖掘，亟须大量的科技人才来分析和挖掘数据，以此获得更有价值的信息，进而提供信息增值服务，支撑管理决策[6]。但民族地区由于经济水平落后，资源匮乏等，难以吸引能熟练运用大数据的技术人才。

（二）数据权益和数据隐私保护不足

目前我国网络舆情法制并不完善，现有法律立法层级较低，部分领域

立法空白，并且相关法律法规刚性不强，成效不明显，缺乏应有的针对性、系统性、权威性和协调性[2]。利用物联网、云计算、深度学习等技术手段对网络上海量数据进行挖掘和分析，挖掘到的数据在为网络舆情监管提供支撑的同时，往往还存在数据权益和数据隐私保护等相关问题。比如"人肉搜索"严重了侵犯他人的隐私，对他人的生活造成了巨大的影响。

（三）政府数据透明度不足

一些政府部门已习惯与公众处于信息不对称的状态，这种陈旧观念和思维定式显然已不符合时代发展的要求。在大数据时代，大力推进政府数据开放有助于公众更好地理解政府的政策措施，并且利用这些原始数据进行分析研究，可以更好推动经济社会发展。然而我国缺乏专门的政府数据开放和许可政策，政府部门面临着以什么方式公开数据信息、公开的程度以及怎样将数据整合与分享等一系列的问题[2]。

四、对策及建议

（一）加强网络舆情管理体系建设，加大民族地区人才队伍建设

首先，政府要加强大数据环境下的网络舆情监测管理体系的建设，加大技术方面的投入，提升网络舆情监测技术，建立科学高效的民族地区网络舆情监测预警平台。比如，针对涉及民族因素网络舆情，通过数据挖掘和情感分析技术构建特定的情感词典；构建结合深度学习技术对涉及少数民族语言的文本、语音进行有效识别的模型等。科学有效的舆情管理平台有利于政府了解公众态度和诉求，有助于提升政府的政务管理能力和构建清朗的网络空间。

其次，政府需要加大培养少数民族高科技人才、培养少数民族"意见领袖"的力度；引进并重点培养掌握统计学、计算语言学、心理学、新媒体、传播学等各方面知识的复合型人才，并且复合型人才应会使用少数民族语言，能够识别使用少数民族语言的信息，避免不法分子借用少数民族语言发表煽动言论。政府相关部门还应该做好培训和监督工作，以提高网络舆情调控人员的政治素质、专业技能、法律水平，为网络舆情管理提供坚实的人才智力支撑。

（二）健全与公众的沟通机制，宣扬正确的民族观和宗教观

政府要充分落实"想民之所想，急民之所急，办民之所需"的理念，构建多元化的沟通渠道，鼓励民众顺畅而公开地表达自己的权益诉求，加快解决少数民族群众关心的民族习俗、民族教育和国家扶贫政策等问题，让少数民族群众更多地享受到党和国家政策带给他们的福利，增强民众的幸福感。加大政务工作透明度和信息披露度，通过高效的网络舆情监测管

理体系，及时发布各类权威政务信息，准确掌握舆情动向，依法依规主动向民众提供及时、全面、可靠的信息，满足公众的知情权。

民族地区政府部门要善于利用现代化信息技术，搭建政务微博、微信公众号等新媒体平台，借由这些平台从正面大力宣传党和国家的民族、宗教政策及其实践成就，加大对民族政策的解释和宣传力度，帮助少数民族群众了解和学习党和国家的民族政策，使之树立正确的民族观和宗教观，增强少数民族民众对舆情的辨别能力、分析和判断能力。

（三）规范网络治理相关法律，建立完善的网络舆情法律体系

首先，各级立法机关和具有立法权的行政机关应加快数据立法和执法进程，健全网络治理相关法律法规体系，完善诸如保障网民言论、数据隐私等法规，实现舆情信息安全共享；其次，加强互联网内容建设，明确社会、网络平台、网民个体等治理各方的权利与义务，努力提升民众媒介素养，加强网络法规宣传教育，打造清朗的网络空间。吸收和借鉴国外成功经验，同时立足于中国国情，建立大数据背景下的符合我国互联网发展的现实特点的网络舆情法律体系。

五、结语

本文深入分析了目前民族地区基于大数据的网络舆情监管体系不完善、民族地区政府与民众沟通机制不健全以及民众思想观念相对落后等问题，并提出了大数据背景下民族地区网络舆情管理所面临的人才匮乏、数据权益及隐私保护等挑战，据此给出了对策与建议。大数据背景下，民族地区网络舆情一定要做到及时预警，积极引导，快速响应，否则一旦事态恶化，会严重破坏社会和谐稳定，影响社会和谐发展。民族地区相关部门一定要重视网络舆情的监控管理，大力培养大数据复合型人才，依法治理网络空间，保障公民的应有权利。

参考文献

［1］李纲，陈璟浩. 突发公共事件网络舆情研究综述［J］. 图书情报知识，2014（2）：111-119.

［2］金毅，许鸿艳. 大数据时代政府网络舆情治理的制度体系建设［J］. 中共天津市委党校学报，2018（1）：78-83.

［3］马存孝. 我国网络舆情涉民族、宗教问题言论分析及引导机制探析［J］. 黑龙江民族丛刊，2018（4）：23-26，32.

［4］张春华. 网络舆情的民族因素解析及舆论引导力构建［J］. 贵州民族研究，2018，39（4）：47-50.

［5］蒋知义，马王荣，邹凯，等.基于情感倾向性分析的网络舆情情感演化特征研究［J］.现代情报，2018（4）：50-57.

［6］李晓.基于大数据的生鲜农产品电商配送优化研究［J］.农村经济，2018（6）：106-109.

大数据背景下完善高校录取机制的思考①

张曼莉　顾兴树②

摘要：本文基于大数据时代的背景，阐述了大数据的主要内涵，指出当前我国高校录取机制的现状和存在的问题，并针对问题分析大数据在我国录取机制中运用的重要性和可行性，在此基础上创新性地提出利用大数据庞大的资源平台，系统地完善高校录取机制的手段和方法。大数据可以为高校的录取工作带来便利，优化人才资源的配置，帮助学生选择更合适的大学，从而最大限度地满足学生学习和发展的需求，提升学生和大学专业的匹配程度，最终有助于提高学生的学业的完成率及学位的获得率。

关键词：大数据　录取机制　录取工作　高校　学生

大数据是指一种规模远超一般数据库软件捕捉、储存、管理和分析范围的数据集合[1]。大数据具有即时性、动态性和前瞻性等特征。大数据的运用将帮助人们建设更智慧的大学。我们可以利用大数据来改善学生的学习体验、推进研究和产业发展，以及改善校园的基础设施建设等。随着学习的不断深入，学生的学习数据库、背景信息系统和以往的学习评估数据会不断更新。全球知名咨询公司麦肯锡认为，数据作为重要的生产力已渗透到每一个行业和领域。人们对于海量数据的挖掘和运用，将掀起新一轮生产率增长和消费者盈余浪潮。将大数据运用于招生管理，需要突破基于现有的数据库与招生预测模式开展数据挖掘和分析的思路。目前，数据库能够提供学生在学期间所参加的竞赛活动、学习成绩、学术研究成果、担任的职位等一些较为细致深入的信息。各高校可根据报考学生的数据信息，利用大数据来筛选人才。大数据可将这一研究成果运用到自身创新与招生管理产业发展中。

---

① 此文章为西南民族大学 2019 年研究生创新型科研项目资助硕士一般项目的研究成果。
② 作者简介：张曼莉，西南民族大学管理学院硕士研究生；顾兴树，副教授，西南民族大学管理学院教师，研究方向为公共政策分析、民族问题。

一、目前高校录取机制存在的问题

（一）录取形式单一

随着社会的发展，我国已走向大众化教育的阶段，但当前我国高校对人才的选拔仍然采用考试的方式，录取形式单一，考试的分数作为衡量学生的单一指标，评价指标过于简单，存在"一刀切"的现象。普通院校仍然以分数作为录取的衡量标准，我国应慢慢探索多元的录取机制，这也是顺应社会发展的需求[2]。

（二）忽视学生全面发展

当前我国高校录取机制中的问题突出，录取制度不够完善。素质教育要求促进学生的全面发展，高校录取机制却以学生的分数作为衡量的标准，忽视学生的全面发展。素质教育不仅要求学生身体能够健康成长，而且还要求其心理能够健康发展。当前我国高校的录取机制只从分数上来判断学生智力发展状况，片面地以分数作为录取学生的唯一指标，在一定程度上阻碍了学生的个性发展。

（三）信息制度的缺失

信息制度包含两个维度。从学生维度分析，学生获取学校信息的渠道较少，仅能通过学校的官方网站了解该校的教育资源和师资力量，信息公开制度的不完善导致学生无法准确地获取更多有效和准确的信息，在择校方面陷入了困境。从学校维度分析，我国目前对学生的选拔只能依靠分数这一单一指标，高校没有更多的途径获得关于学生的各个方面的信息。归根到底是我国缺乏高校录取系统化数据库，对学生的综合素质的考量和判断缺乏数据的支撑，不能形成整体性的考核指标体系。

（四）缺乏系统多元的评价体系

学校的录取主要是根据分数进行筛选，并且是依据考生的高考分数做最终的决定。"一考定终身"给学生带来了身体和心理的压力。当前我国东西部地区的经济发展不平衡，信息化程度普遍不高，资源发展的倾斜性造成了我国农村地区、少数民族地区、西部地区等经济欠发达地区的信息化发展不完善，没有统一的评价标准，缺乏系统多元的评价体系，缺乏衡量学生的价值观、思维模式的系统评价体系。我国大数据的多元评价机制不成熟，数据共享观念不够深入，对数据管理的相应规定和政策法规并不完善。归根结底是国内没有完善的数据共享机制，信息技术有待发展。目前，在大数据的背景下，我国数据共享大部分是效仿国外的做法，在数据分析、数据采集方法上相对于国外还是不够成熟[3]。

二、大数据背景下完善高校录取机制的重要性和可行性分析

（一）有利于实现个性化

利用大数据建立多元化考核评价体系，在一定程度上可以客观评价学生的综合素质和个性特长[4]。分数只是一个衡量和评价学生学习能力的基本标准，将学生的综合素质和艺术特长纳入评价，不仅有利于高校对考生综合素质的评价，还有利于考生特质的展现及个性特长的发挥。大数据在前期可以划分学生群体，识别其早期需求。大数据可以通过辨识学生在择校早期出现的需求和问题并及时提供建议。大数据可以辨别学生的群体，识别和分析这些群体的能力，能够更好地帮助学生了解学校。同时，大数据也能够让学校更好地了解学生群体，更精细化地对其分类，发现他们各自独特的需求，从而实现个性化教育。

（二）有利于提高研究生的入学率

大数据能够给学生带来极大的便利。学生通过大数据网络平台，了解学校的教育资源、教学设施、师资力量，以及该校学科的专业性，依据个人的爱好来选择高校；再利用已建立的个人评估信息，运用大数据和系统分析方法进行匹配，分析选择哪个学校较为合适，进该校的概率是多少。运用数字化技术，学生能更准确地选择适合自己的高校。从学校层面分析，高校可以通过大数据挖掘学生潜力，提高生源质量，同时能够有针对性地培养专业性人才。

（三）有利于考生的平等

通常说考研其实是一个信息战，对于众多考研的学生来说可获得的信息不全面、不准确性。高校在招生中采用大数据录取在一定程度上体现了高等教育机会公平，同时使不同个性特点的学生能接受适合自己的高等教育。利用大数据技术，能够对分数之外的差异做比较，打破将分数作为录取的唯一标准的模式，能够全面地关注素质教育所推崇的观念、兴趣、情感和发展过程等个性化因素。大数据将这些因素作为可以量化的指标，在同一群体中进行对比，在一定程度上体现了公平性。

（四）有利于推进录取方式多样化

利用互联网和大数据，收集有效的资源，构建一个统一的互联网教育资源平台，构建评价标准多元化、科目组合多样化的评价体系[5]。多元录取本身存在标准不一、主观性强等弊端，因此需要大数据的整合和分析，对不同招生方式所占的比例应有科学合理的限定，以保证不同类型的优秀人才能够在新的录取制度下脱颖而出，同时要兼顾民众对不同录取方式的

认可程度[3]。推进选才方向多元化，在大学阶段表现优秀、成绩突出的学生，在人文科学、体育、艺术、科技创新等方面成绩优秀、具有学科特长、高考单科成绩特别优秀和具有明显发展潜质的学生，都可以成为推荐录取、定向录取和破格录取的对象。

三、大数据背景下完善高校录取机制的路径思考

（一）树立大数据理念

大数据时代推进研究生录取工作的发展和创新，首先需要正视大数据时代已经到来的现实，各高校应树立发展与创新意识，强化对数据的敏感性，创新研究生录取工作[6]。数据管理人员应提升自身数据管理的素养与能力，利用大数据平台，发掘数据的潜在价值，提高数据的利用效率，最大限度满足学生的需求，与此同时也能够为学校挖掘潜在优质的学生，给学校的录取工作带来便利。

（二）提升学生与学校和专业的匹配度

大多数学生在择校时，会受各方面因素的影响。为满足学生与学校及专业配对的需要，应定期收集各高校的资源情况以及专业、导师的资料。一方面，学生对自我进行一个主观的评估，包括个人能力、兴趣爱好、心态等，然后再将个人在大学的成绩、学术竞赛、获奖项目等作为客观指标，以此构建学生个人学术机构资料库；另一方面，学校收集该高校招生专业的要求，以及专业导师研究方向和研究成果的资料，以此形成数据源，在大量反馈数据中找出特定的指标，形成一个分析策略，即创建分析型"数据堆"来处理大数据，最终提升学生与学校的匹配度。

（三）完善数据库共享平台

通过收集学生的信息，包括个人基本信息、学生特长、在校经历、社会实践等，建立一个可量化的数据库，将各所高校的数据与之相对应，即学生和院校之间的一致性能够通过学生对合适院校的寻找和学校录取学生的选择这一整体过程建立起来。这项应用程序可以用来衡量"合适"的程度，如学生学术兴趣与课程选择等。此项程序一方面有助于帮助学生在感兴趣的课程上继续深造；另一方面有助于学校针对该生的兴趣制定培养方案，挖掘潜在的人才。在整个数据采集的过程中，可逐步建立数据分析和共享平台。该平台包括学生端和高校端，并根据学校的发展动态、资源的变化状况、导师的科研成果等不断地实时更新数据。该平台还应该有一个信息追踪反馈机制，反馈机制可以将成果做成报表，便于学生或者高校进行自我评估。

（四）完善规章制度

健全的规章制度能够有效地推动研究生录取工作的运行。在飞速发展的信息化时代，大数据给人们带来便利的同时，人们的隐私也面临着被暴露的风险。从个人层面而言，我们应将道德规范和制度标准作为第一位准则。高校在大数据采用的过程中应始终把学生数据的安全放在第一位，任何有关深层次数据的挖掘和个人数据的使用，以及在高等教育与招生管理方面对大数据的使用，都应严格遵守法律法规，不侵犯学生的隐私[1]。在法律法规方面，相关部门需要推动有关法律和条例的建设，健全对数据的监管和保密的措施，加强对数据安全的防控，构建起相关方的责任承担机制。

（五）构建合理的录取机制

完善的大数据系统需要构建"执行—预警—反馈—调整"信息统计分析管理系统。该系统对各个高校的招生信息、学生信息进行收集，及时进行信息的统计分析，对高校端与学生端互相匹配中出现的特殊状况进行及时反馈。管理者需对对特殊状况产生的原因进行探讨，对有可能产生影响的情况进行及时合理的调控。

四、结语

在大数据背景下，利用大数据平台完善高校的录取机制，并使两者有机融合，能够推动高效招生工作有序进行，解决当前我国以分数作为录取学生的唯一标准等问题。将大数据运用到录取机制中，改变传统的录取方式和方法，不仅能够促进学生向个性化和多样化方面发展，适应高等教育与学生发展需求，还能实现学生与大学之间合理的双向选择，为高校招生录取多样化做出贡献。

参考文献

[1] 杰森. 建设更智慧的大学：大数据、创新与分析 [M]. 陆雨婷，译. 杭州：浙江大学出版社，2018.

[2] 张述权. 高校招生数据处理及应用平台的研究与设计 [D]. 绵阳：西南科技大学，2018.

[3] 邹亚霏. 大数据背景下我国科研管理的问题与对策研究 [D]. 武汉：武汉科技大学，2018.

[4] 虞宁宁. 高校招生"多元录取"的中外实践与启示 [J]. 湖北招生考试，2011（24）：44-48.

［5］余永玲. 高校招生实施多元录取的动因及策略刍议［J］. 考试研究，2013（1）：16-21.

［6］袁贵仁. 明确思路 系统协调 促进高校招生工作上新台阶［J］. 中国高等教育，2003（6）：7-9.

［7］张千帆. 走向更为公平的大学招生制度：中国问题与世界经验［J］. 浙江学刊，2010（1）：29-36.

［8］万文涛，王云兰，张意忠. 高等教育论·高等教育管理若干问题研究［M］. 北京：中国社会科学出版社，2007.

［9］许哲军，付尧. 大数据环境下的高校科研管理信息化探索［J］. 技术与创新管理，2014，35（2）：112-115.

［10］杨华. 数据挖掘技术在硕士招生录取数据中的应用分析［J］. 科技展望，2015，25（23）：117.

［11］郭载勋. 数据仓库与数据挖掘技术在高校招生决策中的应用研究［D］. 北京：北京工业大学，2014.

［12］孙兵. 数据挖掘在高校招生中应用的研究［D］. 合肥：安徽大学，2014.

［13］王义民. 基于数据挖掘技术的招生管理系统设计与实现［D］. 石家庄：河北科技大学，2016.

［14］吴泰. 高校招生管理系统的设计与实现［D］. 南昌：南昌大学，2010.

大数据背景下企业生态系统协同演化研究①

赵千惠　唐　剑②

摘要：本文将生态系统的概念引入到企业管理中，阐述了企业生态系统的要素组成、共生关系以及大数据背景下的变化。本文分析了大数据对企业生态系统系统演化的作用机理和实现路径，并运用活性系统模型解释了大数据在企业生态系统中的流动和其放大、衰减企业生态系统中各成员行为的情况，证明大数据有效推动了企业生态系统的演化，使得企业生态系统在环境压力和自身适应力的共同作用下经历从平衡、不平衡到更高层次平衡的过程。文章最后为企业生态系统的发展提出具体建议。

关键词：大数据　企业生态系统　协同演化

现代企业面临着一个日趋复杂和不确定的外部环境，把生态系统的概念引入企业管理，是近年来企业管理思想的新发展。数据情报随着网络、通信和移动设备技术的融合和发展，正爆发式地涌入企业生态系统当中。大数据正以各种方式影响着企业的管理和决策，传统企业管理理论已经不能适应大数据背景下环境的变化，企业生态系统也面临着巨大的变革和挑战。

一、大数据背景下企业生态系统的特点

穆尔（James F. Moore）以生物学中生态系统的独特视角来描述当代市场中的企业活动，却又不同于将生物学的原理运用于企业商业研究的狭隘观念。达尔文提出的自然选择学说，似乎局限地表现为最合适的企业或商品才能够在竞争中存活下去，市场竞争是一个驱逐弱者的过程。但是穆尔提出了企业生态系统这一全新的概念，力求"共同进化"[1]。

① 基金项目：西南民族大学研究生创新科研项目（CX2019SP123）。

② 作者简介：赵千惠，西南民族大学硕士研究生，研究方向为企业管理与实践；唐剑，经济学博士，主要研究领域为民族经济与民族文化、制度经济学、管理经济学。

企业生态系统是由相互作用的企业组织与个人所形成的经济群体，包括生产商、销售商、消费者、供应商、投资商、竞争者、互补者、企业所有者或股东，以及有关的政府机构等，同时包括企业生产经营所需的各种资源[2]。对于一个企业来说，与其有联系的所有其他企业加上社会经济环境共同构成了该企业生存发展的外部环境。这些企业构成了价值链，不同价值链相互交织在一起形成价值网，信息、物质、能量等在价值网上的联合体成员之间循环和流动。但与自然生态系统的食物链不同，价值链上的各成员之间不是吃与被吃的关系，而是利益或价值交换的关系，他们更像是共生关系。企业生态系统的共生关系表现为系统中的所有组成元素相互促进、相互影响。企业的内部结构也会受到外部环境的制约与影响，企业生态系统在企业的适应力与环境的选择压力的共同作用下得到演化和发展。

（一）企业生态系统的要素及共生关系

1. 企业生态系统的组成及结构

企业生态系统囊括的范围十分广泛（见图 1），既有横向关系，如竞争者、相关产业企业、政府部门、其他制定规章的准政府组织、其他利益相关者，以及科研机构等之间的关系；也有纵向关系，如消费者、供货商和市场中介机构等之间的关系，同时还包含那些影响企业生产发展的宏观要素，比如政治、经济、文化、社会、科技、自然环境和全球环境等。企业生态系统以掌握核心能力的企业为中心。依照所有成员的重要性和紧密性可将企业生态系统分为三个层次：完整的企业生态系统、扩展的企业生态系统和核心的企业生态系统[3]。

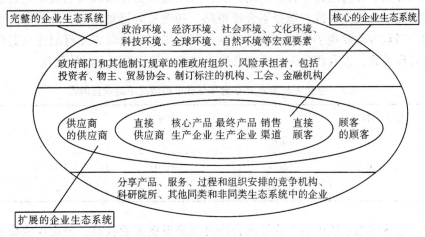

图 1 企业生态系统构成

资料来源：穆尔. 竞争的衰亡 [M]. 梁骏，等译. 北京：北京出版社，1999：20.

2. 企业生态系统的共生关系

经过长时间的环境选择压力和企业适应能力的共同作用，共生模式是企业生态系统发展升级的最优选择。

下面从博弈论的角度对合作共生这一决策进行证明。博弈论是两方在平等的对局中各自利用对方的策略变换自己的对抗策略，达到取胜的目的。

企业在企业生态系统中的运行实质是一个合作博弈的过程。假设 A 企业和 B 企业都处于同一个企业生态系统当中，两企业之间存在极大的技术资源依赖性。资源依赖理论指出一个组织最重要的存活目标，就是要想办法降低对外部关键资源供应组织的依赖程度，并且寻求一个可以掌握这些供应组织的关键资源的方法。这里的技术资源依赖，强调企业 A 的生存需要从企业 B 中吸取技术资源，同时企业 B 的生存需要从企业 A 中吸取技术资源，企业 A 和企业 B 需要彼此依存、相互作用才能达到生存目的。

在合作与竞争的情况下，企业 A 和企业 B 的收益假设见表 1。假设企业 A 和企业 B 合作，达成"合作共赢"的企业联盟，那么两个企业的收益均为 a；假设两企业都出于短期利益考虑，企业 A 和企业 B 皆选择不合作策略，那么两个企业皆只能获得收益 b；假设仅企业 A 选择了不合作的策略，而企业 B 则选择了合作的策略，那么企业 A 可获得收益 c，企业 B 仅能获得收益 d；同理若是企业 B 选择不合作策略，企业 A 选择了合作策略，那么企业 B 可获得收益 c，企业 A 仅能获得收益 d。假设中，$c>a>b>d$。虽然刚开始一方会选择不合作策略，这样可以给自己带来最大利益。但这也使得另一方很快对抗，选择不合作策略，甚至发起报复行为，使得双方受损。当双方均发现了恶性竞争带来的不利后果之后，双方才可能建立起联盟合作关系，以合作的方式达到共赢，使彼此都获得更丰厚的收益。

表 1　企业 A 与企业 B 在合作与竞争的情况下的收益假设

企业名称	企业 A		
	策略	合作	不合作
企业 B	合作	(a, a)	(d, c)
	不合作	(c, d)	(b, b)

企业生态系统中的企业发现合作可以获得更多的收益。企业仅依靠自身资源在高速变化的市场中很难生存发展。在瞬息万变的市场中，企业只有合作，才能抓住市场机遇，在短时间里研发出被市场接受的商品，进而发展壮大，实现企业发展。

（二）大数据背景下企业生态系统发生的变化

1. 大数据严重冲击了具有刚性边界、严格等级层次的传统组织结构

企业生态系统的边界是指以拥有核心能力的企业为基础，在与其他生态系统和外部环境进行物质和能量交换的过程中形成的抽象边界，即企业的经营范围和经营规模。大数据打破原有的边界，企业生态系统在与外部环境进行信息交流时，边界趋于模糊。合作竞争和协同演化的主要形式之一体现为信息共享和知识溢出，企业的经营范围不断扩大，如很多食品企业进入房地产行业，房地产企业进入电子行业，电子企业进入影视娱乐行业等。

2. 市场环境更加复杂

大数据背景下的市场错综复杂。大数据虽然为企业生态系统提供了有价值的信息，但庞大的数据中掺杂着许多冗余虚假信息，干扰了管理者的决策判断。大数据为企业生态系统提供有价值的信息，同时要求企业生态系统中有与信息量相匹配的信息处理系统，对数据进行筛选，通过数据清洗、数据整合、数据选择、数据转换、数据挖掘、模式评估和知识表达七个阶段，得到高效、高质量的信息，使管理者的战略决策科学合理。

二、大数据背景下企业生态系统系统演化

企业进化论理论（enterprise evolution theory）又称企业演化理论、DNA 进化理论，源于进化经济学（evolutionary economics），其发展历程可追溯至熊彼特（Joseph Schumpeter）和阿门·阿尔奇安（Armen Alchian）的"企业拟生物特性"研究。他们提出资本主义经济是一个以技术和组织创新为首要特征的演化的动态系统。现代的进化经济学家们批判地继承了熊彼特的基本观点，并将研究的范围扩展到了许多被熊彼特本人所忽略的领域，其中之一就是提出了企业具有类似生物进化的演化思想。随着时间的推移，企业内在管理要素呈现的多样性、市场环境的非均衡特性和大系统的高度不确定性，对企业发展起着越来越重要甚至决定性的作用。从某种意义上说，对大环境的适应能力成为决定企业生存和发展的主要因素。

用演化理论和生态学的方法，从动态的、演化的角度研究企业生存发展的规律，是当今企业管理研究的趋势，而演化理论则是这一思路的综合体现。

（一）大数据背景下企业生态系统系统演化的内容

企业生态系统的演化实质是企业与环境之间相互影响、相互作用的过

程。在大数据背景下，大数据存在于企业生态系统的外部环境之中，也渗透进企业内部，企业为能在企业生态系统的外部环境选择的压力下继续生存发展，就必须提高企业自身的适应能力。企业生态系统的外部环境和企业的不断变化，最终导致企业生态系统的平衡被打破，进而达到更高层次的平衡状态。其中外部环境指的是商业环境，商业环境主要分为宏观环境、微观环境和行业环境。宏观环境包括 PEST，即政治、经济、社会文化、科技等方面的环境；微观环境是指企业内部的人、机、物、料、法、环等环境；行业环境根据波特竞争力分析模型，可以包括购买者、消费者、潜在加入者、现有竞争者、期待品生产者等。

企业生态系统的演化是企业主动适应外部环境的变化的结果，不像生物生态系统的演化是被环境选择的结果。因为企业生态系统的主体是具有高度智能的人，所以企业会主动去适应环境，这样企业演化的时间很短。随着企业生态系统的演化，企业内部要素与外部环境各要素之间的交流方式和途径发生改变，企业与企业之间、企业自身内部的各要素之间、外部环境的构成要素之间的作用强度和方式都随之发生了改变。

企业生态系统的演化会出现两个走向，一个是升级进化，一个是衰败退化。升级进化是企业生态系统的发展目标，其本质是企业生态系统中的企业和外部环境协同进化，互惠共生，达到动态平衡的状态。在大数据背景下，企业对大数据的应用程度，决定了企业在企业生态系统中的发展方向。

（二）大数据背景下企业生态系统系统演化：一个模型推演

企业生态系统系统的演化本质是企业生态系统中的企业和外部环境协同进化，互惠共生，达到动态平衡的状态的过程。根据大数据背景下企业生态系统的特点，大数据会对企业生态系统的边界和市场环境等产生影响。

1. 大数据背景下企业活性系统模型结构

从图 2 中可以看出，在企业生态系统中，相似的竞争企业，如企业 A 和企业 B，还有相关的企业或机构，如供应商、政府机构等，共同组成了企业生态系统中的群落；加上外部环境，如政治环境、经济环境、文化环境等，和各构成要素之间的物质交换，形成了完整的企业生态系统。图 2 中的企业 A、企业 B 和相关企业或机构，表示与其相对应的管理系统。

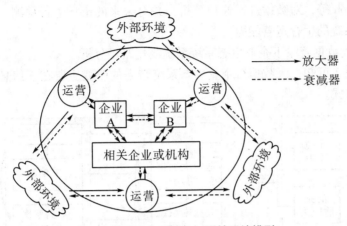

图2 企业生态系统——活性系统模型

活性系统模型是一种浓缩了有效组织的模型[14]。这种模型适用于任何有活力的系统，无论是生物的还是社会的。活性系统模型规定了组织"适合生存"的规则，即能够调整、学习、适应和进化。活性系统模型包括五种主要功能，分别是运作功能、协调功能、控制功能、情报功能和政策功能[12]。为了在快速变化的环境中高效运作，活性系统需包含两个子系统：管理系统、操作系统。图2中的管理系统主要承担协调功能、控制功能、情报功能和政策功能；运营系统主要承担运作功能。

活性系统模型还包括增大活动影响力的放大器、用来吸收变化活动的衰减器，将信息转换为可应用形式的转换器。图2中企业的管理系统和操作系统与外部环境之间发生着一系列的放大和衰减活动，大数据背景下，巨量的信息流支撑着企业生态系统的生存和运作。企业A的管理系统和外部环境之间有着密切的信息交流。关于放大器的解释：企业A的管理系统根据已有的信息，如以往的盈利或是亏损信息对操作系统进行协调、控制，情报和政策的影响力会被放大，成功盈利的信息会使操作系统对管理系统的管理服从效果更佳，失败亏损的信息会使操作系统对管理系统的管理有一定程度的抵制。操作系统和外部环境之间，同样以盈利和亏损信息来作为放大器，当有盈利信息时，外部环境愿意接受运营系统运营的产品，那么操作系统就会加大该产品在市场中的投入；反之，亏损信息会使操作系统减少甚至中断此产品在市场中的投入。关于衰减器的解释：操作系统反馈给管理系统的生产报告等信息，会限制管理系统对操作系统的影响，使操作系统的运营更切合实际的市场情况。

在大数据背景下，海量的数据经过筛选转换为可应用的形式，相较传统的信息的运用，大数据背景下的企业生态系统对信息的处理更加精确，信息量更加巨大且更具有代表性。企业还可以运用数据处理软件，如R

语、Python 等，对数据进行处理分析，并对未来的市场进行预测，提高企业生态系统的生存运营能力。

2. 大数据背景下企业生态系统系统演化路径分析

由图 3 可知，大数据给企业生态系统带来的改变主要在于信息的传递和运用方式。

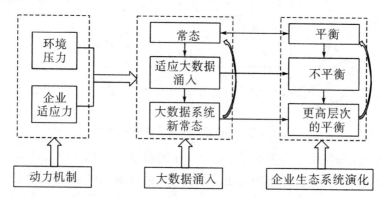

图 3　大数据对企业生态系统演化的作用路径

企业生态系统在生存发展的动态机制下，不会始终处于静态平衡的状态，随着新技术、新知识、新信息等的涌入，市场变得活跃，企业生态系统应势而变，形成系统的演化。动力机制分别来自外部和内部，外部动力的来源主要有三个方面：一是企业生态系统之间的竞合关系。在大数据背景下，数据情报的获取、技术竞争、客户的争取、产品质量的角逐和市场的争夺等更加激烈。同时，企业生态系统在大数据的包围下，扩大了开放程度，系统边界也更加模糊，企业生态系统之间出现了融合共生的关系，如技术创新后企业生态系统之间相互借鉴、相互促进，知识溢出后企业生态系统之间相互学习，以及大数据背景下部分数据情报的共享等。这些共生融合会突破企业生态系统现有的边界，使企业生态系统拓展和延伸。二是在大数据背景下，政治环境、经济环境、文化环境等的改变。如客户的消费方式和消费观的改变，消费者需求的个性化和多样化；技术创新使政策改变等。三是自然环境的变化。如企业生态系统运行所需的各类自然资源发生短缺等。不仅企业在变动的外部环境中需要去适应环境，外部环境也被企业所影响和改变。内部动力、自组织特征在企业生态系统的演化中表现得很明显。根据耗散理论，企业生态系统自动根据结构元素改变而优化升级的自组织现象，构成耗散结构，耗散结构是由伊利亚·普里戈金教授提出的。耗散理论是研究耗散结构的性质及其形成、稳定和演变规律的科学。它以开放系统为研究对象，着重阐明开放系统如何从无序走向有序。它指出，一个远离平衡态的开放系统通过不断与外界交换物质和能量，在外界条件变化达到一定阈值时，可以通过内部的作用产生自组织现象，使系统从原来的无序状态自发地转变为时空上和功能上的宏观有序状态，形成新的、稳定的有序结构。这种非平衡态下的新的有序结构就是耗散结构。系统从无序状态过渡到耗散结构有几个必要条件：一是系统必须是开放的，即系统必须与外界进行物质、能量的交换；二是系统必须是远离平衡状态的，系统中物质、能量流和热力学力的关系是非线性的；三是系统内部不同元素之间存在着非线性相互作用，并且需要不断输入能量来维持这种相互作用。这三个条件也是企业生态系统演化的内在动力。

大数据背景下，巨量的数据情报涌入企业生态系统，其过程表现为三个层次的循环：第一层次，前期传统的信息运转模式经过市场的检验，在企业生态系统中发生作用，表现为常态；第二层次，大量的数据涌入，打破了原有的信息运转模式，企业生态系统的反馈机制表明原有的信息运转模式已经不能保证其在激烈的市场竞争中存活时，企业生态系统会被内外动力共同推动去适应大数据涌入的新环境，调整、发展或是重构信息运转系统；第三层次，企业生态系统快速调整，形成新的信息运转系统，再通过一段时间的运营，新的信息运转系统被企业生态系统认可，并使其在市场中恢复活力，形成了大数据系统的新常态。企业生态系统进入下一轮的演化升级之中，按照这个方式企业生态系统保持着螺旋式上升趋势，呈波浪式前进。

同理，企业生态系统也是处于动态演化之中的，也分为三个层次：第一层次，在一定时间内，企业和环境处于一种动态的平衡状态；第二层次，大数据将企业生态系统包围起来，使其中的各构成元素活跃度提高，企业和环境之间出现诸多不适应的情况，如环境中巨量的数据情报在各企业之间分配不均匀，适应力差的企业失去竞争力，衰退甚至消失，这个阶段的企业生态系统出现动荡，表现为不平衡状态；第三层次，经过市场的筛选、企业生态系统内外的竞争和适应，新的系统被确定下来，企业和环境达到更高层次的动态平衡状态，表现为更高层次的平衡，系统再进入下一循环。大数据的涌入和企业生态系统的演化，两者不是孤立的，它们有着密切的联系，相互影响，相互依存，协同演化。

三、研究结论及对策建议

在大数据背景下，根据企业生态系统的运行规律和演化路径，为保持企业生态系统的活力、企业的持续竞争优势和环境的健康发展，需要组建良好的、适应市场形势的新型企业生态系统。

（一）新型的企业生态系统可以将大数据作为核心资源，构造商业模式

大数据技术为数据的分离、筛选和分类整理提供了平台和工具，将杂乱繁多的数据整合成新的数据和信息资源。大数据无疑成为扩大规模经济和范围经济的重要资源，追求规模经济和范围经济促使形成以大数据为核心资源的价值链。比如阿里巴巴创建自己的云存储系统，不仅为更多的电子商家、客户和中介提供了平台和信息资源，还可以将数据产品服务提供给非阿里巴巴的电子商务系统，并为各类网站提供电子商务的解决方案。这就将阿里巴巴的角色从一个电子商务平台转换成为整个企业生态系统提供数据产品服务的企业，这样一个新的商业模式就是以大数据为核心资源的。

（二）加深开放程度，使数据流能够在企业生态系统内畅通，形成良好的数据共享系统，提高大数据的利用效率

构建便于数据流通和储存的基础设施，为企业生态系统数据网络的优化提供条件，提高数据处理的效率；创建更多的数据库，收集更加完整的数据集；开发科学有效的数据挖掘系统，完善数据清洗、数据整合、数据选择、数据转换、数据挖掘、模式评估和知识表达等软件系统；结合企业生态系统的实际情况提供数据共享和数据交流的平台，提高数据的利用率。

（三）用大数据将客户信息精确化，使企业运营方向更加清晰

客户需求的多样性和个性化特点突出，企业应收集和梳理客户的交易时间、产品价格等结构化数据，分析和预测客户的消费行为、消费状态等非结构化数据，预判和定位潜在客户。

参考文献

[1] 穆尔. 竞争的衰亡 [M]. 梁骏，等译. 北京：北京出版社，1999.

[2] 冯芷艳，郭迅华，曾大军，等. 大数据背景下商务管理研究若干前沿课题 [J]. 管理科学学报，2013，16（1）：1-9.

[3] 朱东华，张嶷，汪雪锋，等. 大数据环境下技术创新管理方法研究 [J]. 科学学与科学技术管理，2013，34（4）：172-180.

[4] 刘晓葳，朱建平. 大数据内涵的挖掘角度辨析 [J]. 中国统计，2013（4）：59-61.

[5] 李梅英. 基于生物学的企业生态系统共生模式研究 [J]. 江海学刊，2006（6）：90-95.

[6] 胡斌，章仁俊. 企业生态系统的动态演化机制 [J]. 财经科学，2008（9）：78-85.

[7] 方莹，王晓萍. 企业生态系统的内涵与结构层次研究 [J]. 商业时代，2009（7）：41-42.

［8］曹利军，黄泳. 企业生态系统进化模型与进化机理研究［J］. 企业经济，2012，31（3）：56-59.

［9］唐剑，贾秀兰. 中国国有企业竞争力演化研究：一个制度经济学分析框架［J］. 华东经济管理，2012，26（11）：105-112.

［10］李广建，杨林. 大数据视角下的情报研究与情报研究技术［J］. 图书与情报，2012（6）：1-8.

［11］张燚，张锐. 企业生态系统的构成及运行机制研究［J］. 科技管理研究，2005（3）：58-61.

［12］VOLKER BOSCH. Big Data in Market Research：Why More Data Does Not Automatically Mean Better Information［J］. GfK Marketing Intelligence Review，2016，8（2）.

［13］TIAN JUN, HUANG LIRONG. Big Data Analysis and Simulation of Distributed Marine Green Energy Resources Grid-Connected System［J］. Polish Maritime Research，2017，24（s1）.

［14］IGOR PERKO, PETER OTOTSKY. Big Data for Business Ecosystem Players［J］. Naše gospodarstvo/Our economy，2016，62（2）.

［15］KARI VENKATRAM, MARY A GEETHA. Review on Big Data & Analytics – Concepts, Philosophy, Process and Applications［J］. Cybernetics and Information Technologies，2017，17（2）.

大数据时代高校选课模式创新研究①

赵冉冉　曹满云②

摘要：高校选修课是以促进学生全面发展、拓宽学生视野、发掘学生潜力、丰富学生校园生活为教学目标的重点课程，也是我国开展全面素质教育的本质要求。大数据技术的发展，为高校选课模式带来了新的机遇。大数据技术本身具有的特性使得基于大数据的选课模式更加符合学生个性化、全面性发展的要求。本文通过对大数据技术进行分析，结合目前高校选课模式的现状与问题，探讨将大数据技术应用于高校选课的优势，提出高校选课模式的创新对策。

关键词：大数据技术　选课模式　个性化

大数据给每一个领域都带来了发展空间，其强大的功能和高端的技术特性，引领着一种新的时代潮流。随着教育信息化，国家对高校信息化建设的力度也在逐渐加大。近年来，互联网技术逐渐进入校园，网络便与学生的日常生活密切相关，互联的产物是大量的数据和信息。高校选课本质是高校对学生的素质要求，同时也是高校学生教育需要将专业性与广泛性相结合的体现[1]。大数据本身具有的深度整合分析数据的特性，使它成为高校选课系统的新选择。在此基础上，传统的选课模式已经难以适应目前的新形势要求，高校应当创新选课模式，将大数据技术运用到选课中，让个性化成为高校选课的核心内容。

一、大数据的定义

对大数据的定义目前还没有达成一定的共识。其中，作为研究大数据

---

① 基金项目：此文章为西南民族大学 2019 年研究生创新型科研项目资助硕士一般项目（项目名称：基于移动互联网的民族地区在线教育平台发展研究，项目编号：CX2019SP111）的研究成果。

② 作者简介：赵冉冉，西南民族大学管理学院行政管理专业研究生；曹满云，西南民族大学管理学院教师，研究方向为公共管理。

技术及其影响力的先驱者，国际数据中心（IDC）在报告中这样定义大数据："大数据技术描述了一个技术和体系的新时代，被设计于从大规模多样化的数据中通过高速捕获、发现和分析技术提取数据的价值。"[2]从定义中可以看出，大数据不仅有大容量的数据规模，还具有数据类型多样、数据挖掘分析速度快和价值密度低的特点。大数据技术可以帮助人们从海量数据中找到需要的信息，并加以整合分析，发挥其价值。同时，在教育信息化的进程中，大数据技术的运用也是重中之重。

二、高校选课模式存在的问题

高等学校选修课是高校培养综合性人才的有效途径。选修课的开设对于拓宽学生视野，发掘学生潜力，丰富学生校园生活有着重要的意义。随着网络技术的发展，社会对高校人才的需求更趋向于多样化，传统的高校选课模式已经不能满足学生全面发展的需要。

（一）学生问题

高校选修课大规模开设以来，选修课的数量便日益增长，学生需要在大量的选修课中进行选择。在选课过程中存在以下问题：首先，高校学生在选择课程的时候没有明确的目标，只是根据课程的名字来判断是否应该选择，往往忽略了自己的专业课与选修课的适配性。其次，上课时间、上课地点、教师配备等种种限制使学生无法选择自己感兴趣的课程，没有实现真正的自主性选课。最后，学生对选修课持消极态度。许多学生错误地认为，选修课只是为了获得毕业所需学分，没有多大的意义，对自己以后的专业发展作用不大[3]。

（二）教师问题

教师在选修课的教学过程中也存在一些问题。教师申报选修课时都是依据自己的专业方向，忽视了学生的特点和素质发展的要求，导致了许多选修课偏专业化。传统的"教师讲、学生听"的课堂教学模式已经不适合当代大学生的特点，教学效果不明显，不仅学生的积极性没有得到提升，也没有达到教学相长的目的。

（三）系统管理问题

选课系统是整个高校选课得以运行的核心中枢，在课程的开设、监督方面存在以下问题：选课系统对选修课不进行筛选，对选课内容是否重复以及是否符合学生特点等不能进行有效的识别。选课过程中，学生对课程的了解仅限于系统上的课程名称、授课教师以及课程时间。选课系统对于课程的介绍比较简单，学生不能详细了解选修课的信息。选课系统对课堂教学内容以及教学成果也没有进行实时监督，教学质量不达标的课程依然存在。选修课管理松散，没有设置规范化的惩罚办法，导致学生对选修课的重视程度不高。

三、大数据在高校选课中优势

传统的高校选课模式带来的诸多问题已经严重影响了我国培养综合性人才的进程。大数据作为一种新型的生产力，影响了现代的新兴产业，同时也推动了我国教育信息化的发展。我们应该利用大数据技术将课程数据、学生数据、教师数据等诸多数据加以挖掘分析，发现数据新的价值，建立一个新型的选课模式。

大数据在高校选课中的优势在于：

1. 大数据为选修课的课程质量的提高提供支持。通过对上课人数、课堂气氛、学生积极性等实时监督，可以提升课程质量。

2. 大数据可以收集全面的数据。对数据加以分析，可以有效掌握学生的兴趣爱好。通过数据挖掘和整合，分析学生与课程、教师之间的交互关系，来判定课程种类是否需要更新，预测学生未来会更偏向选哪方面的课程。

四、大数据时代高校选课模式创新策略

（一）设立选课推荐系统

网络选课系统是高校搭建的选修课程的信息化网络平台。学校将选修课放在平台上，供学生选择。为避免高校学生选课的盲目性，选课系统应设立个性化推荐系统。

个性化推荐系统是基于大数据技术的产物。它通过收集学生的各方面行为数据，如所学专业课程、借书情况、宿舍进出记录等，根据学生的专业课程适配关系，全方位分析学生的兴趣爱好，从高校提供的选修课程中，自动向学生推荐符合其需求，迎合其兴趣的课程。例如：通过大数据技术收集该学生的借书情况，发现该学生借旅游类的书籍较多，则可在该学生的选课系统中自动推荐旅游类的选修课。

同时，在该学生选择课程后，大数据技术会收集学生在该课程中的学习情况等信息，根据这些信息制订"一对一"的学习计划，让学生及时查漏补缺，真正做到自主性学习。此选课推荐系统既节省了学生的选课时间，又增强了学生上课的积极性，满足学生的个性化发展需求。

（二）优化课程质量体系

高校开设选修课的目的是培养综合性人才。目前，高校对课程质量没

有严加监管，导致教学效果不好，背离了选修课设立的初衷。用大数据技术优化课程质量体系是高校选课模式创新的关键所在。

1. 优化教学模式

传统的"教师讲、学生听"的课堂教学模式已经成为过去式，新的"师生互动"教学模式已经到来。在教学过程中，教师应当利用大数据的优势，了解本班学生感兴趣的话题，将课堂内容与学生兴趣点结合起来，调动学生的积极性，提高教学质量，真正做到以学生为中心的"教学相长"。

2. 建立在线学习平台

大数据飞速发展，网络中的教学资源也十分丰富，许多高校采取建立网络教学资源库的方式来进行在线授课。在线学习不受时间和空间的限制，学生可以在空闲时间上课，实现了选修课的自主性。在大数据技术的支持下，高校应建立在线学习平台。通过平台来开展选修课，并利用平台的互动功能加强教师和学生之间的交流，让学生不再沉默，通过网络媒介积极发言，提高学生参与性。

（三）建立规范的选课制度

高校选修课的规范化管理对选修课教学质量的提升起着重要的作用。由于缺乏具体数据，传统的选课管理制度总是依据管理者的经验来判断课程质量。大数据技术克服了这一不足，可以为我们提供精确的数据，为选课制度的规范化提供技术保障。

1. 课程开设

基于大数据的数据收集和分析功能，管理人员通过大数据分析学生的特点，提前对课程进行筛选，使开设的选修课符合当代大学生的需求，使教育资源得到有效利用。

2. 课程监督

大数据技术的优势在于其对数据的分析与判断作用。管理部门可通过大数据技术分析学生在课堂的学习情况，对逃课、弃课的学生给予惩罚，提高学生对选修课的重视程度。运用大数据技术可以分析缺勤率，判断教师是否认真备课，考核方式是否随意等，提醒开课教师应有效开展教学，认真对待选修课。线上的选修课也应进行数据监督，通过在线学习平台实时监控学生的学习动态，防止学生刷课等行为的产生。

3. 结果评价

对高校选修课教学结果进行评价是提升选修课教学质量的核心。要判断一门选修课能否对学生的发展提供帮助，必然需要对该课程进行评价[4]。利用大数据的数据分析与跟踪功能，可以对教师、学生信息进行收集与分析，判断选修课对学生发展起到什么样的作用。对教学结果的评价是一个长期的过程，这样才可以评价这门课程开设的意义所在。

五、结论

高校选修课是以促进学生全面发展、拓宽学生视野、发掘学生潜力、丰富学生校园生活为教学目标的重点课程，是我国开展全面素质教育的本质要求。但是传统的高校选课模式在学生、教师以及系统管理上都存在着问题，这些问题已经严重影响了培养综合性人才的进程。大数据时代下的新兴技术为高校选课模式改革带来了新的机遇。大数据技术的数据收集与分析功能，可以有效解决当前选课模式存在的主要问题。大数据技术与高校选课模式的融合与创新，有助于实现学生的个性化、全面性发展，提高选修课的质量，使选课管理规范化。高校选课模式创新以培养我国综合性人才为方向，为教育信息化的发展提供前进的动力。

参考文献

［1］欧阳光华. 课程理念与大学素质教育：哈佛大学核心课程之启示［J］. 比较教育研究，2002（2）：13-15.

［2］李学龙，龚海刚. 大数据系统综述［J］. 中国科学：信息科学，2015，45（1）：1-44.

［3］储爱民，尹喜云，戴祥，等. 高校公选课现状调查及对策研究［J］. 当代教育理论与实践，2018，10（1）：40-45.

［4］安显金，李维. 浅析大数据对高校公共选修课教育改革的影响［J］. 科技创新导报，2018，15（21）：225-228，230.

［5］顾小清，薛耀锋，孙妍妍. 大数据时代的教育决策研究：数据的力量与模拟的优势［J］. 中国电化教育，2016（1）：56-62.

［6］陈代君. 特种设备质量安全评估大数据管理架构策略［J］. 科学技术创新，2017（22）：119-120.

［7］吴元敏. 大数据在高校选课中的应用［J］. 中国现代教育装备，2017（7）：9-12.

［8］周辉奎，何员子. 大数据环境下高校选课系统性能优化应用研究［J］. 电脑知识与技术，2016，12（31）：8-9，11.

［9］余斌. 大数据思维在高校教学管理中的应用探索［J］. 深圳信息职业技术学院学报，2016，14（2）：30-33.

［10］万晓光，谢昀昀. 大数据时代慕课对高校公选课发展方向的启示［J］. 中国教育技术装备，2015（8）：113-114.

财务共享对大数据审计的影响
及审计模式构建

张思璐　刘秀兰①

摘要：随着云计算和大数据技术的深入发展，财务共享模式与大数据审计应运而生。构建财务共享模式可降低企业运营成本，提高经营效率。同时，财务共享模式的出现也使得企业的数据式审计模式逐渐转变为大数据审计。因此，本文对比了传统财务模式与财务共享模式的异同，分析后者对大数据审计的影响，并对大数据审计模式的构建提出建议，以期促进财务共享模式与大数据审计的共同发展。

关键词：大数据审计　财务共享模式　审计模式

大数据时期，云计算、数据挖掘等技术的快速发展不仅加速了会计信息化的进程，还推动企业的经营管理从传统财务模式转变为财务共享模式。财务共享模式是集团运用云计算等大数据技术评估其内部财务流程后，将分散在不同分子公司的业务提取出来，统一处理。新模式下，平台系统可以收集集团内部所有的财务数据，集团各职能部门便可根据实际需求实时获取各种信息。大数据时期海量数据的收集与处理，使得传统审计工作面临巨大的挑战。由此，企业的审计模式也将相应地发生改变，大数据审计作为一种新的审计手段开始进入企业和会计师事务所的视野。大数据审计是指基于企业业务，通过大数据技术收集、整理、分析被审计单位业务的所有数据，并出具审计报告，以综合评估被审计单位是否有效利用财务信息系统对其资产进行合理配置。基于此，财务共享模式的构建对大数据审计至关重要。因此，研究分析财务共享模式下的大数据审计模式，能够有效提升审计效率。

---

①　作者简介：张思璐，西南民族大学管理学院研究生，研究方向为财务会计理论与实务；刘秀兰，教授，西南民族大学管理学院教师，研究方向为财务会计理论与实务。

一、文献综述

（一）国外文献综述

国外对大数据审计的研究起步较早。Kyunghee Yoon 等认为大数据技术的充分性、可靠性以及关联性等特点使其能够成为传统审计取证方式的有力补充[1]；Cao M. 等研究发现大数据技术能够提高审计效率，且能够有效增强审计效果[2]；Earley 研究了大数据技术对现代审计工作的影响，并分析了大数据技术在 CPA 审计工作中的应用[3]；Wang 等的研究表明大数据审计在审计工作中至关重要，但社会审计与内部审计人员对其重视和应用明显不足[4]；Kitchin 等对不同领域的大数据特征进行比较和总结后，发现大数据的高频性和详尽性能够扩展现有的审计范围，并提升审计效果[5]；Adrian Gepp 等认为大数据技术能够成为审计行业有价值的补充，特别是当严格的审计程序与审计技术和专家判断相结合时[6]。

（二）国内文献综述

国内许多学者也开始研究大数据审计的相关概念。许金叶等认为大数据审计是企业进行内部控制、信息系统治理及安全风险控制等的重要方式[7]；秦荣生认为云计算等大数据技术的发展会影响审计方式、抽样技术以及证据收集方法的选择[8]；郑伟等从成本效益和需求供给的角度对大数据时期审计模式改进的可行性进行了分析，并从逻辑流程、网络架构以及应用架构等角度对其进行完善性设计[9]；王崇叶认为在大数据环境下将大数据思维模式嵌入财务报表持续审计模型，能够显著提升工作效率，降低成本费用，减轻审计工作者的压力[10]。

分析上述文献可以发现，虽然目前审计研究的方向已转向大数据审计，但其仍是基于传统财务模式，很少有学者立足于财务共享模式来探讨大数据审计。因此，本文通过分析财务共享模式对大数据审计的影响，探讨如何利用大数据技术来推动财务共享模式下大数据审计的发展。

二、财务共享模式与传统财务模式的比较

（一）财务核算与处理的集中化

传统财务模式下，虽然集团内部配备了相应的财务人员，但信息技术及财务人员专业素养等方面存在差异，使得处理财务数据的效率较低，信息无法及时反馈，也就无法实时共享集团的财务信息。此外，各分子公司出于自身利益，可能会对财务数据进行加工处理，产生误导，对集团的生产经营带来不利影响。

而在财务共享模式下，集团内部财务人员需要保持会计核算的一致性，使会计核算的结果更为可靠。且由于各分子公司都无法直接干预财务信息，因此，财务数据的收集与反馈更为准确、及时，从而能够提升财务信息的质量。

（二）财务业务的一体化

传统的财务模式下，财务与业务的数据往往不是由同一个财务人员录入的，这就会造成一定的沟通障碍。且财务人员通常忙于处理日常性财务数据，对业务部门的支持会显得力不从心。而财务共享模式整合了财务与业务资源，集中处理集团内部的财务核算，使得财务人员能更专注于为管理层提供高质量的决策支持。

（三）技术手段的高度信息化

传统的财务模式下，虽然财务已从手工做账逐步发展到用财务核算软件来进行日常的账务处理，但总的来说，传统的财务模式对信息系统的要求并不高，受企业规模、业务复杂程度以及成本等因素的影响，企业对于信息化的依赖程度也各不相同。在财务共享模式下，集团不断开发与升级财务管理软件，信息化程度逐步提高，并且借助一些高度电子化和网络化的手段进行企业日常的账务处理与分析。

三、财务共享模式对审计的影响

大数据时期，一些大企业尝试建立财务共享模式进行业务管理，为传统审计工作提供了新思路。虽然财务共享模式能够实现信息的高度集中化与规范化，使得企业集团的财务数据能够更为便利地共享与查询，但该模式也会给企业审计带来诸多影响。

（一）对审计范围产生的影响

大数据时期，企业的审计工作已从抽样审计转为全面审计。在传统的经营管理模式下，由于数据量大、全面收集数据较难，审计工作往往采用的是数据抽样分析方法。抽样化的有限审计方式，使得传统的审计工作无法对复杂的生产经营活动做出全面的分析与评价，审计结果也容易出现偏差。而在财务共享模式下，集团的财务共享中心更能体现大数据的多样性与规模性，使其能够更为便捷地获取全部的审计数据，减小传统模式下审计数据收集的工作量。在大数据时代，审计人员可以运用数据挖掘等大数据技术，以全面有效的方式分析和处理审计对象。同时，随着企业审计范围的拓宽，数据挖掘、分析以及处理能力也要相应增强，以便更好地在财务共享中实施大数据审计。

（二）对审计技术产生的影响

大数据时期，数据的多样性、复杂性和流动性使得传统的审计方式已不适用于企业审计。随着大数据技术的深入发展，舞弊技术也相应发展，使得审计线索更加隐秘。传统审计分析数据平台中的 SQL 数据查询和数值分析等电子数据审计方法只能找到完全满足查询条件的数据，很难找到隐藏的风险点。因此，当代审计工作应当创新审计技术，包括财务共享服务模式下获得审计数据的技术手段、分析与处理手段，以保证审计工作的质量与效率。财务共享模式下，运用新技术查找线索点，搜集充分的审计证据是大数据审计的基本要求之一。

（三）对审计数据产生的影响

传统审计工作的数据主要是能够从企业内部获取的结构化数据，审计人员只需运用基础的技术方法就能够对其获取的数据进行处理与分析。但是，对于非结构化数据，审计人员只能人工处理并分析数据。这不仅增加了审计人员的工作量，还容易加入主观因素影响其工作质量。然而，财务共享模式下数据的存储空间和处理速度大大提高，云平台集中大量结构化与非结构化数据，使审计人员可快速获取其所需数据。

大数据技术与财务共享中心的发展也将影响审计证据间的关系。由于审计数据愈发繁杂，审计人员需考虑的关于数据间的相关性问题也就越多，仅仅依靠传统的数据因果分析审计证据已不能完全体现出大数据的本质特征。大数据技术为审计工作的开展提供了海量的可被利用的数据信息，再通过对相关关系的进一步确认就能为跨领域的审计工作提供支持。由此，大数据技术在一定程度上降低了审计工作在因果关系上的依赖性。然而，由于数据来源的多样性，数据在网络传递过程中难免会发生被窃取、被修改等问题，且网络病毒的攻击也会造成数据失真，从而影响审计结论的客观性。

（四）对审计人员产生的影响

传统的审计人员只需掌握相应的会计与审计知识，并有一定的经验、职业道德和专业素养，基本就能从事审计工作。然而，在大数据时代，财务共享中心的建立意味着审计人员不仅要具备在传统审计模式下所需的专业知识和职业素养，还需掌握相关的互联网与大数据技术，并了解审计软件的工作原理与功能，从而保证自身拥有较强的敏感性，以及数据分析、预测、评估等能力，以便从海量的审计数据中整理出数据间的相互关系，选择更为合适的处理与分析方式，确保审计证据的真实性。最重要的是，审计人员必须具备其应有的职业道德，能够自始至终站在公平、公正的立场上，严格遵守商业机密。

四、构建财务共享模式下的大数据审计模式

（一）确定审计目标

大数据审计的本质是一种审计方法。那么，审计业务不同，其侧重点也就各不相同，审计员应结合实际来制定审计目标。从审计员的角度来看，基于财务共享模式的大数据审计不仅可以为集团内部审计服务，还可为会计师事务所的外部审计服务。从审计对象的角度来看，大数据审计既可以审计集团的各生产经营业务，也可以在云平台上审计各类会计信息。进行业务审计时，大数据审计应关注业务流程和资金流是否正常以及资源是否合理配置。在审计信息系统时，大数据审计应更关注财务共享模式下的云平台系统是否能够有效保护资产、维护数据，能否最大限度地利用资源。进行内部审计时，大数据审计的重点在于财务共享模式能否为集团的管理层提供决策支持。在进行社会审计时，大数据审计应着重关注财务共享模式下集团企业是否向投资者、社会公众以及政府提供了真实有用的会计信息。

（二）识别与评估审计风险

财务共享模式下，大数据审计的审计风险与其预处理流程和结果密切相关。若大数据预处理流程不满足相关规则或处理结果与审计要求不相符，便会增加审计风险。此外，云平台的可信度也会影响审计风险。若可信度较低，不仅会增加审计风险，还会影响审计结果。为了有效控制审计风险，审计人员应全程监督大数据审计的预处理流程，并在考虑审计业务自身的重要性之后，结合从第三方机构或专家处获取的评估结果，发现潜在的审计风险，对其进行评估与定性。

（三）制订并完善审计计划

制订大数据审计计划时，必须充分考虑审计的时间和范围，尤其是具体审计工作中数据处理所需的时间与资源。与传统审计工作不同，大数据审计的审计范围更广，其数据主要来源于大数据预处理过程中建立的审计数据库，该数据库包含了内外部财务数据以及与审计相关的其他数据。

（四）设计审计程序

财务共享模式下，大数据审计程序主要包括三个步骤：分析数据，建立中间表，形成审计疑点。

1. 分析数据

审计疑点的形成需要在审计流程中运用数据分析，且审计证据的收集主要基于审计疑点。由此，在数据分析过程中，审计员应注意云平台系统与 ERP 等业务系统之间的联系。此外，云平台系统中的结算管理、凭证制

作、稽核与档案归档等业务流程也应侧重于审计，其主要目的是保证数据分析的有效性。目前有三种主要的数据分析方法：

（1）大数据挖掘技术。审计员运用大数据挖掘算法集中处理各类数据，并发现潜在问题，确定审计疑点。数据挖掘在财务共享模式下的大数据审计中的主要作用是发现财务、非财务数据的问题。此外，该技术还可用于将云平台系统中的财务数据与其他业务系统中的业务数据相连接，构建数据间的关系，形成审计疑点，进而发现问题。

（2）多维分析法。审计员利用审计数据库中的多维数据进行汇总、关联、聚类、分类和分析。与数据挖掘技术不同，多维分析法更容易发现问题，确定审计疑点，通过审计多维数据获取审计证据，并得出审计结论。

（3）SQL 查询。SQL 查询技术也是大数据审计中常用的一种方法。SQL 查询技术利用多表之间的交叉查询与模糊查询以快速发现业务流程中的各种问题，形成审计疑点。

2. 建立中间表

无论使用哪种方法进行数据分析，最终目标都是帮助审计员识别审计过程中的各种问题，确定审计疑点，收集充分的审计证据，得出审计结果并出具审计报告。而中间表恰好是确定审计疑点的中间产物。审计数据的多样性使得数据间的关系错综复杂。因此，审计员在确认审计疑点的过程中应根据需要设置一级或多级中间表，为审计疑点的验证提供参考。

3. 形成审计疑点

审计疑点是将上述数据分析与中间表进行对比后汇总的所有问题。审计员应根据确认的审计疑点，实施进一步的审计程序，以获取充分的审计证据，验证审计疑点是否是因错误或舞弊形成的错报，得出审计结论。验证审计疑点主要是核实每项财务、非财务和业务数据的真实性与完整性。并且在财务共享模式下，审计员只需通过云平台系统或其他业务系统验证外部数据，这能降低审计成本并提高审计效率。

（五）实施审计程序

在大数据审计程序的实施过程中，审计员要对数据的收集、整理与存储进行全面、全方位的监督。审计员还应参考第三方机构或专家对集团财务共享中心的评估报告，利用云平台系统和审计疑点获取充分的审计证据，并进行全面分析。同时，审计员需及时向管理层报告大数据审计流程中发现的各种问题，并审查与评估这些问题。

（六）出具审计报告

在全面分析审计证据时，审计员还应充分考虑审计目标和被审计单位的实际情况。对于审计过程中出现的各种错报，应及时与被审计单位管理层沟通，并在必要时提出有效建议，根据管理层的相关回复或意见出具审计报告。

财务共享对大数据审计的影响及审计模式构建

五、财务共享模式下大数据审计模式的效果评价

平衡计分卡作为绩效评价的重要方法之一，可用于评价财务共享模式下大数据审计的效果。对于企业而言，平衡计分卡分别从财务、客户、内部运营、学习与成长层面对企业绩效进行衡量与评价。那么于审计而言，可以从效果、服务、效率和创新层面设置评价指标，有效评估财务共享模式下大数据审计的效果。

1. 效果层面，即完成审计任务的同时促使预算资金效益最大化。大数据审计模式能够有效运用预算资金，提高企业审计经费预算的执行率和审计的成本比率，且提升审计人员的工作效率。

2. 服务层面，即提升报告质量和增进企业审计的功能。大数据审计模式能够提升审计结果使用效率，加强企业集团内部的信息沟通与交流。

3. 效率层面，即改进内部运营模式和优化审计业务流程。大数据审计模式有助于提升企业审计报告的质量，加强审计档案的利用率，并且缩短审计项目的时间。

4. 创新层面，即创造学习和成长环境进而创新方式方法。大数据审计模式能够提升企业审计培训的吸引力，推动审计人员加强审计学习，从而加强审计的科研能力，推动大数据审计的发展。

六、结论

随着大数据技术深入发展，大数据审计的重要性日益增强，并且越来越多的集团企业开始引入财务共享模式为其生产经营服务。本文将财务共享模式与传统财务模式进行对比后，分析了财务共享模式下大数据审计的相关问题，并构建了大数据审计模式，以期为大数据审计的发展提供参考。

参考文献

[1] YOON K, HOOGDUIN L, ZHANG L. Big Data as Complementary Audit Evidence [J]. Accounting Horizons, 2015（2）：431-438.

[2] CAO M, CHYCHYLA R, STEWART T. Big Data Analytics in Financial Statement Audits [J]. Accounting Horizons, 2015（2）：423-429.

[3] EARLEY C E. Data analytics in auditing: Opportunities and chanllenges [J]. Business Horizons. 2015（5）.

［4］WANG T, CUTHBERTSON R. Eight issues on audit data analytics we would like to see researched ［J］. Information Systems, 2015 (29).

［5］KITCHIN R, MCARDLE G. What Makes Big Data? Exploring the Ontological Characteristics of 26 Data-ets ［J］. Big Data&Society, 2016 (1).

［6］ADRIAN G, MARTINA K L, TERRENCE J. O'NEILL, et al. Big data techniques in auditing research and practice: Current trends and future opportunities ［J］. Journal of Accounting Literature, 2018 (40).

［7］许金叶, 许琳. 大数据审计: 物联网建设的制度保障 ［J］. 会计之友, 2013 (11): 118-121.

［8］秦荣生. 大数据、云计算对审计的影响研究 ［J］. 当代财经, 2014 (1).

［9］郑伟, 张立民, 杨莉. 试析大数据环境下的数据式审计模式 ［J］. 审计研究, 2016 (4): 152.

［10］王崇叶. 基于大数据的传统财务报表持续审计模型重构 ［J］. 财会通讯, 2017 (7): 111-113.

社会治理视角下的
地方政府应急管理能力建设

——以"8·12"天津滨海新区爆炸事故为例

张　涛　张为波①

摘要：本文以"8·12"天津滨海新区爆炸事故为例，通过社会治理理论的视角深入解析了地方政府在处理公共危机事件中的一些不足，并提出了相应的提升对策，以提高地方政府应对公共危机事件的管理能力。

关键词：社会治理　地方政府　应急管理

一、引言

随着我国城市化的发展，多数人口已经在城市当中生活和工作，截至2017年年底，我国城镇化率已经达到 58.5%，城镇人口多达 81 347 万人。城市规模的扩大，人口的聚集，多种工业经济区的集聚，以及社会资本、信息的流动，种种影响社会发展的要素都对城市治理者也即是地方政府的治理能力提出了更高的要求。尤其是城市作为要素集中区，相比农村地区，各种相互关联的要素使得整个城市系统更加庞杂，网络体系更加交织，所蕴含的隐患和缺陷也就更多，其爆发社会风险和公共危机的概率也就更大，地方政府的应急管理能力的提升刻不容缓。因此要将城市的公共安全问题作为应急管理体系中的重中之重，将其作为国家社会治理体系中的一个重要环节。公共危机多发于城市之中，这是由城市的特点所决定的。公共危机是一种特殊的紧急状态，会严重扰乱社会的正常秩序，对公民的生命安全、财产安全以及社会的稳定造成损害，因而必须由城市的管

---

①　作者简介：张涛，西南民族大学管理学院硕士研究生，研究方向为公共政策分析；张为波，教授，西南民族大学管理学院教师。

理者也即是政府采取非常规的管理方案来解决，同时也需要社会各个群体的共同协助。一般来说可以根据公共危机发生的原因来将其划分成几种类型：群体事件类危机、自然灾害类危机、恐怖袭击类危机、事故灾害类危机，其中因为交通事故、生产安全事故等原因引发的事故灾害类危机在城市区域更为多发，其爆发的突然性以及极度不确定性更是会对社会正常秩序造成极大的危害。作为处理社会突发公共危机的第一主体，地方政府的应急管理能力关系到舆情的引导、社会的稳定，直接影响了突发公共危机的后续发展。因而，必须将地方政府应急管理能力建设提上日程，发展出一套针对城市突发公共事件的预防、防治、治理的有效机制。

2015 年 8 月 12 日，位于天津市滨海新区天津港的瑞海国际物流有限公司（以下简称"瑞海公司"）危险品仓库发生特别重大火灾爆炸事故。调查最终裁定此次事件为一起特别重大生产安全责任事故，事件造成 165 人遇难，8 人失踪，798 人受伤住院治疗，304 幢建筑物、12 428 辆商品汽车、7 533 个集装箱受损。截至 2015 年 12 月 10 日，事故造成直接经济损失 68.66 亿元。此次事件的处置正是对天津市各级地方政府的应急管理能力的一次检验，也是对其社会治理成果的一次检验。天津市委市政府在此次事故中应对不可谓不及时，措施不可谓不得当，虽然对此次事故进行了妥善的处置，及时止损，避免了更进一步的伤亡和损失，但显然处理过程中还是暴露出了很多的问题，除了事后对事故中责任方的严厉追责，对事故中地方政府的一些应对措施也应有所反思，并认真总结经验教训，给予后来者更多的参考。所以本文从社会治理的视角出发，以此次事件为例，运用社会治理理论的基本理论框架对地方政府应急管理能力建设给予一定的建议。

二、社会治理与应急管理

古典西方政治学说孕育了近现代的"治理"理念，随后又不断赋予其新的内容，形成了这样一个概念：政府权威的不断弱化和政府集权的不断减弱导致形成了以法律法规为基准的框架，规定了政府的权力范围，从而使得治理主体多元化，治理中心多维化，政府与公共群体、社会组织、公民等多元主体共治的局面形成，以此实现社会多元主体自我管理、共同发展、共同进步的目标。社会治理在西方治理理论中占据重要地位，具体实践也很多，但形成理论的时间却不长，直到 19 世纪 70 年代西方反思传统的思潮兴起，社会治理理论才迅速发展。社会治理理论提出了一系列构想：诸如变革治理理念、创新国家治理模式、重新界定政府权力、政府权力从社会经济领域退出等；政府应该转换身份，成为领航者而非船员，让权力回归社会其他主体；形成多维化多元化的治理格局，鼓励公民参与社会治理等。其突出特点就是主体的多元化、手段的多样化、协作的网络格局、主体的不断互动等。

我国的社会治理是以实现和维护人民群众的权利为核心，着力发挥多元治理主体的作用，针对社会治理中出现的各类问题，依靠科学全面的法律法规体系，应用新技术、新媒体、新方式，采取多种手段消除社会矛盾，保障和维护社会公共安全和正常秩序，推动社会和谐发展的过程[1]。多元主体参与和依法治理是我国社会治理的重点，因而政府要以系统治理为框架，积极鼓励社会各群体和个体参与到社会治理中，从而实现政府治理和社会自我调节、居民自治良性互动；要以依法治理为准则，加强法制保障，更多地运用法治思维和法治办法解决社会矛盾。在这样的情况之下，构成社会治理这一活动的主要参与者其实是一个将政府、社会组织以及其他社会自治力量等凝聚成的力量体系，而在这样的体系之中，政府要扮演好旗手的角色。

应急管理也是社会治理的重要组成部分，而我国应急管理的研究发展可以分成三个阶段：首先是从新中国成立到 2003 年"非典"期间，这一阶段我国的应急管理各自为政，不成体系，主要是以灾害的种类来设定具体的职能部门，各部门自我管理，互不统属，也就没有协调合作；第二阶段为"非典"期间至今，在抗击"非典"过程中有关部门总结了经验教训，形成了"一案三制"，强调建立临时指挥中心统筹多部门协调合作；而目前第三代应急管理体系正在讨论和构建之中，以便更有效更快速地应对各种突发事件，保障公共安全，维护社会秩序[2]。在这一过程中众多学者和政府相关部门提出了将社会治理理论引入到应急管理体系的建设中去，以改变其低效、缺乏监督、相互掣肘的局面，比如引入多元主体治理，不用过分强调政府的主导地位，而应发挥其统筹全体、引导"掌舵"的作用，从而形成社会多方群体共同处理公共突发事件的局面；改变之前处理公共突发事件时只注重经验而忽略规章制度、注重个案处置而忽略法律通用性的缺点，强调法律体系的构建，依法处置；改变之前只重视一线应急处置现场，忽略社会网络媒体舆情的引导的做法，而是重视网络舆情的发展，积极引导其向正方向转变，抓住主动权，营造公开透明的舆情环境，严格控制网络谣言的传播。

三、"8·12"天津滨海新区爆炸事故中地方政府暴露的问题

2015 年 8 月 12 日 23：30 左右，位于天津市滨海新区的瑞海公司危险品仓库发生火灾爆炸事故，造成重大人员伤亡和财产损失。在此次事故中，天津市各级政府的应急管理能力经受了巨大的考验，但其中暴露出的

一些问题也在网络上造成了不好的影响，损害了政府形象，本文运用治理理论的基本框架深入分析了其中存在的主要问题。

（一）错误思维意识导致的治理失灵

至抗击"非典"以来，我国虽然形成了较为基础的公共危机处理体系，各级政府也建立了相应的紧急预案，但是政府官员安全防范意识的淡薄使得这些预设的方案形同虚设。"8·12"天津滨海新区爆炸事故的发生，主要原因是瑞海公司无视安全生产主体责任，违规建设危险品仓库，危险品储存违规操作，安全隐患长期存在，但也与地方政府有关部门有法不依、违规批准许可证、对日常生产安全监管履职不到位有很大关系，甚至有部分工作人员贪赃枉法，助长了瑞海公司的违法行为，为这次爆炸事故埋下了极大的隐患。

从事后回顾的时间轴来看，主要责任方瑞海公司的经营许可资质存在很大的问题。从 2013 年 5 月开始从事危险货物作业到事发，该公司多次未申请延期，在无许可证、无批复的情况下继续从事危险货物经营业务，但当地相关部门不仅未责令该公司停止违规行为，反而继续为其颁发许可证，并不断扩大其许可资质范围，不仅未起到监督的义务，反而助长了其嚣张气焰，天津市地方政府主要官员的危机管理意识可见一斑。不仅在资质审批方面，在日常生产安全责任教育方面，天津市地方政府也表现得不尽如人意。在天津港 "8·12" 爆炸事故追责阶段国家安监总局发布的《天津港 "8·12" 瑞海公司危险品仓库特别重大火灾爆炸事故调查报告》中查明瑞海公司存在的诸多问题中有如下两点值得关注：安全生产教育培训严重缺失；未按规定制定应急预案并组织演练[3]。由此可见天津市地方政府对涉事企业的生产安全意识教育、生产安全监督不到位。

另外，由于风险的不可预知性以及治理的复杂性，不少官员因为意识不到应急管理建设的重要性而不愿意花费时间、资源和精力去做"赔本买卖"，尤其是在如今的考核体系下，这种长线的、见不到具体效益的工程更没有官员愿意去做。于是很多地方的应急管理体系建设只是做了一些表面上的工程或者干脆只是做一些非常规的演练后就束之高阁。因而当公共危机事件爆发之时，政府虽反应迅速，但处置中存在很多不恰当的地方。

（二）法治观念薄弱

从天津滨海新区爆炸事故的后续处置中可以发现，天津市地方政府的种种举措多是针对此次事件而发布的具体政策安排，而不是根据已有的法律条款去进行相应的布置，因而其整个处理方案只具有个案性，没有推广价值。不论是对涉及的住户房屋受损补偿、对牺牲的消防战士的抚恤安排，还是对相关部门的追责，都是针对事件本身来进行处置。这就说明天津市地方政府并没有真正贯彻依法治国、建设法治政府的要求。当然这不是个例，我国在对公共危机事件进行处置时，习惯于特事特办、治标不治本，但这也与我国的应急管理体制的相关法律体系建设不完善有关。并且其中暴露出的地方政府法治观念淡薄的问题也要引起重视。

（三）不注重网络舆情的正确引导

"8·12"天津滨海新区爆炸事故发生后，天津市政府在网络舆情处理方面存在很大的问题，不仅信息披露不及时，存在滞后性，还在对事件了解不充分的情况下多次召开新闻发布会，却没有对公众关心的问题做出任何满意答复，起到了反作用，助长了网络上谣言的传播。在社会治理和应急管理的过程中，政府应当妥善运用网络媒体向公众发布真实信息，缓解公众的焦虑心情，同时遏制谣言的传播，防止事态扩大。据相关数据统计，在"8·12"滨海新区爆炸事故的事中和事后，有两种谣言传播最广：一种是对事故中伤亡人数毫无根据地夸大，发布危言耸听的言论，如"伤亡上千人""附近小区居民楼中无一生还""天津所有医院爆满"等，导致网络上公众的恐慌情绪蔓延，严重影响了政府的公信力；另一种是制造自己是事故中受害者亲属的谣言，通过各种虚假的描述，引起公众的恻隐心理，利用他人的善意来骗取钱财。

谣言自古有之，只有当社会公众拥有足够的知情权、充分了解到事件的真相时，谣言才会不攻自破。在社会治理和应急管理过程中，政府要做的就是将大量真实的信息数据及时有效地公布给公众，让公众对事件本身有正确的认识，这样才能使得谣言无法传播。地方政府要建立切实可靠的紧急预案，在公共危机事件发生的有效时间内调查事件的真相，通过行之有效的信息发布渠道将事件始末公之于众。

四、提升地方政府应急管理能力的对策

地方政府应急管理能力的提升要从多个方面、多个环节入手，必须在观念上更新、在能力上提升、在举措上创新，从而提高应急管理整体水平，开创新的局面。

（一）价值理念的重塑

如今的社会治理和应急管理都体现着社会化、民主化的价值追求，治理理论也应注重治理主体的多元化，应充分利用各方力量建立独立的联合治理体系。地方政府在面对公共危机事件时可以充分发挥社会组织的力量，同时在预防公共危机方面也可以借助社会力量对政府进行监督。这就要求地方政府必须转变价值观念，对自身进行改革，将社会上的其他治理主体放在与政府同样的位置上。在合作治理理念被基本接受之后，地方政府对社会力量参与公共危机治理会有更强的维持与协调能力。同时还要重

塑政府的绩效评价体系，特别是政府应急管理效果评估体系和官员政绩评价体系，使用更好的方法，运用多种形式对政府官员在应急管理、风险防范、危机处置过程中的作为开展评估和评价。

（二）提高法治化水平

一个法治国家其政府部门必定要依法行政，应当做到在非常规的紧急状况下也能在法律的框架下进行活动，做到有法可依、有法必依、违法必究，这是依法行政、依法治国的重要标志和必然要求。我国现在多使用行政手段对公共危机事件进行处置，虽然反应迅速，也取得了一定的效果，但也暴露了很多的问题，面对很多情况没有预案，使得事件处理结果不如人意。所以必须建立完善的应急管理法律法规体系，以便对公共危机事件能够有法可依，迅速应对，妥善治理。

（三）主动掌握舆情引导权

在应急管理中，地方政府需要正确处理网络舆情，对其进行积极引导，避免谣言漫天飞从而对政府的公信力造成损害。在"8·12"天津滨海新区爆炸事故中，面对网络世界的造谣传谣，国家网信办严肃查处，仅8月13日—15日就关闭了360多个违法制造传播谣言的微博、微信账号和车夫网、新鲜军事网等门户网站。政府主动公开信息，配合社会多元主体的监督，自然就会将谣言一一击破，这既是对政府自身的要求，也是对公众负责的表现，更是实现良好社会治理的期许[4]。对网络舆情的引导是社会治理的重要方面，地方政府要充分发挥社会多元治理主体的作用，将政府相关部门、社会群体和社会各界力量统合起来，营造一个可以充分表达意见、提出相关诉求的平台，利用网络信息可以快速传递的特点，使得社会各方力量有效沟通，共同努力将社会安全隐患消除在萌芽阶段。

参考文献

［1］姜晓萍. 国家治理现代化进程中的社会治理体制创新［J］. 中国行政管理，2014（2）：24-28.

［2］钟开斌. 中国应急管理的演进与转换：从体系建构到能力提升［J］. 理论探讨，2014（2）：17-21.

［3］国家安全生产监督管理总局. 天津港"8·12"瑞海公司危险品仓库特别重大火灾爆炸事故调查报告［EB/OL］.（2016-08-12）. http://www.chinasafety.gov.cn/new-page/newfiles/201600812baogao.pdf.

［4］匡文波，郭育丰. 社会治理视域下网络谣言消解模式探析［J］. 西北大学学报，2013（5）：134-137.

大数据在高校学生管理中的应用探讨

张瑶瑶　刘秀兰①

摘要：大数据已经渗透到人们生活的方方面面，与学生管理工作也密不可分。大数据时代的到来，打破了传统的被动式管理、群体式管理和粗放式管理模式，使学生管理工作达到了一个新的高度，更加关注学生的发展和身心健康。本文分析了传统的学生管理模式存在的弊端，以及大数据管理学生工作的优势，探讨了学生管理工作中应用大数据技术遇到的问题，针对管理人员能力不足、信息资源难以系统化以及对大数据技术的挖掘不够充分等问题，相应地提出了培养高素质人才、建立资源共享平台以及加强与各外部单位的合作等解决对策。

关键词：大数据　高校学生管理　学生管理模式　大数据信息化管理

随着我国经济社会的不断发展，社会对高层次人才需求的不断增加，高校招生规模不断扩大。1998 年，我国有普通高等学校 1 022 所，在学的本专科及研究生为 360.758 5 万人②。到 2018 年 4 月，中国大学生在校人数达到 3 700 万，居全世界第一。全国各类高校 2 852 所，位居世界第二③。如此大规模的高校学生群体，对学生管理工作提出了空前的挑战，传统的学生管理模式已经很难适应当今高校发展的需要，大数据在高校学生管理工作中应运而生。当前虽然各个高校都一定程度地利用了大数据，但是使用程度不同，并且很多学校对大数据复制粘贴式的应用并没有与自身的情况充分结合，这就导致大部分学校在应用大数据管理学生上遇到了很多问题。因此，分析传统的学生管理工作存在的问题以及普及大数据的必要性，探讨大数据应用过程中遇到的难题及其解决办法具有现实意义。

---

① 作者简介：张瑶瑶，西南民族大学管理学院在读硕士研究生，研究方向为财务与会计；刘秀兰，教授，西南民族大学管理学院教师，研究方向为财务会计理论与实务。

② 教育部.1998 年全国教育事业发展统计公报［EB/OL］.http://www.moe.gov.cn/s78/A03/ghs_left/s182/moe_633/tnull_842.html.

③ 芒果教育网.2018 年在校大学生人数调查报告［EB/OL］.（2018-09-25）.http://www.a615.com/DiaoChaBaoGao/560612.html.

一、传统的学生管理模式及其弊端

（一）被动式管理

由于缺乏有效的途径收集整理与学生个人有关的信息，加之个体的差异，每个学生的性格、爱好、优势等各不相同，加大了信息搜集的难度。老师们收到的信息往往具有滞后性，只能在事情发生以后，采取补救办法，把损失降到最低。但是这种"亡羊补牢"式的管理并不能及时地解决问题，给学生带来伤害的同时也让老师疲于应对，不仅不能让学生满意，也难以得到学校的认可。

（二）群体式管理

传统的学生管理一般都是以班级为单位进行学习和组织各种活动，学校再给每个班级分配一位班主任或者辅导员。不管是班级组织活动，还是班主任对班级进行管理都无法顾及每一个人，只能满足大部分人的需求，而少数人的需求只能被忽视。在这个信息化的时代，每个人的世界观、价值观、人生观都各不相同，群体式管理往往会带来很多问题。

（三）粗放式管理

传统的学生管理注重的是学生的学习成绩和人身安全。但是在这个多元化的社会，学生的兴趣爱好广泛，读书不再是唯一的出路，学习成绩也不再是衡量一个人成功与否的唯一标准。当今学生的课外生活多姿多彩，学生思想活跃、个人意识强烈，学生的心理健康也变得尤为重要，粗放式管理已经远远不能满足学生的需求。

传统的学生管理已经被这个社会所淘汰，大数据时代的到来给学校的学生管理工作带来了机遇，也带来了挑战[1]。

二、大数据给高校学生管理工作带来的创新

大数据，也称为巨量资料，指的是需要新处理模式才能体现其决策支持力和流程优化能力的海量、高增长率和多样化的信息资产[2]。在维克托·迈尔-舍恩伯格及肯尼斯·库克耶编写的《大数据时代》中，大数据指不用随机分析法这样的捷径分析的数据，而可对所有数据进行分析处理[3]。除了这两种看法之外，对于大数据的定义众说纷纭，主要是因为大数据所涉及的内容太"大"，本文所说的大数据也属于广义的大数据，包括了能被细化为一组组数据的全部事物[4]。

大数据给高校的学生管理工作带来了很多的便利，不仅大大提高了管理效率，而且有益于学生的身心健康和个性化发展。

（一）打破传统的教学管理模式

老师在课堂上教授的知识对学生来说是至关重要的，但是并不是所有学生都能按时到校上课，逃课的现象时有发生，为了避免这种情况，学校有关部门也采取了相应的措施。以前通常是通过老师口头点名的方式来防止学生逃课，但是对于人数太多的班级来说，点名费时又费力。随着大数据时代的到来，学校可以收集学生的有关信息并录入系统，传统的点名机制开始改变，采用一卡通打卡大大提高了效率。但是也会出现代替打卡的现象，针对这一现象，很多高校使用了指纹打卡或者面部识别打卡。假设在每次上课后老师都要利用上课时间来进行口头点名，基本上每一分钟能点 12 个人，一个班按 60 人算，要花 5 分钟。但是如果用指纹打卡点名，学生在课前进教室时用指纹打卡，老师只需要半分钟在手机终端或者打卡器屏幕查看未到学生即可，大大提高了效率。虽然这一做法还未普及，但是在大数据时代这是难以阻挡的发展趋势。除了节约老师点名的时间以外，利用大数据平台，将老师上课的课件保存在数据库里面，可以避免出现老师因为忘记带课件影响正常的教学进度的情况。当然，现在教学的方方面面都已经离不开大数据，大数据与我们的生活和学习息息相关。

（二）优化奖惩制度

对学生进行奖惩是学生管理工作不可或缺的组成部分。学校可以在评选各类奖学金、三好学生、优秀学生等奖项时，通过大数据平台，进行多元化、全方位的评价，建立更加科学的奖惩制度[5]。大数据时代的到来，让所有社会科学领域能够借由先进的科学技术把焦点从宏观群体转移到微观个体，让跟踪、记录、处理和分析每一个人的数据成为可能，对学生的评价也更加客观[6]。老师利用大数据平台收集学生的学习情况、参与社团活动的情况以及参加各类比赛的情况等，将收集的信息转化为数据，有助于随时了解学生的情况，比如学生的学习情况、实践能力、人际关系等。老师通过对有关数据进行分析整合，不仅可以看到学生的外在，还可以看到学生的内在，给予学生奖励以及实施惩罚更加公正和客观，也更有利于培养多元化的人才。

（三）提高学校各辅助部门的效率

提高效率是大数据最大的优势所在，学校很多辅助部门的效率都比较低下，亟待通过大数据来提高效率，减少人力财力的浪费。就食堂来说，每当学生下课去食堂吃饭，总是要排很长的队，本来中午休息的时间就有限，还要花大量的时间在排队上。有时候学生中午没有时间休息，导致下午精神不好，上课也不能集中注意力听讲。人工刷卡是导致效率低下的原因之一，利用大数据技术，将人工刷卡替换成计算机自动计费将大大提高效率。学生只需将所选好的食物放在餐盘内，将餐盘放在自动计费器上便会自动计算出所需的餐费，直接刷卡即可，这样做大大节省了人工刷卡所需的时间，也就为学生节省了排队的时间。在以前，每1分钟食堂阿姨大约只能给5个人计费刷卡，而在自动计费器上每1分钟至少可以给10名学生刷卡计费。大数据的应用当然不局限于此，只要尽可能地挖掘，大数据给生活和学习带来的便利将超乎我们的想象。

（四）促进学生的心理健康

由于传统的学生管理大多都是群体管理，老师的时间、精力有限，无法顾及每一位同学，能确保同学们的人身安全已经很不容易，所以忽视学生心理健康的情况在所难免。但是在当今社会，学习压力、社交压力、社会环境以及家庭环境等都容易导致学生心态失衡、精神萎靡不振，因此心理健康与身体健康同等重要[7]。学生的心理健康不应该是补救式的，而应该是预防式的，特别对于文化程度高的大学生来说，心理不健康往往比身体不健康的危害更大。高校的管理者可以通过大数据实时监测学生的心理状态，利用大数据平台构建健全的心理救助网络，为可能发生的紧急情况提供预案。通过监测学生的心理状态，及时发现心理有问题的同学并予以纠正，从而达到促进学生心理健康的目标。

大数据时代的到来，将被动式管理转变成主动式管理、群体管理转变成个体管理、粗放式管理转变成精细化管理，给学生管理工作带来了很多便利之处。

三、高校学生管理工作中大数据应用面临的挑战及应对策略

（一）挑战

1. 学生管理工作者自身问题

（1）经验主义和惯性思维的影响。传统的学生管理工作很多时候依靠的都是经验主义和惯性思维，借鉴别人的经验和总结别人的教训确实是达成目标的一条捷径，但是时代变迁的步伐如此之快，大数据时代的到来，给高校管理者的创新能力提出了前所未有的挑战[8]。在这个信息化的时代，高校的管理者仍处于被动接受的阶段，高校学生管理工作者的信息化意识还比较薄弱，经验主义的桎梏和惯性思维阻碍了高校管理者的创新能力和接受新事物能力的提高。

（2）缺乏数据分析和整合能力。目前我国高校的大部分管理人员都并不是信息专业的，因此对于辨别信息的真伪、高效高质量地收集信息并加以整合、对所收集的数据进行有效分析等能力都是非常欠缺的，但是这些能力对于高校的学生管理工作者却是至关重要的。在这个信息爆炸的时代，收集信息的难度开始下降，但是对于所收集信息的真伪进行辨别的难

度却增大了。收集信息是大数据分析的第一步，如果收集的信息是伪信息，那么接下来的数据分析和整合也将变得毫无意义。只有确保收集的信息的质量以后，再利用大数据系统对信息进行处理，才能更高效地完成帮助学生在各方面有所提高的目标。管理人员若是缺乏数据分析和整合能力，是难以实现这些目标的。

2. 大数据平台的构建尚未完善

（1）数据资源独立存在。虽然大数据时代早已到来，但是我国各高校的数据化进程仍在起步阶段，大数据系统的设计系统化程度还比较低，各个子系统的联系并不紧密[9]。高校一般都是引进第三方学生管理系统来进行日常的管理活动，比如教务系统、学籍管理系统以及一卡通系统等。这些系统都有一定的针对性，有特定的功能而且各个系统都是独立的，无法实现信息的交流和融合。数据资源独立存在，阻碍了各高校数字化进程。

（2）数据保密性差。学校收集的学生个人信息包含了很多私密的信息，但是学校对于所收集的信息的安全重视程度还不够，保密工作做得并不好。两年前就曾出现过某高校的信息泄露，不法分子联系了很多学生的家长说自己的小孩被绑架了，并且电话中还有自己小孩的哭声，导致了部分家长上当受骗，损失了不少财物。这起案例说明，正是学校的信息系统的设计还不够严谨才让不法分子有了可乘之机，盗取了学生的个人信息。

（3）未能充分利用大数据的优势。虽然各个高校都体验到了大数据带来的便利与快捷，但是对数据的应用还只是初级阶段，对大数据功能的挖掘是远远不够的，挖掘信息的手段也比较落后，对于大数据能带来的好处利用不充分。大数据能带来的好处不仅仅局限于此，还需各高校进一步探索，加快数字化进程。

（二）应对策略

1. 培养高素质的数据分析人才

针对学生管理工作者的经验主义和惯性思维，高校应该定期组织学生管理工作者前往国外以及其他高校培训学习，让其看到大数据带来的好处，让他们打破传统的封闭意识，进而改变经验主义而接受大数据这一高效处理平台。信息时代的进一步发展是不可逆转的潮流，因此在未来的几年，高素质的数据分析人才将会供不应求。针对管理人员能力不足这一点，高校应通过对原有的管理人员进行培训，使他们逐渐掌握数据分析能力，同时也可以从外部引进大数据人才。由于信息化时代发展迅速，高校还应督促这些管理人员与时俱进，不断学习大数据相关的知识。

2. 建立大数据资源共享平台，实现信息共享

目前，很多高校由于各方面原因，其大数据平台建设还处于初始阶段，这就导致即使高校内部有优秀的大数据人才也无用武之地。针对这一

类现象，高校迫在眉睫的事情就是尽快建立大数据共享平台，将高校的教务系统、财务系统、学工系统、图书馆系统以及一卡通系统等一系列学生管理系统的信息利用大数据平台加以整合，实现各个系统之间的信息共享，消灭"信息孤岛"，同时利用大数据平台使信息得以加密保存处理，避免学生信息泄露。

3. 校校—校企合作，加大研发投入

所谓校校合作，就是当前许多高校都处于强烈的竞争之中，虽然在某些方面有所发展，但是却没有达到最佳效果，试想如果高校与高校联合起来共同发展，共享资源，就能使资源得到最大程度的利用，给学生提供更多的机会，促进教学改革，使高校的发展更加快速。所谓校企合作，就是指高校不仅给学生提供学习理论知识的机会，而且通过与企业合作，共享非保密信息，使高校能给学生提供更多的实践机会，企业也能通过高校提供的信息选拔自己想要的人才。这样无形中形成了一种良性循环，不仅提高了教学质量，也使学生掌握了与企业项目相关的技术，同时企业也无须再花费过多的人力、财力和时间让毕业生学习相关的知识与基本技能。

四、结论

大学生作为社会主义事业的接班人，对我国的发展起着至关重要的作用，高校作为培养人才的地方，其学生管理工作的重要性不容小觑。大数据时代的到来，给高校学生管理工作的转型带来了机遇，使其从传统的束缚中脱离出来，打造新型的学生管理模式。高校的数字化进程难以避免地会遇到各种挑战、各种难题，这对高校的学生管理工作者提出了新的要求，要求其必须提升素质来应对各种挑战，设计更加合理的数字化系统，跟随时代的步伐，加快高校的数字化进程。通过新的学生管理模式来提高学生的综合素质，促进学生的全面发展，以此形成良性循环，以更好地利用大数据平台。

参考文献

[1] 舍恩伯格，库克耶. 大数据时代：生活、工作与思维的大变革 [M]. 盛杨燕，周涛，译. 杭州：浙江人民出版社，2013.

[2] 钟丹. 大数据在蓝图工作中的初步应用 [J]. 兰台世界，2015（3）：45-46.

[3] 万锐. 大数据时代高校学生管理工作信息化建设现状分析 [J]. 领导科学论坛，2018（7）：64-65.

[4] 朱建平，章贵军，刘晓葳. 大数据时代下数据分析理念的辨析 [J]. 统计研究，2014，31（2）：10-19.

［5］孙建军. 大数据时代的机遇与变革［N］. 光明日报，2014-07-29.

［6］沙苗苗，黄柱刚."互联网+"时代下高职辅导员工作创新思考［J］. 湖北函授大学学报，2017，30（3）：31-32.

［7］万辉. 大数据在高校学生管理工作中的应用［J］. 高校辅导员学刊，2014，6（4）：48-51.

［8］丁文刚，朱阳瑾."大数据时代"背景下高职院校学生管理的思考［J］. 当代教育实践与教学研究，2016（1）：135-136.

［9］单耀军. 大数据背景下高校学生管理信息化研究［J］. 教育与职业，2014（23）：27-29.

治理体系和治理能力现代化背景下
基层领导干部治理效能提升路径研究[①]

赵冉冉　　戚兴宇[②]

摘要：作为治理体系的神经末梢，基层领导干部是基层治理进程中最直接的实践者，其治理效能的提升是推进国家治理体系和治理能力现代化建设的关键环节。以权变理论的系统性、多维性、动态性特征为基础，基层领导干部在治理过程中受到领导自身素质、人际关系、治理事件及体制环境四个方面影响，因此基层领导干部应从全面提升自身素养、建立良好的人际关系、精准化治理事件以及综合考虑治理环境方面来提升自身治理效能。

关键词：基层领导干部　治理效能　权变理论　治理能力现代化

新时代背景下，我国将推进国家治理体系和治理能力现代化作为新一阶段战略目标，并强调要将中国特色社会主义制度优势转化为稳定的治理效能[1]。其中，治理效能起源于治理体系基层构建，同时也是衡量治理能力的关键性指标。随着信息技术与城市化浪潮的冲击，我国基层治理结构受到了经济、文化、社会等各方面的严峻挑战，基层领导干部作为国家治理体系中基层治理结构的关键部分，范围广、任务重、事务繁杂成为基层治理工作的普遍特征，而这些特征也势必影响基层领导干部治理效能的提升。

---

　　① 本文为西南民族大学教育教学研究与改革项目（2014 青年项目）："民族高校公共管理专业教学实践基地建设的探索与创新"课题研究成果。

　　② 作者简介：赵冉冉，西南民族大学管理学院行政管理专业研究生，研究方向为公共政策分析；戚兴宇，博士，副教授，西南民族大学管理学院硕士生导师，研究方向为公共政策分析。

一、基层领导干部治理效能

"效能"被定义为在一定条件下该事物起的作用[2]。有学者将"效能"与"作用"联系起来,强调效能所蕴含的效益性。从治理效能与目标的关系出发,我国学者黄博、诚然等人认为治理效能是我国行政工作人员的治理行为达到预期目标的程度及其产生治理效益的综合表现,并重点关注治理质量层面[3][4]。

基于上述文献资料,基层领导干部治理效能是指我国县级以下的行政领导干部治理行为达成预期治理目标的实现程度。其中,该治理效能包含基层领导干部的政策执行、工作效率、人际关系、民众信任度等。在基层治理活动中,要将治理质量作为关键指标,综合考量并提升基层领导干部的治理效能,对基层治理的现代化建设具有重要的价值意义。

二、权变理论及其在管理实践中的解读

"权变"被定义为"随机应变",作为一种思想,在中国古代有着丰富的管理实践。孟子的"执中无权,犹执一也。"[5]其认为执着于僵化的教条而不知变通是错误的。同时,权变思想还运用在古代帝王治国理政中,指导着管理者进行实践活动。如汉高祖刘邦在汉初审时度势,采用文武双治、柔刚结合的方式治理国家,取得稳定的治国效果[6]。而西方的权变理论以系统论、X理论、Y理论为理论来源,从企业管理的研究视角出发,试图运用"随机应变"的思维对管理过程中组织结构的权变、人性的权变、领导的权变进行探讨[7]。

权变的内涵是"权宜应变"。从中国古代传统文化中权变思想的诞生、形成和实际应用,再到西方各国学者将"权变理论"作为研究重点对其进行系统化的探讨,最终形成了权变理论体系。结合权变理论的发展进程以及管理实践来看,权变理论的特征包括统一整体的系统性、影响因素的多维性、管理方式的动态性。

三、基层领导干部治理权变特征及模型分析

在国家治理结构和治理体系中,基层治理涉及的范围最广,包含的行政工作人员数量最多,具有基础性地位和功能[8]。而基层领导干部是基层

治理的领导者和实施者，其治理效能会直接影响整个治理体系的运行[9]。国家统计局数据显示，截至 2019 年年底，我国总人口为 140 005 万人，其中城镇人口 84 843 万人，约占总人口的 60.6%，农村人口为 55 162 万人，约占比总人口的 39.4%[10]。数据的对比显示，我国农村人口与城镇人口占比相差不大，而基层领导干部的工作范围不均，一部分集中服务城镇人口，还有较多领导干部主要工作在我国的乡村地区，并且有一部分基层领导干部集中在我国脱贫的连片区域。虽同属于基层治理，但因为基层领导干部工作的地点、对象、范围、周边环境不同，其采取的治理方式和治理行为也存在一定的差别，这就决定了基层领导干部的治理必须遵循权变性原理，即有效的基层治理应是权变的治理。

（一）基层领导干部治理权变特征分析

根据上述总结的权变理论特征，可将基层领导干部治理的权变特征分为系统性、多维性、动态性三点。

1. 系统性

基层领导干部治理是一个内外部相互联系的基层组织系统，不同工作区域的组织为整个组织的子系统，整个系统都在为国家治理服务。在这个系统中，基层治理靠基层领导干部去执行，基层治理结构的存在给予了基层领导干部工作的机会、目标和方向，两者紧密联系，互为依托。

2. 多维性

在基层领导干部治理的过程中，引发事件的因素具有多维性，内部因素、环境因素、利益相关者、纠纷起源都与事件相关，不仅如此，治理行为的选择也具有多维性，不同治理行为所产生的治理效果也不同。

3. 动态性

在高频率、宽范围的基层治理进程中，治理方式和方法也具有动态变化性。基层领导干部在治理过程中，对同一件事件的处理方式不是一成不变的，而是随着周围环境、治理对象的改变不断变化的。贫困问题一直是党和政府在治国理政时极为重视的问题，基层领导干部对贫困问题更为集中关注。从扶贫攻坚以来，治理目标便是"摆脱贫困"，随着时间和环境的变化，扶贫的方式从"物质补贴"到"产业、技术、教育扶贫"，治理方式和方法都在发生动态变化。

（二）基层领导干部治理权变模型分析

基于对权变理论的发展脉络分析以及基层领导干部治理权变特征的论证，本文通过查阅文献资料得出基层领导干部治理权变模型，见图 1。

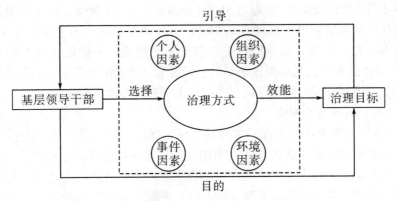

图1　基层领导干部治理权变模型

如图1所示，基层领导干部治理过程具有循环周期性，简要表示为从基层领导干部选择治理方式来达成治理目标，然后循环再一次开始。其中，基层领导干部与治理目标的关系是互相指导与推进的关系，互相依赖，相辅相成。治理方式作为治理过程重要的一环，受领导者个人因素、组织因素、事件因素和环境因素影响，治理方式的选择和治理行为的执行都与这四个权变因素相关，从而产生的治理效能也与其四种权变因素具有相关性。因此，充分考虑权变因素，找出更合适的治理方式是基层领导干部治理效能提升的主要关注点。

四、影响基层领导干部治理效能因素分析

治理体系和治理能力现代化背景下，我国的治理方式已经从传统的单一化治理向多元主体共治方向转变[11]。但是，近些年来，我国基层领导干部面临的群体性突发事件日益增多，基层治理难度逐渐增大，不仅如此，随着信息技术的发展，基层领导干部在网络舆情治理过程中遭受群众举报、声誉受损等事件也屡次出现，这些都在影响着基层领导干部治理效能，也严重拖慢了治理的进程。结合基层领导干部治理权变模型，影响基层领导干部治理效能的权变因素包括以下方面：

（一）领导素质因素

基层领导干部处于治理体系的末端，职位较低，随着我国经济水平的不断提升，基层领导干部的思想道德品质决定了其工作过程中的价值取向。其自身素质将直接影响其工作效率和质量，进而影响其治理效能。胡月星等学者在对北京市朝阳区基层领导干部的压力状况进行调查时发现，基层领导干部工作压力大已经成为基层治理进程中的常态。在调查中，除去认为较小压力的领导干部，其中认为"压力较大、有些超负荷"的基层

领导干部占 22.22%，"压力过大、身心俱累"占 16.96%，而认为很轻松没有压力的基层领导干部仅占 2.92%，而且调查显示压力主要源于工作、领导和社会，甚至一部分领导干部丧失工作激情，工作积极性大幅度降低[12]。由此看来，基层领导干部的心理素质与其工作积极性、工作热情密切相关，因此治理效能也受到基层领导干部自身心理素质的影响。

（二）人际关系因素

"人"是复杂的，人性是多变的。权变理论中部分学者对"人性"进行深刻的探讨，他们认为"人"不能仅仅从性善论或性恶论来讨论，而是将"人"看作一个复杂的多变体。治理实际上就是对人与人之间的关系的处理。治理事件的最终目的都是让人过上更加美好并舒适的生活。基层治理具有广泛性、交互性，因此，人际关系对于基层领导干部是极其重要的，而且人际关系处理的好坏也影响着基层领导干部的治理效能高低。

组织系统是一张错综复杂的关系网络，每一个基层领导干部都拥有自己所属的组织关系，并与其他人具有一定的联系点。组织治理环境下，基层领导干部在进行治理时会面对上级、下属及治理对象三个群体。其中，上级对下级的奖惩的频率和力度都会影响该干部的工作积极性。下属是从属者，上级监督下属工作是职责所在，上下级关系与工作增益关联度较强。与此同时，基层领导干部与治理对象两者间关联性较强。治理对象是基层领导干部在某一段工作时间内特定的工作对象，与治理对象的关系与其治理工作目标的完成息息相关。具有良好群众人际关系的领导干部能掌握治理过程中的主动权，有利于治理目标的高效实现。

（三）治理事件因素

基层领导干部在基层治理工作中扮演的角色是选择治理方式来解决治理事件产生的问题的决策者和监督者。治理事件本身存在的不确定性、多重利益相关性等因素势必会影响基层领导干部的治理效能。如乡村环境治理问题，治理目标均为"消除污染源"，但由于所处位置、村民的文化水平、环境污染源、经济来源等不同，基层领导干部在该治理问题上所采取的方案、治理办法，投入的时间、人力、物力均不同，事后防范和监控也存在一定的差别。在公共治理事件中，网络舆情事件的治理时间较长，产生效果较慢，但其本身具备的突发并且极速扩散性是基层领导干部面临的重要挑战。因此，治理事件因素与基层治理工作的复杂程度关联度较大。

（四）体制环境因素

体制环境因素是权变理论思想的核心，同时也是基层领导干部治理过程中的关键影响因素。随着经济水平的提升和信息技术的飞速发展，中国特色社会主义进入新时代，目前人民追求的不再是物质生活的丰富性，而是精神生活的丰富性。在现代化建设进程中的政策规定和环境变化都影响着基层领导干部的治理方式的选择和治理效能的提升。与此同时，我国法律重点关注公务员的精神层面，也将对国家公职人员进行全面的素质评价和问责监督，促使治理工作的顺利实施。在动态变化的体制环境下，基层领导干部的治理目标、治理范围、安全保障都依赖于外部环境，而体制环境也逐步影响着基层领导干部的治理效能。

五、提升基层领导干部治理效能的路径

（一）全面提升素质修养，丰富领导艺术

基层领导干部工作积极性是基层领导干部治理效能长久提升的内在动力。基层领导干部应全面提升自身的素质修养，以良好的品德为行事基础，时刻秉持"做官先做人"的原则。在此基础上，作为基层治理的先驱者，基层领导干部必须对基本的道德规范和公共秩序具有基本的敬畏之心，获取明辨是非曲直的能力，保障治理工作的高效率进行。基层领导干部应具有自我控制力，时刻认清自己的工作目标，全心全意工作，抵制诱惑，不行贪污腐败之事。不仅如此，基层领导干部还应塑造优良的心理素质。面对日常繁杂的工作，处理好工作产生的压力和不良情绪，坚定自身的工作信仰，并且在日常工作中找到合适的方式舒减心理压力。

高度匹配性的领导艺术是基层领导干部提升治理效能的关键点。领导艺术是基层领导干部提高工作效率而使用的创造性方式，和权变理论的核心思想一样，领导艺术在治理过程中会发生动态的变化，较好的领导艺术的使用会较快提升治理效能。在基层治理过程中，面对不同区域的不同问题，基层领导干部应从治理群体的公众诉求中优化并改变领导艺术的使用。"强制性"和"劝导性"的领导艺术适用于不同的治理问题，因此，基层领导干部应因地制宜地丰富领导艺术，优化治理方式，保障自身治理效能。

（二）开辟多元沟通渠道，促进人际关系和谐

"多方主体利益的兼顾"是治理和管理的本质区别。基层领导干部应兼顾多方治理主体利益，开辟多元沟通渠道，聚焦民众意愿与诉求，鼓励人民参与到治理中来，通过对治理群体的充分了解，建立良好的群众关系，以一种服务者的姿态，将治理群体的实际诉求作为治理决策的主要参考来源。

作为行政组织关系网络中的重要联结点，基层领导干部应处理好与上下级、治理对象之间的关系，让自身具备基层领导干部的人际关系平衡能力。与此同时，平衡利益关系是基层领导干部应考虑的关键因素。在发生利益冲突时，基层领导干部应做到公平公正，不可偏倚。不仅如此，基层

领导干部还应与同事保持良好的沟通交流，组织内应认真开展双向批评和监督，秉持与人为善原则，积极营造以"和"为中心的交往环境。

（三）精准化治理事件，建立长效应对机制

随着我国信息技术水平的不断提升，大数据所具有的数据挖掘、数据分析特征为我国基层治理提供了技术保障。在基层治理变革中，基层领导干部应顺应时代变化，将粗放型治理转变为精准化治理，借助大数据中的数据收集、挖掘和分析技术，从复杂的治理事件信息源中全面梳理并掌握相关的数据信息，并且多维度对事件相关性进行科学分析和精准定位，从而实现治理事件的精准化治理。

在使用大数据技术的同时，基层领导干部还建立治理事件的长效应对机制。事件的解决不是一蹴而就的，而是需要长期监督和风险预防。因此，基层领导干部在治理过程中应综合分析治理事件的前因后果，确定潜在的治理事件，识别事件产生的风险。通过对事件缘由、事件性质的全面了解，建立对治理事件的系统化认知，进而对事件进行分类，建立相应的长效应对机制。该机制可以实现治理事件的事前预警、事中处理、事后维护，进而保障基层治理的有效性。

（四）综合考虑治理环境，推动治理重心下移

综合考虑环境多维性是基层领导干部治理效能稳步提升的关键所在。面对我国当下"治理重心下移"的治理目标，基层领导干部应综合考虑治理环境，结合国家的政治任务要求和地方的实际环境来进行选择基层治理模式和策略。首先，应将资源分配在有需求且适合的地方，并且吸纳群众的力量，根据民主意愿公平分配公共资源，实现资源利用最优化。其次，应当有效提供公共文化服务，发扬地方特色民俗文化，因地制宜，以提高人民精神生活水平为中心，从基层服务的供给和满足角度来增强人民的内生的情感效能。最后，基层领导干部在治理过程中应充分激发基层社会活力，扩大治理主体范围，将有实力的人才选入社区组织或自治组织，让民众自己解决复杂的利益纠纷，用民间智慧解决治理问题。将决策权交予民众可以激发民众的政治参与热情，并在制定决策时广泛收集民意，将治理决策与民主需求对接，进而不断提升基层民主质量。

参考文献

[1] 中共中央关于坚持和完善中国特色社会主义制度 推进国家治理体系和治理能力现代化若干重大问题的决定 [N]. 人民日报，2019-11-06.

[2] 卓名信，厉新光，徐继昌，等. 军事大辞海·下 [M]. 北京：长城出版社，2000.

［3］黄博. 国家治理现代化进程中的政府治理创新研究［J］. 中共天津市委党校学报，2016（05）：72-78.

［4］诚然. 我国公共卫生危机治理体系的构建与优化［J］. 行政事业资产与财务，2015（01）：50-51.

［5］杨伯峻. 孟子译注［M］. 北京：中华书局，2003.

［6］李伟哲. 儒家《四书》中的"时中"智慧：基于伦理学角度的分析［J］. 石家庄学院学报，2006（02）：32-35.

［7］郭咸纲. 西方管理思想史［M］. 3版. 北京：经济管理出版社，2004.

［8］彭澎. 利益转徙、权力转换与模式转型：农村基层治理权力结构变革的逻辑理路［J］. 行政论坛，2017，24（03）：31-38.

［9］黄金芳. 基层领导干部治理"力度"与"温度"兼顾的艺术［J］. 领导科学，2019，（23）：49-52.

［10］国家统计局. 中华人民共和国2019年国民经济和社会发展统计公报［N］. 中国信息报，2020-03-02（002）.

［11］文丰安. 基层领导干部微观治理现代化的理念与路径［J］. 武汉科技大学学报（社会科学版），2017，19（04）：358-363.

［12］胡月星，袁书杰. 基层领导干部的压力状况与应对策略［J］. 中国党政干部论坛，2017（6）：78-81.

［13］李德满，黄欣荣. 大数据时代群体事件的精准治理［J］. 江西社会科学，2018，38（02）：235-242.

［14］沈忻昕. 我国社会治理的现代化效能分析［J］. 社会科学辑刊，2015（03）：55-59.

［15］蔡文成，赵洪良. 国家治理能力现代化研究述评［J］. 中共山西省委党校学报，2015，38（03）：68-74.